JN059026

現代スピリチュアリティ文化論

ヨーガ、マインドフルネスからポジティブ心理学まで

伊藤 雅之

明石書店

はじめに

一九六〇年代後半以降、北アメリカや西ヨーロッパ、日本を含む東アジア諸国などにおいて、「宗教」を補完し、代替するものとしての「スピリチュアリティ」への関心が多くの人びとの間で高まった。宗教研究者からすれば、世界の諸宗教の形態は歴史的に見てもきわめて多様であり、スピリチュアリティは宗教のなかに含まれる、あるいはこの二つの概念は同義語であり相互に置き換え可能だと長く考えられてきた。しかし二〇世紀後半になると、一定の割合の人びとがこれら二つの概念を明確に区分し、一方の宗教は諸制度や教義、儀礼という形式上はっきりと組織だっているものを指し、他方のスピリチュアリティは個々人による通常の自己を超えた何ものかとのつながりの経験を表すようになってきている。本書では、一九六〇年代以降に発展した、こうした自己を超えた何かとのつながりを強調する一連の思想や活動、実践を「現代スピリチュアリティ文化」と呼ぶことにする。

現代スピリチュアリティ文化のグローバルな発展に呼応して、一九九〇年代になると、宗教学、宗教社会学の分野でも当該文化に関する研究が少しずつおこなわれはじめる（Beckford 1992; Heelas 1992;

Roof 1999; 島薗 一九九六)。そして二一世紀に入ると、「スピリチュアリティ」をタイトルに含む研究書がアメリカ、イギリスをはじめ、日本においてもつぎつぎと刊行されるようになった。それはこの文化現象がグローバル化した世界において同時多発的に展開しているからであろう(Flanagan and Jupp eds. 2007; 伊藤 二〇〇三、伊藤・樫尾・弓山 二〇〇四)。近年では、宗教とその周辺よりも大きな枠組みでスピリチュアリティを捉える研究もなされている。たとえば、日本において、『講座スピリチュアル学』(全七巻)が刊行され、スピリチュアル・ケア、医療・健康、平和、環境、教育、芸術・芸能、宗教の七つのテーマについて、多様な分野の専門家による幅広い研究成果が報告されている(鎌田編 二〇一四—二〇一六、島薗 二〇一二も参照)。

スピリチュアリティとは、さまざまな思想や活動、実践を対象とする包括的な概念であり、一般の人びとにとってもこの語についての理解は大きく異なる(Zinnbauer et.al 1997)。しかし大まかに言えば、現代スピリチュアリティ文化の典型は、ホリスティック(全体論的)な世界観をもち、ゆるやかなネットワークでつながり、自らが選択した実践を通じて自己実現を求める人びとから構成される諸現象と捉えることができる。この文化では、個人をこの上なくかけがえのない存在として捉える「自己の聖性」をとりわけ重視し、スピリチュアルな体験をする個人の感性や直感、「本当の自分」の探求などに力点が置かれる傾向がある(Heelas 2008; Heelas and Woodhead 2005)。歴史学者のユヴァル・ノア・ハラリによれば、二〇世紀後半には、一人ひとりの「内なる声」や真正性を強調する自由主義的ヒューマニズムという人間崇拝の宗教が繁栄したが(Harari 2014)、現代スピリチュアリティ文化が発展した社会的背景にはこうしたヒューマニズム思想の広がりが影響していると考えてもまちがいではないだろう（伊藤二〇一九）。

この文化の典型的な担い手は、自らを「スピリチュアルであるが、宗教的でない（Spiritual but not Religious：ＳＢＮＲ）」と自己規定する人びとである。このＳＢＮＲと呼ばれる人びとの割合はアメリカにおいてとくに大きい。二〇一七年に実施された世論調査によれば、アメリカ人の実に四人に一人にあたる二七％がこの枠組みに入るとされている（Lipka and Gacewics 2017）。アメリカほどではないが、西ヨーロッパ諸国においてＳＢＮＲに属する人たちは、人口の一割にあたる一一％となっている（Pew Research Center 2018: 135）。日本においては、「スピリチュアリティ」という語が欧米ほど定着しているわけではない。それでも、二〇一八年に実施された宗教をテーマとする世論調査において、「宗教は信仰しないが、聖なるものや霊的なものには関心がある」と回答した人が二二・五％であった（小林二〇一九：六九）。これらのデータが示しているのは、現代スピリチュアリティ文化がきわめて裾野の広い現象だということである。

この文化的潮流は時代ごとにその内容も社会的位置づけも大きく変化してきている。筆者は一九六〇年代から現在までの約六〇年にわたる当該文化は、（一）対抗文化（カウンターカルチャー）のなかでの意識変容の試み（一九六〇年代から七〇年代半ば）から、（二）ニューエイジを典型とする私的空間での「自分探し」といった下位文化（サブカルチャー）の確立（一九七〇年代後半から九〇年代半ば）を経て、（三）全体社会の各制度領域において自己のスピリチュアリティを高めようとする主流文化（メインカルチャー）への浸透（一九九〇年代後半以降）に移行してきていると捉えている（詳しくは第一章参照）。実際、二〇〇〇年代以降になると、スピリチュアリティ文化は宗教とその周辺のみならず、医療・

看護、心理療法、教育などさまざまな領域にますます浸透してきている。本書ではこれまでのスピリチュアリティ文化の特徴をふまえつつ、おもに二一世紀以降の当該文化の展開について考察する。

それでは、二一世紀以降のスピリチュアリティ文化において、主要な思想には何が含まれるのだろうか。イギリスのスピリチュアリティ系の書籍を扱う老舗書店ワトキンスは、二〇一一年以降、「スピリチュアリティに関して世界的にもっとも影響力のある人物一〇〇人」を毎年選出している。二〇一一年に発表されたトップ一〇のリストは表1のとおりである。

ロンドンの老舗ニューエイジ書店、ワトキンスの外観
（撮影：Ethan Doyle White）

これらのリストは、現存する人物であることを条件とし、グーグル検索やニールセンのデータベース、著書・講演の規模などの情報をもとに世界的に影響をもつ人物を評価したものである。そのため著名であっても亡くなった場合はリストから外れることになる。過去の実績をふまえたランキングであるため、毎年少しずつ人物が変化していく傾向にある。ただし、エックハルト・トール、ダライ・ラマ、ディーパック・チョプラ、オプラ・ウィンフィリーの四人は、二〇二一年の現在まで毎年トップ一〇に入っている。

二〇一一年のリストのトップには『パワー・オブ・ナウ』『ニュー・アース』などの著作があり、現

表1「スピリチュアリティに関して世界的にもっとも影響力のある人物100人」のトップ10

順位	人物	概要
1	エックハルト・トール (ドイツ)	自らの目覚め（意識と思考の分離）の体験をふまえた著作『パワー・オブ・ナウ』『ニュー・アース』はミリオンセラーとなる。2000年代以降のスピリチュアリティ文化でもっとも影響力をもつ存在の1人となっている。
2	ダライ・ラマ (チベット)	仏教界を超えて世界中で絶大な支持を受ける仏教者。世界各地で精力的な講演をして慈悲（思いやり）の重要性を説く。1989年ノーベル平和賞受賞。
3	ウェイン・ダイアー (アメリカ)	『ザ・シフト』ほか多数の自己啓発書を執筆。1976年刊行のYour Erroneous Zone（邦題『自分のための人生』）は3500万部以上の大ベストセラーになっている。2015年没。
4	ティク・ナット・ハン (ベトナム)	ベトナム人の禅僧。伝統的仏教にとらわれない形で、マインドフルネス瞑想を西洋に紹介。亡命先のフランス・プラムヴィレッジに共同体をもつ。
5	ディーパック・チョプラ (インド)	心とからだの医学、ウェルビーイング分野における世界的な第一人者。多くのベストセラーがあり、発行部数は総計4000万部を超えている。
6	ルイーズ・ヘイ (アメリカ)	世界で3500万部のベストセラーとなった『ライフ・ヒーリング』ほかセルフヘルプ分野での著書多数。2017年没。
7	パウロ・コエーリョ (ブラジル)	世界で1億5000万部のベストセラー『アルケミスト』の著者。「夢の実現をめざす者には宇宙が応援する」というメッセージが綴られている。
8	オプラ・ウィンフィリー (アメリカ)	人気トークショー・ホスト。彼女の示すライフスタイルは中流アメリカ人に絶大な人気を誇る。エックハルト・トールの著作を世界に広めた功績も大きい。
9	ケン・ウィルバー (アメリカ)	トランスパーソナル心理学の論客だったが、90年代半ば以降、インテグラル思想を掲げる。その革新的な業績から「意識研究のアインシュタイン」とも呼ばれている。
10	ロンダ・バーン (オーストラリア)	引き寄せの法則、思考は現実化するなどのテーマを人びとに広めた『ザ・シークレット』の著者。この本は世界で3600万部以上の売り上げを記録している。

出所：Watkins 2011、プロフィールは筆者が付加

代スピリチュアリティ文化に絶大な影響力をもつドイツ人のエックハルト・トールが入っている。トールの思想はセルフヘルプやヒーリングといった大半のスピリチュアリティ系の書籍が扱う内容とは異なり、「自己」とは何かを問うインドのヴェーダーンタ哲学と共通する思想をもつのが特徴的である（本書第一〇章参照）。

このリストの二位には、慈悲の瞑想（思いやりの心）の重要性を繰り返し語るダライ・ラマ、そして四位には、西洋でのマインドフルネス・ムーブメントに多大な影響を与えたティク・ナット・ハンというういずれも伝統仏教の系譜に位置する人物が入っている。伝統宗教の枠を超えてスピリチュアリティに関心をもつ多くの人びとに影響を与えているからだろう。

以上の三人の指導者以外では、自己実現や自己の意識変容、癒し（ヒーリング）、からだと心と魂のつながり、思考の現実化などをテーマとする本の著述家がリストの大半を占めている。トップ一〇以降も、『聖なる予言』の著者、ジェームズ・レッドフィールド（一一位）、『神との対話』のドナルド・ウォルシュ（一二位）、『かもめのジョナサン』『One』のリチャード・バック（一五位）と続く。個々の作品は異なったアプローチやテーマである場合がほとんどだが、マクロな視点からはきわめて類似したメッセージをもち、この文化領域が思想的なまとまりを形成していることがわかる。

これらの幅広いアプローチやメッセージを包括的に捉えるためのキーワードとなるのが「ウェルビーイング（持続的幸福）」であると筆者は捉えている。心とからだのつながり、ありのままの自己の受容、自然との調和、超越的な存在とのつながりなどを通じて、身体的健康だけでなく、心の平安がもたらされるという意味をこの語は含んでいる。ウェルビーイングは「幸福」と同義であるが、長期的な心身の健康を指すため、本書では「持続的幸福」と表記することにしたい。前述の人物リストにおいて、医師であるディーパック・チョプラは、科学的知見に基づき、スピリチュアリティとウェルビーイングを関連づける幅広い活動で知られている。またオプラ・ウィンフィリーは、スピリチュアルな次元も視野に入れた持続的幸福を念頭に置くライフスタイルを推進するための精力的な活動をしている。そしてケン・ウィルバーは、宗教伝統と科学的合理性を統合し、真のスピリチュアリティに至る叡知と方法としてのインテグラル・スピリチュアリティを掲げている。ウィルバーの重視するインテグラル、すなわち統合的というのは、ウェルビーイングにも密接にかかわる概念として把握できる。それ以外のリストにある人たちも、アプローチが異なるとはいえ、人類の持続的幸福にかかわるメッセージを発信しているものと理解できる。

それでは、現代スピリチュアリティ文化においての実践形態にはどのようなものがあるのだろうか。「ウェルビーイング」をキーワードとするこの文化的潮流において、筆者はとくにマインドフルネス（瞑想）、ヨーガ、および心理セラピーの三つの実践に注目している。この三つの実践形態は、マインドフルネスのなかにヨーガが含まれたり、その逆だったり、また心理セラピーの一貫としてヨーガや瞑想をしたりと重なりあうところが多い。

一九九〇年代後半以降（日本では二〇〇三年頃）に起こった現代体操ヨーガの発展は現在に至るまで続いている。身体や呼吸に注意を置くエクササイズにより、多くの人びとがスピリチュアルな体験を醸成する機会となっている（Jain 2014; 伊藤 二〇一二）。また二〇〇〇年代以降に興隆したマインドフルネス・ムーブメントは、今日では医療、心理療法、教育、スポーツ、企業にも広がり、定着してきている（Hedstrom 2018; 伊藤 二〇一六）。従来は特定の修行の一環として、ヨーガのアシュラム（道場）や仏教寺院でおこなわれていたこれらの実践は、伝統文化を離れ、幅広い社会・文化領域で一般の人びとによりおこなわれてきている。また、心理セラピー関連としては、一九九八年に創始されたポジティブ心理学は注目に値する。この新しい心理学の分野は、人間のポジティブな側面（喜び、感謝、充足感など）を強化し、人びとの幸福度（ウェルビーイング）の向上をめざす科学として確立し、学校や企業、軍隊でもその介入調査は導入されている。これもまた、現代スピリチュアリティ文化の一環として理解できる現象である。

本書では、これらの幅広い、しかしある程度のまとまりをもつスピリチュアリティ文化を現代の幸福論という切り口から論じていく。具体的には、おもに二〇〇〇年代以降に発展したマインドフルネス、ヨーガ、ポジティブ心理学など、人びとの心とからだの持続的幸福の向上をめざすスピリチュアリティ文化の活動を取り上げる。そして、こうした実践にどのようなメッセージが埋め込まれているのかを手がかりとしつつ、現代スピリチュアリティ文化の最近の動向を究明したい。

本書は三部より構成されている。第一部は理論編であり、現代スピリチュアリティ文化の歴史的変遷（第一章）、当該文化の発展と伝統宗教の衰退との関係を扱った世俗化をめぐる論争（第二章）、および宗教学者が同時代の宗教を研究することがはらむ問題性（第三章）について論じる。各章はある程度独立しており、現代スピリチュアリティ文化の具体的内容に関心のある読者は、第一章の歴史的変遷を理解したうえで第二部以降に進んでいただいてもよいだろう。

第二部は事例編であり、本書での主要な研究対象であるマインドフルネスとヨーガについて取り上げている。まず現代幸福研究の動向をふまえたうえで、西洋で確立したマインドフルネスの特徴や具体的なプログラムについて詳述する（第四章）。つぎに、西洋式マインドフルネスへの仏教界などからの批判に対する社会学的考察をする（第五章）。そして二〇〇〇年代以降に発展した現代ヨーガに関しては、欧米と日本の歴史的変遷についてそれぞれ検討する（第六章）。そうした社会的背景をふまえ、ヨーガという身体実践が「スピリチュアルな体験」として理解されるメカニズムを究明したい（第七章）。

第三部は応用編であり、スピリチュアリティ文化の未来を読み解く手がかりとなる現象にふれていく。一見するとスピリチュアリティ文化との関連がそれほど明瞭でないポジティブ心理学（第八章）、およびヒューマニズム（第九章）の当該文化との関連を見きわめつつ、具体例を織りまぜながらその特徴について考察する。そして第一〇章では、エックハルト・トールの思想と活動、およびネオ・アドヴァイタ・ムーブメントについて論じる。トールらは、「本当のわたし」「自己の聖性」のイメージを解体する「自己」論を展開し、スピリチュアリティ文化の大半のメッセージとは一線を画する内容であると筆者は捉えている。したがって、当該文化の今後の動向を読み解く手がかりにもなるため、第一〇章で扱うことにする。

本書はおもに大学、大学院での宗教学、宗教社会学、宗教心理学関連の講義・演習のテキスト、サブテキストとして使用されることを念頭に置いてまとめている。しかし、スピリチュアリティ文化全般について、あるいはヨーガやマインドフルネス、ポジティブ心理学という個別の事象について関心をもつ一般読者にも十分理解できる内容となることを心がけて書いたつもりである。一九八〇年代から九〇年代前半にかけて「精神世界」やニューエイジとして知られていた文化現象は、その後の二〇年間でどのような展開を見せたのか。現代スピリチュアリティ文化の二一世紀最新版におけるいくつかの重要な場面に読者をご案内させていただければ幸いである。

現代スピリチュアリティ文化論
ヨーガ、マインドフルネスからポジティブ心理学まで

目次

第一部　現代スピリチュアリティ文化の理論と研究アプローチ

第一章　現代スピリチュアリティ文化の歴史と現在
——対抗文化から主流文化へ——

1　グローバル化とスピリチュアリティ文化の広がり

現代社会とそこで生活する人びとが直面している大きな変容のプロセスは、「グローバル化」をキーワードとして把握することができる。グローバル化とは現代の社会生活を特徴づける相互依存性のネットワークの急速な発展によって生みだされる「世界の縮小と一つの全体としての世界という意識の増大」を指す（Robertson 1992 = 1997: 19）。この相互依存性の高い世界的なネットワークは、経済やマスメディア、情報・通信技術の発展により緊密性を増している。経済の分野では、国際金融市場（ニューヨーク、ロンドン、東京など）が確立し、また世界的な巨大企業（ＧＡＦＡと呼ばれるグーグル、アップル、フェイスブック、アマゾンなど）が出現している。マスメディアの次元では、ハリウッド映画や各種のテレビ番組、動画配信プログラム（ネットフリックスなど）が世界中で放映されている。現代の情報・通信技術はめざましい発展を遂げ、衛星放送やインターネットなどが一般家庭に浸透し、人びとの時間的、空間的つながり方に変化をもたらしている。

こうしたグローバル化は、世界各地の人びとのものの見方、考え方、感じ方を均質化する役割を果たす。世界中で同じ映画やテレビ番組、ネット配信動画などを視聴し、同じファストフード店で食事をし、巨大企業の同一製品を使用し、さらにはインターネットで国境を越えた交流をすれば、世界各地の人びとの価値観が類似することは当然のように思われる。しかしながら、グローバル化は同時に価値観の差異化をもたらす。なぜならば、世界的な物的、人的、および情報の交流によって、人びとが以前は意識することのなかった自分たちの容認できないような別の地域や国の人びとがおこなう社会的・文化的相違を発見し、伝統的価値観を強化するケースが増えるからである。なかには、伝統を新たに創造して、自分たちの文化的アイデンティティを強化する場合もある（二〇世紀初頭のインドでの「ヨーガ」など、本書第六章、第七章参照）。

現代世界におけるさまざまな宗教現象もこのグローバル化の影響を逃れることはできない。世界各地での原理主義の台頭（キリスト教福音派など）は、差異化の表れである。他方、グローバル化がもたらす宗教文化の均質化は、先進諸国、とくに都市部を中心に世界各地で広がっている。その典型は「スピリチュアリティ」をキーワードとする一連の思想や実践の発展である。本章では、こうした世界中できわめて類似する特徴をもつスピリチュアリティを「現代スピリチュアリティ文化」、または「グローバルなスピリチュアリティ文化」とし、その展開に着目していきたい。具体的には、一九六〇年代以降のスピリチュアリティ文化の特徴についての歴史的変遷を概観し、同時に現代社会における主要な価値体系の変化についても明らかにする。以下では、まず欧米と日本の人たちのスピリチュアリティ文化への関心の現状を把握することからはじめたい。

2　データで見る宗教とスピリチュアリティへの人びとの関心

アメリカと西ヨーロッパにおける宗教とスピリチュアリティに関する調査、およびそれらのデータと対比できる日本の宗教意識と行動に関する調査を概観する。

アメリカと西ヨーロッパにおけるスピリチュアリティ文化

ピュー研究所（Pew Research Center）の報告書によれば、欧米における一般の人びとは、宗教とスピリチュアリティを区分している場合が多い。一方の宗教は、特定の組織や教義、伝統文化と結びつけられることが多い。これに対してスピリチュアリティは、超自然的な現象についての関心を指し、具体的には、死後の生命、身体とは別の魂の存在、あるいは山や木々、水晶といった物質にスピリチュアルなエネルギーが宿るといった信念と関連する。もちろん、こうした区分は人びとによって異なるが、宗教とスピリチュアリティを区別しようとする人びとが一定数いることは注目すべき事実である。

具体的なデータを検討したい。まず二〇一七年に実施された実施されたアメリカ人に対する調査（表1）においては、ほぼ半数の成人（四八％）は「自分は宗教的であるし、スピリチュアルでもある」と回答している（二〇一二年の五九％から低下）。しかし、社会のある一定の割合の人びとは「スピリチュアルであるが、宗教的でない（Spiritual but not religious：ＳＢＮＲ）」と回答している。この割合は二〇一二年には一九％、二〇一七年には二七％に増加している。つまり、アメリカ人の実に四人に一人がＳＢＮＲと呼ばれるカテゴリーに属する（Lipka and Gecewics 2017）。

西ヨーロッパにおいては、アメリカとは対照的に、多くの人たちは自分が「宗教的でもスピリチュアルでもない」と回答している。調査が実施されたヨーロッパの一五カ国において、この無宗教に該当するのは人口の五三％の人たちである。これより少ない数字となるが、自分を「宗教的であると同時にスピリチュアルである」とした人びとが二四％、「スピリチュアルであるが宗教的でない」としたSBNRグループに属する人たちが一一％となっている（Pew Research Center 2018: 135）。アメリカと西ヨーロッパにおける宗教とスピリチュアリティに関する人びとのアイデンティティをまとめたのが表1である。

表1　宗教とスピリチュアリティに関するアイデンティティ（2017年）

	アメリカ	西ヨーロッパ
宗教的であるしスピリチュアルでもある	48%	24%
宗教的であるがスピリチュアルでない	6%	5%
スピリチュアルであるが宗教的でない	27%	11%
宗教的でもスピリチュアルでもない	18%	53%

「スピリチュアルであるが宗教的でない」と自己規定する人びとの割合は、アメリカと西ヨーロッパにおいても、ヨーロッパ各国においても異なる。しかし、これらの人びとの一般的傾向には多くの共通点がある。具体的には、この宇宙において高次の力（ハイヤーパワー）やスピリチュアルな力が存在すると信じたり、逆に聖書に記されている神を信じなかったりするのが特徴的である。

アメリカにおいては、どのカテゴリーに属する人びとでも、スピリチュアルなエネルギーの存在や生まれ変わり、占星術を信じるといった現代スピリチュアリティ文化において典型的なニューエイジ的信念を一定程度保持していることが確認されている（Gacewicz 2018）。

アメリカおよび西ヨーロッパにおいて、「宗教的であるしスピリチュアルでもある」「宗教的であるがスピリチュアルでない」「スピリチュアルであるが宗教的でない」「宗教的でもスピリチュアルでもない」のそれぞれのカテゴリーに属する人たちのニューエイジ的信念と実践に関する調査をまとめたのが表2と表3である。

西ヨーロッパにおいては、自分が「宗教的でもスピリチュアルでもない」とする、人口の五三％を占める人びとは、神の存在もハイヤーパワーの存在も信じない割合が高い。これは当然の結果であろう。しかしながら、（本書がおもな事例として扱う）ヨーガやマインドフルネス（瞑想）に関しては、無宗教のカテゴリーに入る人たちも含め、より肯定的な回答になっている。具体的なデータを示すと表4のとおりである。

「ヨーガを単にエクササイズでなく、スピリチュアルな実践だと思うか」について、西ヨーロッパの成人全体の二六％、無宗教の人びとにおいても一九％が肯定的な回答をしている（ヨーガとスピリチュアリティとの関係については、本書の第六章、第七章を参照）。さらに、瞑想の実践をする人の割合は、西ヨーロッパ諸国の成人全体において一九％、無宗教のカテゴリーに属する人たちのうちでも一一％が実践していると回答している。マインドフルネス（瞑想）は、現代社会において裾野の広い現象であることを示すデータだと言えるだろう（本書第四章、第五章参照）。また、「スピリチュアルであるが宗教的でない」と自己規定する人びと（SBNR）にとっては、ヨーガをスピリチュアルな実践と捉える人が五五％、瞑想を実践する人は四五％とかなり高い割合を示していたのが特徴的である（Pew Research Center 2018: 135-36）。

表 2　アメリカでのニューエイジ的信念と実践

	スピリチュアルなエネルギー	輪廻	占星術
宗教的であるしスピリチュアルでもある	41%	33%	29%
宗教的であるがスピリチュアルでない	35%	27%	29%
スピリチュアルであるが宗教的でない	60%	49%	39%
宗教的でもスピリチュアルでもない	28%	22%	19%
アメリカの成人全体	**42%**	**33%**	**29%**

2017 年 12 月 4 ～ 18 日に実施

表 3　西ヨーロッパでのニューエイジ的信念と実践

	スピリチュアルなエネルギー	輪廻	占星術
宗教的であるしスピリチュアルでもある	34%	30%	30%
宗教的であるがスピリチュアルでない	20%	22%	25%
スピリチュアルであるが宗教的でない	52%	38%	40%
宗教的でもスピリチュアルでもない	14%	12%	18%
西ヨーロッパの成人全体	**23%**	**20%**	**23%**

2017 年 4 ～ 8 月まで 15 カ国で実施

表 4　西ヨーロッパでのヨーガとマインドフルネス（瞑想）

	ヨーガはスピリチュアルな実践	瞑想の実践
宗教的であるしスピリチュアルでもある	37%	25%
宗教的であるがスピリチュアルでない	18%	14%
スピリチュアルであるが宗教的でない	55%	45%
宗教的でもスピリチュアルでもない	19%	11%
西ヨーロッパの成人全体	26%	19%

2017 年 4 ～ 8 月まで 15 ヵ国で実施

表5　日本の宗教とスピリチュアリティに関するアイデンティティ

1. 宗教を信仰し、聖なるものや霊的なものに関心がある	5.9%
2. 宗教を信仰するが、聖なるものや霊的なものに関心がない	13.9%
3. 宗教を信仰しないが、聖なるものや霊的なものには関心がある	22.5%
4. 宗教は信仰しないし、聖なるものや霊的なものにも関心はない	31.2%
5. わからない	25.9%
6. 無回答	0.5%

出典：小林 2019: 69

日本におけるスピリチュアリティ文化

日本人の宗教意識や行動に対して実施された類似の調査についても見ていきたい。NHK放送文化研究所が参加している国際比較調査において、二〇一八年は「宗教」がテーマとなっていた。そのなかから、アメリカや西ヨーロッパでの宗教とスピリチュアリティに関する調査と共通する項目への回答を検討する。

この調査では、「信仰とスピリチュアル」とした設問において、もっとも当てはまるものを選択させている。その結果は表5のとおりである。日本における「宗教」や「霊的（スピリチュアル）」の意味は、アメリカ、西ヨーロッパと異なる可能性があり、厳密な比較はむずかしい。しかし、欧米でのSBNR、すなわち「スピリチュアルであるが宗教的でない」に一番近いのは、三つめの項目「宗教を信仰しないが、聖なるものや霊的なものには関心がある」を選択した二二・五％の人びとだと考えられる。日本では、宗教とスピリチュアリティの両者に関心のない人びとの割合の高さ（三一・二％）が特徴的である（同じ無宗教のカテゴリーに入るのは、アメリカで一八％、西ヨーロッパで五三％）。しかし、SBNRに比較的近い感覚をもつ人びとも二二・五％となっており、全体の五人に一人以上いることが読み取れる。

つぎに、欧米におけるニューエイジ的な信念と実践に類似する質問への回答を検討する。欧米における「物質のなかにスピリチュアルなエネルギーが宿る」に一番近い設問は、「昔の人は、山や川、井戸やカマドにいたるまで、多くのものに神の存在を感じたり、神をまつったりしてきたが、こうした気持ちが理解できるか」という問いである。これに対して、「理解できる」が二一・一%、「どちらかといえば理解できる」が五二・三%を占め、両者を合わせると日本人の四人に三人は自然に宿る神を信じていることがわかる（小林 二〇一九：七〇）。日本において、自然界のあらゆる事物（生物・無生物を問わず）に霊魂が宿るとするアニミズム的信念と実践は、近年の現象ではなく、伝統文化に深く根ざしている。欧米からの現代スピリチュアリティ文化を受容しやすい土壌は、こうした日本人の精神性の基層にあるアニミズム的信念によって形成されていたと理解できるかもしれない。

3　スピリチュアリティ文化とは何か？

宗教とスピリチュアリティの分化

アメリカ、西ヨーロッパ、日本における世論調査をふまえたうえで、グローバルなスピリチュアリティ文化の内実を考察していくことにする。まずは「宗教」と「スピリチュアリティ」の関連を明らかにしたい。

一九六〇年代後半以降、欧米諸国において「スピリチュアル」や「スピリチュアリティ」の語が多くの人びとの間で広く用いられるようになってきている。宗教には違和感をもちつつも、スピリチュアルな体験には関心をもっと主張する人びと、反対に、宗教のエッセンスとしてスピリチュアリティを大切にしようとする信仰者、さらには教育や医療、社会福祉の現場においてスピリチュアルな何かを伝えようとする専門家など、この語は使用する人によっても、使う場面においても若干異なるようである。しかし、「宗教」とは異なるニュアンスをもった、「見えない何かとのつながり」を示す「スピリチュアル」や「スピリチュアリティ」の語は、欧米社会においては広く受容されてきている。

アメリカの宗教心理学者であるブライアン・ジンバウアーらは、二〇世紀の宗教状況において、「宗教」と「スピリチュアリティ」の語がどのように分化してきたのかを論じている（Zinnbauer et al. 1997, Zinnbauer and Pargament 2005）。歴史上の比較的長い期間、これらの語はそれほど明確に区別されることなく、どちらかと言えば宗教を広義に捉え、そのなかにスピリチュアリティが含まれていたという（たとえば、カトリック圏における「神秘主義」と「スピリチュアリティ」に関する用法については、鶴岡二〇一六を参照）。しかし、二〇世紀後半になると、科学的、合理的視点から世界を理解しようとする世俗主義的な思考様式が台頭する。また、個人の選択性を重視し、特定集団への帰属を好まない個人主義的価値観（個人化）も進展する。その結果、制度宗教や組織宗教は個人の聖なる経験を阻むものというイメージが増し、宗教に対する信頼は揺らぐことになる。一方、宗教とは異なるものとしてのスピリチュアリティへの関心が高まり、「スピリチュアリティ」（その形容詞である「スピリチュアル」）という語は一九六〇年代後半以降に頻繁に使われるようになってきたという。こうした一般の人びとの社会意識の変化に対応して、「宗教」は諸制度や教義、儀礼という形式上はっきりと組織だっているものを指し、他方、「スピリチュアリティ」は個人的な超越感や超感覚性を表すようになったとジンバウアーらは指摘する。

日本でも、欧米と同様に、「宗教」という語には違和感をもつ人が多いが、人間の心や精神、生き方にかかわる何らかのものを大切にしたいと考えている人たちが少なくない。このことは、先述したNHK放送文化研究所の調査結果が示すとおりである。大型書店の精神世界／ニューエイジのコーナーに行くと、タイトルに「スピリチュアル」の語を使用した書籍が多く見られる。このジャンルの愛読者には、スピリチュアリティはポジティブなイメージを喚起する語となっている。また、医療や教育などの現場では欧米と同様に、いのちや魂、見えない何かとのつながりを強調するスピリチュアリティ文化は確実に浸透してきているのである。

スピリチュアリティの定義

ここでスピリチュアリティという語を定義したい。筆者はスピリチュアリティを学術用語としての「宗教」の一側面を把握するための概念と位置づけたうえで、「おもに個々人の体験に焦点を置き、当事者が何らかの手の届かない不可知、不可視の存在（たとえば、大自然、宇宙、内なる神／自己意識、特別な人間など）と神秘的なつながりを得て、非日常的な体験をしたり、自己が高められるという感覚をもったりすること」（伊藤 二〇〇三：ii）と定義する。この定義には少なくとも三つの特徴が含まれる。第一は、広義の宗教を構成するいくつかの要素（教義、組織、儀礼、体験など）のうち、当事者の体験をとくに重視する点にある。第二はその体験のなかで何かとの「つながり」に着目する点、そして第三にはつながりを通して「気づき（学び、感謝など）」が生起する点にある。イギリスのさまざまな宗教者に対する「スピリチュアリティ」の規定をめぐる記述式のアンケート調査によれば、スピリチュアリティには多様な意味合いがあるにもかかわらず、「つながり（connection）」と「気づき（awareness）」にかかわる用語であるという点では共通することが明らかになった（Rose 2001）。ここで挙げた第二、第三の特徴はこの調査結果と合致するものである。

つながる可能性のある対象は多様であるが、先進資本主義諸国を中心にグローバルな展開を示す現代スピリチュアリティ文化では、「ありのままの自分」や「本当の自分」など自己の内面、および大自然や宇宙との結びつきをとりわけ強調する傾向がある。逆に、伝統社会において自己のアイデンティティを位置づける主要な役割を果たしてきた家族や地域共同体や民族、国家とのつながりは、ほとんど語られないか、自己を抑圧するネガティブなものとして扱われる傾向にある。

もちろん、従来の宗教も「見えない何かとのつながり」を主要な関心としてきたはずである。しかし、その探求においては、組織的な束縛や上下関係や排他性をともなうことも多かったと思われる。これに対して、現代スピリチュアリティ文化では、組織よりもネットワーク型のつながりや個々人の選択性を重視し、その探求の場が宗教領域のみならず、さまざまな社会的文脈へと拡大してきていることが特徴と言える。

スピリチュアリティについての現代性に着目すると、そこにはどのような特徴があるのだろうか。先進資本主義諸国を中心に広がるグローバルなスピリチュアリティには多様な宗教文化、宗教運動が含まれている。筆者はこうした現象の三つの側面、すなわち（一）世界観、（二）実践形態、（三）担い手の意識に関する特質に着目して、現代スピリチュアリティ文化は「精神と身体を分離せずに全体として捉えるホリスティックな世界観をもち、ゆるやかなネットワークをその実践形態とし、その担い手たちは自立性を重んじながら意識変容をめざす宗教現象である」と定義する（伊藤二〇〇三：六四を参照しつつ修正）。

4　スピリチュアリティ文化の変遷Ⅰ（一九六〇年代から九〇年代前半）

スピリチュアリティ文化の展開は、それが置かれた社会状況と密接にかかわる。きわめてラフな見方を示すなら、一九六〇年代以降の現代社会、とりわけアメリカや西ヨーロッパ諸国、日本、韓国などの東アジアにおいては二つの価値体系、すなわち、未来志向で理性を重視し業績主義的な「近代的志向性」、および現在志向で表現主義的、感性を重視し自己肯定を掲げる「脱近代的志向性」のせめぎ合いが起こっていると筆者は捉えている（伊藤二〇〇七）。一九六〇年代の高度経済成長期の「追いつけ、追い越せ」といったメッセージは前者の典型であり、ビートルズの「Let It Be」やＳＭＡＰの「世界に一つだけの花」、映画『アナと雪の女王』の「Let it Go～ありのままで～」の歌詞にある、ありのままの自己肯定を主張するメッセージは後者の好例である。

筆者の見解では、全体社会のなかでの近代的、脱近代的志向性の関係は、一九六〇年代以降の期間において、（一）対立、（二）（前者による）囲い込み、（三）融合へと変化してきている。この流れは、脱近代的なスピリチュアリティ文化が一般社会において、対抗文化から下位文化を経て主流文化へとそのポジションを移行させてきたと理解できる。本節では（一）と（二）について、次節では（三）について、そのおおまかな流れをスケッチしていく。

対抗文化のなかでの意識変容の試み

一九六〇年代から七〇年代半ば頃までのスピリチュアリティ文化は、対抗文化（カウンターカルチャー）、すなわち現状の社会体制や価値・規範に異議申し立てをする社会・文化運動として特徴づけられる。そのおもな担い手となったのは、第二次世界大戦後に生まれた「ベビーブーマー」と呼ばれる世代である（Roof 1999; Wuthnow 1998, 2008）。彼らは、物質的な豊かさに恵まれ、戦後民主主義教育を受けて育った世代である。この世代が青年期を迎え、欧米や日本などで開花させたのが対抗文化である。イギリスでは、音楽、ファッション、映画産業などが一気に花開いた五〇年代後半から七〇年代前半までを長期の六〇年代と捉え、「文化革命」と呼んでいる（長谷川二〇一七：七二）。スピリチュアリティ文化の発展は、まさに若者たちによる文化革命の一環として発展していった。

一九六〇年代後半、アメリカの学生にはじまり全世界に広がったベトナム戦争に反対する平和運動は、対抗文化のなかでのスピリチュアリティの重要性を喚起する大きなきっかけとなった出来事の一つである。たとえば、現代スピリチュアリティ文化において多大な影響力をもつベトナム人禅僧、ティク・ナット・ハンの活動は、自国でのベトナム戦争がきっかけとなっている。彼は、社会と隔絶した僧院での修行ではなく、民衆の救済活動と仏教修行を同時に実践する「行動する仏教」を掲げた。アメリカのマーティン・ルーサー・キング牧師とともに反戦運動をおこなうなかで、ティク・ナット・ハンは戦争という社会問題の根は人間一人ひとりの心にあるとして、マインドフルネスを広める活動を展開していく。ベトナム戦争に反対し、南北ベトナムのいずれの立場とも距離をおいたため、彼は亡命を余儀なくされた。亡命先のフランスに開いたプラムヴィレッジと呼ばれる共同体は、その後の数十年間の彼の活動拠点となっていく。ティク・ナット・ハンのアプローチは、社会変革と個人のスピリチュアリティの探求の関係について問題提起するものであり、反戦平和活動を支持する当時の若者たちにも影響を与えることになった。

こうした活動に賛同する担い手は、「意識が変わらなければ世界は変わらない」というスローガンを提唱し、社会運動への積極的な参加と同時に、身近な生活世界の問い直しを通じて自己変革へのはたらきかけも実践した。反戦平和運動以外でも、ドラッグによる意識変容の試みや自然農法をおこない自給自足をめざすコミューン運動がその具体例である。

マーティン・ルーサー・キングとティク・ナット・ハン
（Thich Nhat Hanh with Dr. Martin Luther King, Jr., Chicago, 1966, photographer unknown.）

この文化運動にはヒンドゥー教、仏教といった東洋思想の影響も強く見られる。ベビーブーマーの親の世代が築いてきた当時の社会体制は打倒すべき対象として認識されていた。そのなかには、伝統的なキリスト教（教義と組織体制など）も含まれていたのである。親の世代が享受してきたキリスト教に代わる精神的支柱を非西洋文化圏に求めたのは自然の流れだったと考えられる。若者たちは、ティク・ナット・ハン以外にも多くの東洋思想やグル（精神的指導者）たちに傾倒していった。たとえば、リチャード・アルパートは、（幻覚や恍惚状態を引き起こす麻薬である）ＬＳＤ体験によってこの世界は作り出された虚構にすぎないとの理解に至り、その体験の意味を求めてインドを放浪した。彼はそこでヒンドゥー教のグルであるニーム・カロリ・ババ（通称マハラジ）に出会い、彼の弟子となる。その後、アルパートはラム・ダスと名乗り、アメリカ帰国後に自らの体験をまとめた『ビー・ヒア・ナウ』（一九七〇年）を出版し、多くの若者たちから絶大な支持を得る。また一九六八年、ビートルズのメンバーたちは、インドのリシケーシュにあるスワミ・シバナンダによるヨーガ道場やマハリシ・マヘーシュ・ヨーギーのもとを訪れている。マハリシは、「超越瞑想」と称する独自のヨーガを展開していた。ジョージ・ハリスンらがヒンドゥー教の聖地リシケーシュなどを訪れ、ヨーガや瞑想に親しむ姿が世界に伝わった。ビートルズによる「Let It Be」（一九七〇年）はこの時代を代表する曲として理解できる。

別の例を挙げると、スワミ・シバナンダの弟子であるスワミ・サッチダーナンダは、ヨーガの思想、アーサナ（体操）、呼吸法、マントラ、瞑想などをバランスよく体系的に学ぶ「インテグラル・ヨーガ」を掲げた。彼のヨーガは欧米の若者を中心に広がることとなった。一九六九年にニューヨーク郊外で開催されたウッドストック・フェスティバルでは、四〇万人の聴衆を前に、「物質的にもスピリチュアルな面でもアメリカが世界平和に対して重大な役割を担っている」というオープニングのメッセージを伝えている。こうした歴史的な一大音楽イベントにおいて、インドの聖者が招かれてオープニングを飾るというのは、スピリチュアリティ文化の対抗文化的特徴を如実に表していると言えるだろう。

この時期には、マハリシやサッチダーナンダ以外にも、バグワン・シュリ・ラジニーシやジドゥー・

クリシュナムルティなどによる多くの東洋的思想が流布したり、インドやチベットへの放浪が一部の若者の間でおこなわれたり、ヨーガや瞑想といったアジア系の身体技法への関心が高まったりしていった。

以上のスピリチュアリティ文化の潮流とも密接に関連するものとして、自己実現や創造性の開発を重視する心理学の発達が挙げられる。たとえば、アブラハム・マズローやカール・ロジャーズらは、一般の人たちを対象にした人間性心理学を発達させる。また人間性心理学を応用する形で、ヒューマン・ポテンシャル・ムーブメント（人間性回復運動）が展開した。一九六二年にはこの運動の最大規模の拠点となるエサレン研究所がカリフォルニアに誕生した。この研究所では、エンカウンターグループやボディワークといった心理セラピーや身体技法とともに、瞑想やヨーガも自己変容のための技法として教えられるようになっていく。エサレン研究所がスタートしたのと同じ一九六二年には、サンフランシスコ禅センターもオープンしている。インドの瞑想やヨーガだけでなく、日本や韓国の仏教も欧米に伝わるが、その当初から心理学との相性はよかったと思われる。

欧米人が東洋思想や新しい心理学に魅力を感じた背景には、科学的テクノロジーを重視し自然との共存を軽視した西洋物質文明への批判や、人間の心とからだを分離したものとして捉える心身二元論への懐疑があったことはまちがいない。カウンターカルチャーのなかで支持を得た禅や瞑想は、うつ病の再発予防や一般の人たちの持続的幸福のために実践される西洋式のマインドフルネスにつながっていく。マハリシやサッチダーナンダらのヨーガは、九〇年代以降のスピリチュアリティを重視するヨーガ・ブームの土壌となる。そして、マズローらによる人間性心理学は二一世紀に入ってから急激な発展をして今日に至るポジティブ心理学の源流になっている。さらに、ラジニーシやクリシュナムルティ、ラム・ダスらの思想と活動は、のちのネオ・アドヴァイタ・ムーブメントが発達する基盤となっていく。このように、一九七〇年代中頃までには、二一世紀になってから急速に広がる主要なタイプのスピリチュアリティ文化の基盤が確立したのである。

精神世界／ニューエイジという下位文化の生成

一九七〇年代後半から九〇年代半ばまでのスピリチュアリティ文化は、全体社会における下位文化（サブカルチャー）として位置づけられる。前時期では、当該文化の社会への異議申し立てがおこなわれたが、政治の季節が終わった七〇年代後半以降になると、そうした社会変革志向は次第に弱まった。この時期の社会は巨大化し、高度にシステム化しており、秩序の打倒をめざすといった明確な対象ではなくなったのである。

この時期のスピリチュアリティ文化への共鳴者は、プライベート空間における「自分探し」の模索をおこなうようになる。キーワードとしては、「意識が変われば世界は変わる」が挙げられる。これは意識変革をすれば（社会に直接はたらきかけなくても）自ずと世界は異なった様相を呈するという、社会への関心の低さを含意する。人びとの社会的態度は、「意識変容が社会変革につながる」として自己変容と社会変革の同時進行を謳っていた前時期とは大きく異なっていると言えるだろう。

この頃から、組織形態がある程度明確な輪郭をもつ「宗教」とは異なるものを総称する用語として「ニューエイジ」という語が用いられるようになっていく。ニューエイジの語源は、西洋占星術において、過去二〇〇〇年にわたって支配的だった魚座から、二〇世紀後半には水瓶座に移り、地球的規模での大転換が生じ、「新しい時代（ニュー・エイジ）」が到来するという考えに基づいている。これ以降現在に至るまで、スピリチュアリティ文化にかかわる思想や実践の総称として、また本や音楽のジャンルとして「ニューエイジ」が幅広く用いられることになる。

ポール・ヒーラスは、一九七〇年代以降、欧米において増加するニューエイジの担い手について、「自己の内部や自然の秩序全体に潜んでいる内的なスピリチュアリティこそが、人生のまちがったすべてのものを正しいものへと変えていく鍵になる、と主張する人びと」（Heelas 1996: 16）と規定している。ニューエイジを受容する人びとの社会的属性に関してはいくつかの調査がおこなわれ、支持者たちは教育程度の高い、比較的裕福な家庭に育った二〇代後半から四〇代の人びとが中心であると捉えられている（Rose 1998）。

ヒーラスはおもに欧米の宗教状況を念頭に論じたが、島薗進は、欧米のニューエイジ、日本の「精神世界」を含むグローバルな宗教文化現象を「新霊性運動＝文化」と捉え、理論・実証の両面にわたって詳しく考察している。島薗によれば、この文化運動の思想的特徴の一つは、個人の意識変容を究極的なものへ至らしめるきわめて重要な指標と考えることにあるとしている（島薗 一九九六、二〇〇七）。

スピリチュアリティ文化における身体技法は、この時期になると西洋心理学の影響が以前よりもさらに大きくなる。ニューエイジ系のセラピーが各地で開催され、からだを動かす気づきのワークショップなどを通じて知られるようになっていく。一九八〇年代後半から九〇年代前半にかけて日本で多数の受講者がいた自己啓発セミナーは、ニューエイジの典型とは言えないかもしれないが、その一部として位置づけてもよいだろう。九〇年代中頃になると、ヒーリングや気づき、自分探しなどをキーワードとする書物やセミナー、ワークショップが社会一般へさらに広く浸透するようになる。この時期には、「ヒーリング／癒し」の語が、ニューエイジのみでなく、医療や生命倫理などの分野においても頻繁に使われるようになっていく。

ニューエイジとその周辺に対する人びとの関心は、アメリカやイギリスをはじめとする欧米諸国のみならず、日本、韓国などの東アジアにおいてもきわめて大きくなる。そのシンボリックな空間となっているのが、大型書店に常設されているニューエイジのコーナーである。たとえば、アメリカの大型書店ボーダー・ブックストア（Border Bookstore）には、おもにキリスト教の書籍を扱う「宗教」セクションに隣接して、「ニューエイジ」や「セルフヘルプ」のコーナーが設置されている。このコーナーには、ヒーリング、代替医療、ヨーガ、呼吸法、瞑想、気功、風水、生まれ変わり、チャネリング（地球外知的生命とのメッセージ交流）、臨死体験など多種多様な分野の本が並んでいる。また、ルドルフ・シュタイナー、バグワン・シュリ・ラジニーシ、J・クリシュナムルティ、G・I・グルジェフ、ラム・ダスといった現代的なグル（精神的指導者）の本や、神秘主義や人類の知恵にかかわる文献がこのコーナーには置かれている。さらに、アルコール依存やドラッグ中毒からの回復、結婚相手や恋人との関係性についての指南書など、セラピーや自己啓発にかかわる書物も取り扱われている。たとえば、ペルーで発見された古代マヤ文明に由来する一〇の知恵を記した写本を主人公が探し求める物語、『聖なる予言』（ジェームズ・レッドフィールド著、一九九三年）は日本で一〇〇万部、世界で五〇〇〇万部以上売れている。

こうした一連の書籍群は、各書店や国によっても分類、コーナーのタイトルが若干異なる。ニューエイジはイギリスで「マインド・ボディ・スピリット」、ドイツで「エソテリーク」、日本では「精神世界」と表現される場合が多い。しかし、取り扱われている本の内容は、世界各地できわめて類似している。このグローバルな広がりを見せるスピリチュアリティ文化は、現代世界に進展する新しい宗教性の動向を読み解く鍵となるだろう。

一九八〇年代半ばの時点でニューエイジや「精神世界」は多くの支持者を獲得するが、疑似科学的なさまざまな理論や実践にあふれた集合体として捉えられ、一般社会からは否定的なイメージをもたれる傾向が少なからずあった。それはあくまで主流文化と境界を隔てた下位文化（サブカルチャー）としての広がりであり、全体社会のなかで囲い込みがおこなわれていたのである。一九七九年にマインドフルネス・ストレス低減法（ＭＢＳＲ）を医療現場で活用しはじめたジョン・カバットジンによれば、ＭＢＳＲを「ニューエイジ」や「東洋の神秘」「風変わりなもの」などと混同されないように周到な配慮をする必要があったと回想している（Kabat-Zinn 2011: 282）。ここからも当時のニューエイジへの社会一般の否定的な評価をうかがい知ることができるだろう。二一世紀になり、スピリチュアリティ文化の一部が正統な科学として扱われるようになるのはしばらく後のことである。

また同時に、囲い込みを解かれた一部グループが深刻な社会問題を起こすのもこの時期の特徴である。たとえば、インド系の新宗教運動であり、心理療法やからだの動きをともなうアクティブな瞑想を活用した和尚ラジニーシ・ムーブメントにおいては、一九八五年当時アメリカのオレゴンにあった共同体内外で数々の社会的犯罪が発覚する。この団体が起こした犯罪のなかには、近隣住民へのサルモネラ菌の散布、公共施設の放火、コミューン内部での薬物による殺人未遂事件などが含まれていた（伊藤 二〇〇三、第四章、第五章参照）。日本でも自己啓発セミナーの一団体であったライフスペースが閉鎖的な宗教集団となって死体を放置したミイラ事件（一九九九年）、元来はヨーガサークルであったオウム神仙の会がオウム真理教となって企てた地下鉄サリン事件（一九九五年）はその具体例である（藤田 二〇一七、井上はか編 二〇一一、二〇一五、小池 二〇〇四、櫻井 二〇〇四、オウム真理教による一連の事件が宗教研究に与えた影響については本書第三章参照）。

5　スピリチュアリティ文化の変遷Ⅱ（一九九〇年代後半から二〇二〇年まで）

一九九〇年代後半から現在に至るスピリチュアリティ文化は、次第に主流文化（メインカルチャー）として特徴づけられるようになる。この時期においては、全体社会は敵対すべき対象でも社会変革が不可能な巨大システムでもなく、自己のスピリチュアリティを探求し、実現が可能な場として認識されるようになる。別の見方をすれば、近代性のあり方自体が時代とともに変化し、近代的、脱近代的志向性は相補的な役割を果たすに至る。

疑似科学的な大衆文化としてのスピリチュアリティ

現代スピリチュアリティ文化の思想や実践の多くは、九〇年代前半までと大きく変わることはなく、擬似科学的な特徴をもつ内容が引き続き人気を集めた。ただし、その人気がサブカルチャーとして大衆のなかで限られた人びとだけにではなく、幅広い層の人たちに享受され、否定的なイメージはうすれ、主流文化として認知されていくのが、この時期の特色となる。

たとえば、映画『ザ・シークレット』（二〇〇六年）とそれに続く同名の書籍は「引き寄せの法則」として知られるようになり、爆発的な人気を集めることになった。これは、思考は現実化するというポジティブ思考に基づき、従来の自己啓発本でもしばしば見られた考え方を推し進めたものである。この本は世界五〇カ国以上で翻訳され、三六〇〇万部以上の売り上げを記録している（The Secret 公式ホームページ）。また、「私たちは一つである」「すべきことは何もない」といったニューエイジ思想を体現する内容を神からのメッセージとして対話形式でまとめた『神との対話』の一連の著作（一九九五－二〇一七）は、三七の言語で一〇〇〇万部以上売れている。それ以外でも、宇宙の高次の意識との交流をするチャネリング、守護霊や天使からのメッセージ、占星術、パワー・スポット（スピリチュアル・スポット）などは、心理的な安心感を含む現世利益を疑似科学的な手法により獲得しようとする内容となっており、その人気は現在まで続いている（岡本二〇一五、二〇二一、山中編二〇二〇）。

日本においては、二〇〇一年に、漫画『陰陽師』のコミックや映画がヒットし、陰陽師の主人公、安倍晴明をまつる晴明神社は今日に至るまでスピリチュアル・スポットとなっている。また、「スピリチュアル・カウンセラー」を名乗る江原啓之が同年に刊行した『幸運を引きよせるスピリチュアル・ブック』は七〇万部のベストセラーとなった。二〇〇五年になると、『国分太一・美輪明宏・江原啓之のオーラの泉』（二〇〇五－二〇〇九年）がテレビで放送され、著名な芸能人を迎えての江原によるオーラや前世や守護霊の霊視と美輪によるスピリチュアルなメッセージにより人気番組となった。この番組により、「スピリチュアル」ということばが日本社会に急速に浸透していった（有元二〇一一：四五－四六、堀江二〇一九）。さらに、二〇〇二年にはじまった「すぴこん」（Spiritual Convention の略称）は、東京、大阪、福岡などの日本全国の主要都市でおこなわれているイベントとなり、二〇一一年の時点で年間約六〇会場、一〇万人以上を動員している（有元二〇一一：五二）。その後も日本はスピリチュアル・マーケットやヒーリング・マーケットとして大規模な市場を維持、発展させて今日に至っている。

洗練されたスピリチュアリティ

こうした玉石混交の疑似科学的な大衆文化だけでなく、それらとは一線を画する形でのスピリチュアリティ文化の発展も見逃すことはできない。たとえば、現代世界において、おそらくもっとも影響力のあるスピリチュアル・ティーチャーであるエックハルト・トールの思想と活動は、上記のスピリチュアリティ文化とは明らかに異なる洗練された内容となっている。トールの最初の本である『パワー・オブ・ナウ』（一九九七年）は三〇〇万部、『ニュー・アース』（二〇〇五年）は五〇〇万部以上売れている（それぞれ英語版）。彼の書籍は発行部数のみでなく、包括的な内容も注目に値する。彼の本のなかには、キリスト教（旧約聖書、新約聖書、マイスター・エックハルト）、仏教（ブッダ、禅僧）、インド哲学（『ウパニシャッド』『バガヴァッド・ギーター』、ラマナ・マハルシ）などさまざまな宗教・哲学思想にふれつつ、自我のメカニズムについて、また思考と本来の自己を一体化してしまう問題点などを詳しく語っている。彼の書籍には現世利益的な内容や疑似科学的な技法などは一切語られていない（詳しくは第一〇章参照）。

トールに代表される一九九〇年代後半以降に活躍しているスピリチュアル・ティーチャーたちは、西洋の指導者が大多数を占めるようになる。この傾向はこれまで、六〇年代のマハリシ・マヘーシュ・ヨーギー、サッチダーナンダから七〇、八〇年代にかけてのクリシュナムルティやラジニーシといったインド人のグルが中心であった時期と大きく異なる。一九八〇年代までの欧米社会において、多くの人びとが東洋の思想と実践を十分に受容し、血肉化した結果、スピリチュアルな覚醒を経験したと宣言する西洋人による西洋人のためのスピリチュアリティ文化が確立することになったのである。トール以外では、アディアシャンティ、ルパート・スパイラ、ガンガジ、トニー・パーソンズなどが著名なスピリチュアル・ティーチャーとして挙げられるだろう。

二一世紀に入ると、インターネットや各種のSNSなどを通じて、スピリチュアリティ文化を維持・発展させるグローバルなネットワークが確立していく（Fisk 2002）。世界における主要な拠点として、オメガ・インスティチュート（ニューヨーク）、クリパル・センター（マサチューセッツ）、フィンドホーン（スコットランド）、リシケーシュ、ゴア（ともにインド）などがある。

非宗教領域でのスピリチュアリティの展開

スピリチュアリティ文化の主流文化化は一方で従来の疑似科学的な手法によって現世利益を求め、そのためのスピリチュアル市場はますます発展してきている。他方、これと比べると規模はそこまで大きくないが、西洋人のティーチャーたちによるグローバルなネットワークが確立し、洗練されたメッセージが発信されている。これら二つの動向とともに、一九九〇年代後半以降になると、第三の道、すなわち、社会の主要な諸制度に浸透し、科学と高い親和性を示すスピリチュアリティ文化が発展していく。現代のグローバルなスピリチュアリティ文化は、ニューエイジとその周辺のみならず、教育、心理、医療・看護、社会福祉、健康などの分野にも拡散してきているのである（Beckford 1992; Kashio and Becker eds. 2021; 鎌田編 二〇一四－二〇一六）。

スピリチュアリティ文化の非宗教制度領域への広がりは、教育においては、ホリスティック教育の重要性の指摘や、学校教育における「いのち」の重視（ベッカー・弓山編 二〇〇九）、心を扱う学問としての臨床心理学やセラピー文化の人気に見いだされる（小池 二〇〇七）。また、ポジティブ心理学は、人間の持続的幸福を向上させる基盤となる美徳（「勇気」や「感謝」「スピリチュアリティ」など）を養うための介入調査を実施している。具体的に、ポジティブ心理学は特定の私立学校のカリキュラム全体に導入されたり、地域全体の教育プロジェクトに採用されたりしている。また、企業やアメリカ陸軍などでの研修にも使用されている（Seligman 2011, 2014; 本書第八章参照）。

医療・社会福祉においては、死生学の発展、ホスピスやスピリチュアル・ケア（終末期医療）への関心が挙げられる。健康の分野でも、心身二元論への批判は高まっており、ＷＨＯ（世界保健機関）が従来の「健康」の定義である「肉体的、精神的、社会的に幸福な状態」にスピリチュアルな次元も含める試案づくりをしたこともこの流れを示している。この試案は一九九九年に総会で提案されたが、さまざまな宗教伝統全体の意思統一には至らず、現在は保留となっている（湯浅監 二〇〇三）。仏教に起源をもつ西洋式のマインドフルネスは、一般の人びとのストレス軽減や心の健康の維持・発展のために用いられている。その効果に関して科学的な根拠を強調し、指導者を養成し実践する拠点が大学や医療機関である場合も多い（本書第四章、第五章参照）。

また、気功やヨーガ、太極拳のプログラムが各種のスポーツジムやカルチャーセンターで増えている。これらはホリスティックで心身一元論的な諸実践の現代社会への広がりを示す事例と言えるだろう。たとえば、ヨーガは人間と自然の調和、健康と持続的幸福へのホリスティックなアプローチを表現しているものとして、国際ヨーガデーの設立が二〇一四年に国連総会で採択された。第一回目となる二〇一五年六月二一日の国際ヨーガデーには全世界で五〇〇〇万人以上の人たちが各種のイベントに参加している（詳しくは本書第六章）。

さらにアメリカの社会学者ポール・レイと心理学者シェリー・アンダーソンによって一九九八年に作られた、エコロジーへの関心を高め、自然との調和を意識したライフスタイルを謳う「ロハス」（LOHAS: Lifestyles of Health and Sustainability［健康で持続可能なライフスタイル］）という概念は、二〇〇〇年代の健康志向、自然志向ブームとかかわることにより、スピリチュアリティ文化の主流文化化を推進する役割を果たすようになる。これは二〇〇四年頃から日本でも広く知られた標語となっていく。二〇一〇年代中頃になると「ロハス」ということばはあまり使用されなくなるが、それに代わるように二〇一五年からは、国連サミットで採択されたＳＤＧｓ

国連にて採択された国際ヨーガデーのロゴ

（Sustainable Development Goals：持続可能な開発目標）が新たな標語になっていく。ＳＤＧｓでは、一七の大きな目標と、それらを達成するための具体的な一六九の目標が定められているが、そのなかにはロハスと共通する健康志向や自然との共生の理念が含まれている。ヨーガやマインドフルネスなど、心とからだのつながり、人間社会と自然とのつながりを強調し、自然にもやさしく、地球温暖化対策などを意識した商品が売れる時代になってきたのである。

ロハス、ＳＤＧｓとも関連するスピリチュアリティ文化を包含するキーワードとして、「持続的幸福」やそれに類する用語（「ウェルビーイング」「ハピネス」など）が用いられるようになってきている。先述したヨーガやマインドフルネスは心身の健康、それを通じての持続的幸福を育成するためのきわめて有効な手段として発展してきたと言ってよいだろう。またポジティブ心理学は、人びとの幸福度を高めるメカニズムの解明と実践方法を主目的とした応用心理学であり、その内容は「ウェルビーイング」や「幸福」と題された大学の講義科目として教えられるようになってきている。世界幸福度ランキングが各種の調査手法により公表されるようになったのも二一世紀に入ってからである。いくつかの国別ランキングの結果が影響して、政府や研究機関は、従来のＧＮＰ（Gross National Product：国民総生産）でなく、ＧＮＨ（Gross National Happiness：国民総幸福量）の向上をめざす幸福経済（wellbeing economy）の発展を念頭に置く政策を立案している（たとえば、All Party Parliamentary Group Report on Wellbeing Economics 2014）。こうした動向も現代スピリチュアリティ文化に関連するより大きな枠組みとして理解できるだろう。

以上まとめたように、現代は非宗教制度領域において、スピリチュアリティに関するテーマが真正面から取り上げられるようになってきている。この点は、二一世紀以降のスピリチュアリティ文化の特徴として捉えられる。こうした傾向は、現代社会の中心的な価値観が近代から脱近代的志向性への変容、ひいては社会変革の動きとして理解できる面もある。しかし同時に、従来の社会システムがスピリチュアリティ文化を巧みに取り込み、既存のシステムを安定、強化させている側面も見逃してはならない。現在進行形のスピリチュアリティ文化には、社会変革と現状維持の両方の機能があり、ともに現代社会・文化の重要な局面として今後の動向を究明する必要がある。

6　現代スピリチュアリティと「宗教」概念の再考

現代スピリチュアリティ文化に顕著に見られる脱近代的な価値観は、時代ごとに近代的志向性と対抗、囲い込みの関係を経て、融合という状況に至っている。ホリスティックな世界観、未来の業績よりも現在の自己受容、理性よりも感情表現を重視する脱近代的志向性は、ニューエイジとその周辺を中心としつつ、きわめて裾野の広い文化現象となってきている。

現代社会においては、制度的宗教の世俗化（宗教教義や儀礼への不満、「宗教」への違和感や不信感の増大）が進展しつつ、非宗教セクターにおいては、スピリチュアリティにかかわる心や魂、いのち、持続的な幸福に対する関心が高まりつつある。

これまで概観してきた現代スピリチュアリティ文化は、従来の宗教研究に対して新たな課題を提起してきた。その最大の要因は、宗教の担い手と研究者の双方にとって「宗教」概念の再考を促したことである。

まず、宗教の担い手に着目してみると、前述したように、現代スピリチュアリティ文化の主要な担い手たち（SBNR）は自らの実践を「宗教」として扱われることを嫌う傾向にある。実際、書店のコーナーでは宗教とは別のカテゴリーとしてニューエイジやセルフヘルプが分類されている。現代では、当事者のみならず一般の人びとにとっても「宗教」概念は制度宗教とほぼ同義に捉えられ、そうした活動にネガティブなイメージが付与されることが少なくない。また、担い手自身が、宗教的かどうかを積極的に自己規定していることも現代的特徴だと言えるだろう。

研究者にとっても、「宗教」概念、および研究アプローチの自明性は崩れてきている。現代スピリチュアリティ文化は、従来の伝統宗教や新宗教のような地域や宗教集団を基盤とした、固定メンバーが密接にかかわるような信仰の共同体をもたない場合がほとんどである。もちろん、特定のスピリチュアリティ文化に関心をもつ多数のグループは存在するが、支持者たちのグループへの関与の度合は弱く、帰属意識も乏しい傾向にある。各種のワークショップにしてもその場だけの集まりであることが多く、その目的は自己のスピリチュアリティを高めることにある。

従来型の宗教を所与のものとする研究者は、当事者が宗教と認めていないグローバルなスピリチュアリティを研究対象外としたり、あるいは別段取り上げる価値のないものとして軽視したりしてきた（Storm 2002）。なぜなら、この新しいスピリチュアリティは共同体をもたず、「聖なる商品」として消費されるケースが多く、また思想的にも雑種性が強いからである。要するに、「本当の宗教」のイメージとかけ離れているのである。実際、ヒーラスは、「ニューエイジ」という語がネガティブな意味合いを付与された結果、価値中立的な学術用語として成り立たないので、「表現的スピリチュアリティ（expressive spirituality）」という語を代わりに使用している（Heelas 2000）。しかしながら、グローバルなスピリチュアリティは、現代世界の宗教文化の動向を理解するために無視できない現象である。それは、本章でまとめたように、世界各地の大型書店でのニューエイジ関連書籍の広がりや、ホリスティックな思想が主流文化に浸透してきていることからも明らかである。

宗教研究者はまず、宗教を広義に捉え、現代スピリチュアリティ文化を研究射程に入れることが不可欠となる。そこで注視すべき重要な点は、このスピリチュアリティが思想的には雑種性を帯び、世界各地で共通する現象となり、従来の宗教集団と異なる独自のネットワークをもつということである。このようなスピリチュアリティ文化の特徴は、グローバル化による単一の場所としての世界において、脱ローカル化したシンボル、儀礼、世界観が混じり合う状況が生まれたこと、またそこで生みだされる文化資源に、一般の人たちが比較的容易にアクセスできるようになったことと密接に結びついている（Tomlinson 1999）。

現代スピリチュアリティ文化は、従来の宗教領域からあふれ、医療・看護、教育、心理、ビジネスなどの領域で実践されている。また大学や研究機関、大企業がスピリチュアリティ文化の拠点となって、セミナーや講義、ワークショップを発信していることもめずらしくない。こうした非宗教領域におけるスピリチュアリティ文化の展開にも十分目を配る研究が今後きわめて重要だと言えるだろう。

第二章　二一世紀西ヨーロッパでの世俗化と再聖化
――イギリスのスピリチュアリティ論争の現在――

1　社会学における「宗教」の位置づけ

欧米の社会科学、とりわけ社会学におけるほとんどすべての諸理論は、近代化と宗教との関係をきわめて重要な問題として扱ってきた。宗教が社会変動を促進するのか、あるいは阻害するのかに関しては、多くの異なる見解がある。しかし、現代社会におけるさまざまな変化が宗教に対して大きな影響をもたらすことに研究者たちは同意している。さらに言えば、社会学者のなかには、近代化による社会変動が宗教の社会的影響力を衰えさせる、場合によっては喪失させると主張する者もいる。これは広く「世俗化（secularization）」や「脱聖化（desacralization）」と呼ばれるものである。

一九世紀末から二〇世紀初頭に活躍した社会学の巨人たちも、宗教の世俗化に関して多くの議論をしている。たとえば、エミール・デュルケム（一八五八－一九一七）は、社会秩序の必要性を主要な関心として、宗教がその秩序の重要な一部をなすとしている。デュルケムによれば、宗教には普遍性があり、それが完全に時代遅れになることはないという（Durkheim 1912）。しかし、社会的分業が高度に発達した産業化社会においては、宗教がもっていた社会全体を統合するという意義をいくぶん失うことになると予見していたのである（Durkheim 1893）。

マックス・ウェーバー（一八六四–一九二〇）もまた、現代社会において宗教の重要性は徐々に失われていくという見解を提示した一人である。ウェーバーによれば、現代社会は合理化と合理的知識、そしてとりわけ世界の「脱魔術化」によって特徴づけられる。一般の人びとは、伝統的な慣習や自らの感情よりも、目的的な合理性に基づいて行為するようになる。この合理化が宗教の影響を徐々に奪うことになる、というのがウェーバーの主張である。脱魔術化により、世界はもはや神秘や呪術による拘束を受けることがなくなる。そして超自然的なものは社会から徐々に失われていく。こうした事態をウェーバーは悲観的に捉え、不安に包まれた未来を予期していた（Weber 1904-05, 1920）。

科学や合理性の発達、社会的分業や社会分化の促進といった諸要因の混合により、伝統的で非合理的な信念、とりわけ宗教は弱められることになるというのが以上見てきた古典社会学理論のほぼ一致した立場である。

本章の目的は、宗教社会学の諸理論をふまえ、過去四〇–五〇年間の世俗化論をめぐる議論を概観することである。その具体的事例として、世俗化がもっとも進んでいる社会の一つとも言われる現代イギリスの状況を手がかりとする。そして主要なイギリスの宗教社会学者による世俗化論争の議論を批判的に考察しつつ、西ヨーロッパ諸国における宗教・スピリチュアリティ研究の現状と課題を究明する。

2　一九六〇年代以降の世俗化論の成立と展開

社会の多元化と宗教の関係

一九六〇年代以降、西洋社会において、キリスト教系の新宗教が発展し、またアジアの宗教伝統に由来する多くの宗教が伝播したり、出現したりした。それらは総称して「新宗教運動（New Religious Movements）」と呼ばれるようになる。アンドリュー・グリーリーは新宗教運動の興隆が社会の再聖化を示すものであると捉える（Greeley 1972）。他方、新宗教運動の発展こそが世俗化を示す根拠であるとする立場もある。価値観の多様化により、宗教が競合するようになった結果として生じた現象と理解できるからである。

多元化社会とそこでの宗教の衰退をはっきりと論じるのがピーター・バーガーである。バーガーは、個々人の人生における意味付与の問題にとりわけ関心をもっていた。宗教は、このプロセスと密接にかかわる。個人が人生のなかで葛藤し、折り合いをつけていく際に必要な文化資源を提供すると考えられるからである。

バーガーは、西洋社会の一九六〇年代以降の状況が危機に直面していたと捉える。なぜなら、複数の意味世界が競合しているからである。一つの社会において、二つ以上の「聖なる天蓋（sacred canopy）」が存在するとき、すなわち、人間存在に関する究極の説明体系が二つ以上あるとき、そのいずれもが（あるいはすべてが）真実であることはありえない。その結果、究極の真実など存在しないのではないかという疑いを人びとに生じさせることになる。バーガーによれば、西洋社会の人びとはますます世界と自らの人生について宗教的解釈を用いることなく理解する。その結果、意識の世俗化が生じる。バーガーにとって、世俗化の決定的な要因は、合理化であり、それは現代型の産業社会において不可欠なものである。合理的な世界観は宗教を基盤とする信仰を拒絶する。

バーガーによれば、超自然に関する信仰は、世俗社会においてセクト（分派）の形態をとって存続しうる。強固な信念と献身を維持するためには、個人は自らをより広い社会の世俗的な影響から切り離し、似た信仰をもつ人たちのサポートを得る必要があるからである。しかしながら、それを埋め合わせるべく発展した新宗教運動は、古くからある伝統と競合し、そのもっともらしさ（plausibility structure）をさらに掘り起こすことになる。つまり、六〇年代以降のセクト、カルトの発展は、世俗化が生じた証拠となり、またさらなる世俗化への促進要因となっているのである（Berger 1967）。

しかし、グレース・デイビーは、バーガーの議論が実証的というよりは理論的なものであり、現代宗教に対する彼の理解を示したにすぎない点を強調している。たしかに現代では、バーガーが主張するように、私たちの現前にある複数の聖なる天蓋を単純に自明視することはできない。私たちは自分自身で選択する決断をしなければならないのである。ただし、こうした変化は、バーガーが考えるように信念体系をむしばむというよりもむしろ刺激するかもしれない。また自らで選び取った信念は他者から与えられた場合よりも脆弱なものになるとはかならずしも言えないとデイビーは論じる（Davie 2013: 54）。

世俗化論の確立と明確化

宗教社会学の一ジャンルとして世俗化論が確立し、「世俗化」概念をめぐる長きにわたる論争が繰り広げられるのは一九六〇年代以降のことである。その論争の中心にいた一人がブライアン・ウィルソンである。ウィルソンは世俗化を「宗教的思考、実践、および制度がその社会的意義を失うプロセスである」と規定している（Wilson 1966: xiv）。ここで彼は、宗教の社会的重要性と宗教自体とを注意深く明確に区別している。世俗化により宗教自体が消失するわけではない。そうではなく、社会システムの運営において、宗教がその意義を失っていくことがポイントとなる。

世俗化論の概念および理論上の主要な問題点は、この一つの概念をめぐって、実に幅広い、多様な理論が埋め込まれていることにある。それらは互いに相容れないところがあり、一つ一つ解きほぐしていく必要がある。「世俗化」概念を明確にする際に、とりわけ有益な研究者としてホセ・カサノヴァがいる。カサノヴァは、単一の理論とされている世俗化論が実際には三つのきわめて異なった、不均衡でまとまりのない前提から成り立っているとし、無益な世俗化論争を終わらせるには、宗教社会学者が独自にそれら三つの課題の妥当性を検討し、究明することが必要となると論じている（Casanova 1994）。

彼の指摘する世俗化がもつ三つの側面を一つずつ見ていくことにする。第一は、分化（differentiation）としての世俗化である。この文脈において、世俗化はたとえば、国家や経済といった非宗教領域が宗教と分離したり、独立したりすることにより生じるとされる。世俗化論においては、宗教領域とそのほかの社会生活との分離のため、公共生活への影響において、宗教制度や宗教的信念が果たす役割が低減していることがこれまで論じられてきた。カサノヴァはこうした意味での世俗化がヨーロッパ諸国である程度進行していることを認めている。しかし、それは例外的であると論じる。なぜなら、世界全体では、一九八〇年代以降、公共生活において宗教がより顕著な役割を果たしている国々が増えているからである。

第二は、宗教的信念や実践の衰退としての世俗化である。世俗化論は、宗教的諸活動に参加したり、宗教的な信仰をもったりする人たちが以前より少ないとする見解である。具体的には、神の存在をどれだけの人びとが信じるのか、あるいは教会やそのほかの礼拝場所へ参加するのかといった問題として扱われている。カサノヴァによれば、最近の歴史を見ると、宗教的信念や実践が枯渇しそうにはなっていない。

第三は、私事化（privatization）としての世俗化である。このタイプの世俗化では、宗教が公共生活においていかなる役割も果たさないことを意味する。また宗教が政治家の意思決定、あるいは個々人が社会において人生の選択をするときに影響を与えないことを指す。この点に関してカサノヴァは、宗教の脱私事化（deprivatization）が進行してきていると論じる。一九八〇年代以前、宗教は私的空間に限定されていた。宗教は個人の良心の問題と捉えられ、宗教組織は公共政策へ関与することを控えていた。ところが、八〇年代以降になると、その反対の動きが起こり、宗教が公共領域に再度踏み入る機会がますます増えているとしている（たとえば、イランのホメイニ革命、ポーランドの「連帯」、アメリカのファンダメンタリズムの興隆など）。

以上の考察から明らかなように、カサノヴァにとって、第一の、分化としての世俗化が世俗化論の根幹をなす。現代の社会構造においては、宗教が中心的な役割を占めることはもはやない。しかし、宗教的信念や実践のレベルでは衰えておらず、宗教が私的領域に追いやられているとはかならずしも言えない。実際、カサノヴァの著作での意図は、現代世界において宗教がもつ正当な公共的役割について確認することだったのである。

世俗化論の終焉？

一九六〇年代以降の宗教社会学において、一方では「世俗化」概念の洗練と明確化がなされた。他方では、ヨーロッパ以外の世界各地での宗教の活発な実態が明らかになっていった。たとえば、デイビーはヨーロッパが「例外的ケース」であり、世俗化の実際的な証拠をもつ世界で唯一の場所であるとしている。キリスト教の信仰に関してさえ、アメリカ、サハラ以南のアフリカ、ラテン・アメリカでは衰退を示すデータはほとんどない。デイビーによれば、世界の多くの場所でキリスト教は繁栄しているとされる（Davie 2002）。

またデビッド・マーティンは、ヨーロッパの内部においてすら、その多様性はきわだっていると指摘する。たとえば、プロテスタントの北部（アングロ・サクソンのイギリスとルター派のスカンジナビアとの相違と類似性に注意する必要がある）、オランダやドイツに代表される宗教的に入り交じった国々、そして南部のラテン諸国である。ラテン諸国では、カトリックが依然として支配的であり、多少なりとも伝統が独占的である（Martin 1978）。

世界全体やヨーロッパ内部での詳しい宗教状況が明らかになるなか、近代化による社会の多元化、それにともなう宗教の衰退を論じていたバーガーのいわば「敗北宣言」がなされた。九〇年代に入って、彼は、私たちは世俗化された世界を生きているという前提に立つこれまでの議論は誤りだったことを認めたのである。バーガーは、いくつかの例外はあるとしつつ、「今日の世界はかつてと同じくらい猛烈に宗教的であり、歴史家や社会科学者たちによって広義に『世俗化理論』としてラベルを貼られた研究全体は本質的にまちがっている」と指摘する。そして、近代化が社会や個人意識における宗教の衰退をもたらすという世俗化理論の発想自体が誤りだったと結論づけている（Berger 1999: 2-3）。宗教社会学界屈指の論客であるバーガーは、世俗化論の痛烈な批判者へと変貌を遂げたのである。

以上の考察の結果、世界全体で見れば宗教は依然として活発であることが明らかとなった。カサノヴァが緻密な議論を展開したように、またバーガーが自らの誤りを認めたことに象徴されるように、一九六〇年代頃から活発に議論された世俗化論は、九〇年代末には一応の終結を迎えたように思われる。しかし、「ヨーロッパは例外」と言うように、そこでは世俗化が進行しているという風にも理解できる。そもそもウェーバー、デュルケム、バーガーが念頭においたのは、近代化が起こった西洋社会であった。それ以外の全世界への概念の適用には無理があったかもしれないが、対象範囲を限定すれば、近代化にともなう価値観の多様化や当然のものとして受け入れていた宗教世界の相対化はおこなわれたのだろうか。以下では、世俗化の議論を西ヨーロッパに限定して、二一世紀に入ってからの展開を考察したい。

3　イギリスの世俗化論争

ブルースの世俗化論

世俗化理論のなかでもっとも有力なものの一つにスティーブ・ブルースによるものがある（Bruce 1996, 2002, 2011）。ブルースによれば、世俗化論に対するあまりに多くの議論が、二次的資料に基づき風刺的に描かれた批判から成り立っているという。よくある誤解の一つは、世俗化論が宗教の消失を指すとする見解である。これに関して、世俗化論は宗教の社会的意義の喪失を強調していることはすでに述べたとおりである。

それ以外にも非常に共通した批判として、宗教の衰退は不可避であるという誤解が挙げられる。世俗化論に反論するために、現代社会のある地域において依然として活発な宗教状況を示したり、また多くの近代化されていない社会においては今日でも人びとは完全に宗教的であることを示そうとしたりしている。

ブルースは、世俗化を不均衡なプロセスであり、ある場所はほかの地域よりその進行が著しく、またその過程でゆるやかな時期があることを認識している。しかしながら、ブルースの見解では、一旦近代化にともなう宗教の社会的意義の喪失というプロセスがはじまると、それはけっして逆行することはない。宗教的信念は保持されるかもしれないが、社会において宗教が中心的位置にあるという状況に戻ることはない。この不可逆の段階に西洋社会は突入したというのがブルースの議論である。

これと関連するのが近代化および世俗化論の対象範囲である。確かに、世俗化をグローバルな過程と捉え、世界全体が西洋化、近代化するという立場もある。しかし、ブルースの場合は、世俗化に関しては西洋社会にほぼ限定して議論している。近代化とは、テクノロジーを媒介とする経済の変容に根ざす一連の諸制度の成長と普及から構成される。したがって、世界全体で一つの近代化社会があるわけではない。近代化という連続帯において、より進んでいるか、あまり進んでいない一群の社会が多数存在しているだけである。

さらに重要なことは、ここでいう「近代」とは、現存しているすべての社会を指すのではない。ある種の特徴をもった社会を意味するだけである。「ある現代社会は完全に近代化されており、ほかの社会はそうではない。この点ははっきりと強調しておく必要がある」とブルースは述べる。なぜなら、世俗化論のパラダイムに対する反証、批判に共通するのは、近代化していないいくつかの社会が宗教的であることを示すことだからである（Bruce 2011: ch.2-3）。このような立場から、前述の世界各地での宗教の活発さを根拠にしたバーガーによる軌道修正を「不必要な撤回」とし、ブルースは「彼の世俗化へのオリジナルなアプローチはいまでも有効であり、彼は犯していない罪を懺悔している」と論じている（Bruce 1999: 87）。

西洋世界における世俗化に関しても、それが単に一時的なものであり、宗教的関心が復活する可能性はつねにあることをブルースは認めている。しかし、こうした反世俗化論の主張には、明らかな証拠に欠けるという問題がある。イギリスにおいては、キリスト教は少なくとも一五〇年間、衰退しつづけている。そのすき間を埋める波は、一九二〇年代のペンテコステ運動にはじまり、六〇年代にはカリスマ運動、七〇年代の新宗教運動、そして九〇年代のニューエイジのスピリチュアリティとして登場した。しかし、ブルースは、これらの運動や文化実践は、組織宗教への関心から遠ざかる人びとの増加を埋め合わせるための小さなへこみにすらならないと指摘している（Bruce 2011: 54）。

宗教からスピリチュアリティへ

社会における宗教の重要性を理解するおもな指標として教会への出席率を用いると、ブルースが主張するように、きわめて多くの統計的データは、ヨーロッパにおいて世俗化が進行していることを示している。たとえば、マンハイム・ユーロバロメーターによれば、一九七〇年と一九九九年の間で人びとが週一回あるいはそれ以上教会に参加する人口の割合は、フランスでは二三%から五%、ベルギーは五二%から一〇%、オランダは四一%から一四%、ドイツは二九%から一五%、イタリアは五六%から三九%、そしてアイルランドでは九一%から六五%とすべての国で低下している（Bruce 2011: 10）。

イギリスにおける教会出席率を見ても事情は変わらない。入手可能なもっとも古いデータは、一八五一年のものであり、その当時成人の四〇%が教会に出席していた。しかし、二〇世紀の変わり目には、イングランドとウェールズにおいて、三五%に落ち、一九五〇年までには二〇%となっている。教会世論調査（Church Censuses）が実施した過去四回の結果は、一九七九年一二%、八九年一〇%、九八年七・五%、そして二〇〇五年には六・三%となっている（Brierely 2006）。

イギリスをはじめとするヨーロッパ諸国において、キリスト教の教会出席率の低下を示す各種世論調査の結果が明らかとなった。こうした衰退を埋め合わせるものの一つとして、ニューエイジあるいは新しいスピリチュアリティと呼ばれる社会・文化現象が注目されている。

たとえば、現代スピリチュアリティ文化の活発さを探る本格的な研究がポール・ヒーラスとリンダ・ウッドヘッドとその同僚により実施された。この大規模調査は、北イングランドの人口二万八〇〇〇人の町、ケンドールで二〇〇〇年から二〇〇三年にかけておこなわれ、この町におけるほぼすべての宗教集団、およびケンドールとその周囲五マイルの範囲にあるスピリチュアリティに関する実態も究明された。このプロジェクトは、現代イギリスの宗教とスピリチュアリティの実態を包括的に調査した初の試みといってよいだろう（Heelas and Woodhead 2005）。

調査結果を簡潔にまとめると、この研究グループは、ケンドールに二五の異なるキリスト教会があることを確定し、ある特定の週末（二〇〇〇年一一月二六日）に礼拝に参加する人数を実際に数え上げている。その結果、参加者は二二〇七人で、人口比七・九％の人びとが参加したことが明らかになった。

彼らは、スピリチュアリティの領域にかかわる多様なグループや活動も確認している。そのなかには、ヨーガ、太極拳のほか、ヒーリング、仏教系のグループなどが含まれる。ヒーラスらはケンドールにおいて、合計で約六〇〇名、人口の一・六％の人たちが特定の週にスピリチュアリティにかかわる活動に参加していると推計している。これは同じ週に英国国教会の礼拝に参加する六七四名と同じ規模である。この高いレベルでの活動への参加は、イギリスの多くの人びとの生活に対してホリスティック（身体、精神、魂を含む全体性）な領域がきわめて重要であることを示していると彼らは指摘する。

ヒーラスとウッドヘッドは、イギリス人の多くがキリスト教会に代表される外的な権威に依拠する宗教から、自己のうちにスピリチュアリティを探求するように方向転換してきており、こうしたプロセスはいまだささやかではあるが、「スピリチュアリティ革命」が起こりつつある兆しと捉えられると論じている。つまり、ヒーラスらによれば、現代イギリスにおいては、世俗化と聖化（sacralization）が同時に生じていることになる。世俗化は伝統的な宗教（神への強い信仰に基づく）の衰退であり、他方、聖化は新しいスピリチュアリティに典型的なホリスティックな領域において生じているのである。彼らは、新しいスピリチュアリティが急激に発展しており、その上昇は継続すると予想している。この動向が続けば、ホリスティックな領域は伝統宗教の領域に三〇年以内には取って代わると考えてよいとしている。

ブルースによるケンドール・プロジェクト批判

これに対してブルースは、ヒーラスらによるケンドール・プロジェクト、およびそこで将来性を高く評価されているニューエイジに代表される現代スピリチュアリティ文化の社会的意義を真っ向から否定する。

ブルースの捉える世俗化論と、ニューエイジに代表される個人主義的で、現世肯定的な宗教が発展してきていることとは何ら矛盾しないという。実際、外的な創造者である神をもつ権威主義的な宗教から個人主義的な宗教形態への移行は、世俗化論のテーマの中心的な部分をなす。しかしブルースが検討すべきとしているのは、ホリスティックなスピリチュアリティがもつ重要性をめぐるものである。

ブルースがニューエイジを重要だと考えない第一の理由は、伝統宗教の信念と比べて社会への影響が小さいことである。ニューエイジによって提唱される信念は拡散的である。ニューエイジによれば、自分にとってよいものは真実であり、他者には異なった真実があるかもしれない。こうした信念は、イギリスのような多元化社会を生き、問題を解決するには都合がよい。ただし、拡散宗教が生み出すのはわずかなコミットメントであり、思想・信条の詳細についての同意はあまり必要ない。人びとは犠牲を払うことなく、人生の変更を迫られることなく、拡散宗教にかかわることができるのである（Bruce 1996, 2002）。

第二の理由は、その規模とこの新しい宗教形態の持続性にある。ブルースによれば、ケンドール・プロジェクトにおいて確定されたニューエイジの活動の大半は、かならずしも参加者にとってスピリチュアリティの要素をもつものではない。むしろ、レジャーやレクリエーションとして理解すべきであるというのがブルースの見解である。実際、ホリスティックな領域のなかに含まれている活動は、ヨーガ、太極拳、ダンス、歌、芸術などである。それに加え、女性誌で宣伝しているマッサージ、ボディワークを加えると、レジャーやレクリエーションは、今回調査した活動全体の三分の二となる。また、ヒーリングや健康関連グループのすべてがスピリチュアルあるいは非伝統的とは言えない。たとえば、ヒーリングのなかには宗教的基盤をもつものもあるが、活動の大きな割合を占めるのは（ホメオパシーを含む）スピリチュアルというよりも疑似科学的なものであるとしている。ヒーラスらがホリスティックな領域としている活動に参加している人のうち、スピリチュアリティにかかわるのは人口の一％以下であるとブルースは推計している（Voas and Bruce 2007: 43-62, Bruce 2011: ch.5）。

またブルースが着目するのは、スピリチュアルな活動にかかわる人たちのなかで三〇歳以下の者はわずか数名であり、四〇歳以上が八三％を占めていること、また女性の独身者が多いことである。こうした事実から、ブルースは、ニューエイジのスピリチュアリティが将来的に重要な発展を遂げる可能性は低いとしている。

もしホリスティックなスピリチュアリティの領域が教会の衰退を埋め合わせるというのなら、それにふさわしい規模の展開を示す必要がある。二〇世紀全般において、イギリスにおけるキリスト教の教会は少なくとも人口の四〇％の信者を失っている。その損失を埋めるべきニューエイジはせいぜい人口の二％程度である。現状の証拠を見る限り、ホリスティックなスピリチュアリティはファッションにすぎず、一九六〇年代に思春期を過ごした年代のなかの特定の階級の人たちに魅力的にうつる文化的産物であり、その年代の人びとが亡くなるにつれて、その産物も廃れていくと結論づけている（Bruce 2011: 111）。

制度宗教離れと信仰心の維持

次にブルースによる世俗化論、ヒーラスによるスピリチュアリティ論のある意味で統合的な役割を果たすグレース・デイビーの議論を検討したい。彼女は現代における多様な宗教に対して、個別、質的にアプローチし、その変容のあり方を探っている。ブルースにとっては同じヨーロッパ、イギリス、あるいはキリスト教であっても、その地域内において、また宗派によっても実際の状況にはかなりのちがいがある。デイビーは、宗教の強度や性質は世界中でかなり異なることを強調している。

ヨーロッパにおいてさえ、宗教の衰退の議論は誇張されている可能性がある。世論調査が一般に示しているのは、多くの人たちは、宗教組織に所属して定期的な礼拝に参加するよりも高い割合で、信仰を保ち続けていることである。イギリスの社会態度調査によれば、イギリスで神の存在を信じる人の割合は、一九九一年には六二・三%、二〇〇八年には四八・四%と低下している。しかし、「何らかのスピリチュアルなものの存在を信じる」者を含めると数字の低下は見られず、むしろ上昇している。たとえば、二〇〇八年のデータにおいては、「神の存在を信じる」者のほかに、一四・三%の人びとが「高次の存在（higher power）を信じる」と回答している。デイビーはこうした特徴を「信仰すれども所属せず（believing without belonging）」という語で表現した（Davie 1994）。

デイビーはより最近の著書において、この概念に関していくつかの検討課題を新たに示している。第一は、自発的集団の類型の一つとしての教会という問題である。制度としての教会は、戦後大幅に衰退しているが、同じプロセスは、人びとが定期的に「集まる」ことを要求するほとんどすべての社会活動（政党、労働組合、団体スポーツなど）で生じている。言い方を換えれば、「信仰すれども所属せず」というのは、ヨーロッパの人びとの宗教生活に限定される事柄ではない。むしろ、現代ヨーロッパ社会の広範にわたる動向である。デイビーのこうした見解に立脚すれば、現代においては、人びとの信仰心を見きわめるために教会への所属や出席率を指標とすることには慎重になる必要がある。

もう一つは、制度宗教の衰退と個人的信仰の維持との大きなずれに関する、短期的、長期的な展望である。ウィルソンやブルースといった研究者は、信仰と所属に関する不均衡が存在していることは認めつつも、それが一時的なものであり、長くは続かないと捉えている。定期的な教会への出席によって個々人の信仰への文化資源が供給されなければ、やがて信仰自体も衰えていくと考えるからである。長期的に見れば、両者の不均衡は一時期の誤差の可能性はある。他方では、現代において制度宗教への参加と個人の信仰との相互関係はほとんどないのかもしれない（Davie 2013: 142）。いずれにせよ、こうした見解を裏づける、あるいは反論する厳密なデータがあるわけではなく、今後の動向を待つよりほかないのが実状である。

消費文化としての宗教

世俗化論以外の立場によれば、現代スピリチュアリティ文化や一部の宗教の発展はいかに説明できるのか。そして今後どういった形態の聖性がもっとも繁栄することが予想されるのか。この点に関して、デイビーは、「義務から消費文化への移行」という視点を用いて説明する。この移行は、ヒーラス、ウッドヘッドらによるケンドール・プロジェクトをふまえての見解とほぼ合致するものであるとしている。

デイビーによれば、主流派のキリスト教のなかでも、広い意味で義務感や責任感を強調する宗派は困難に直面している。ヨーロッパの人びとは、自分たちがそう望まないときには、教会にいく「義務感」（教会に行くことが正しく、適切な事柄であるという、多くの人びとによって共有された信念や感情）をもはやもっていない。あるいは、かつて社会的に生じたある種の理由（仕事を得る、住居を取得する、社会的立場のため、あるいは政治的影響を考えてなど）によって教会に参加するということもない。このような外的、内的な圧力は、現代のヨーロッパにおいては両方とも崩壊している。実際、現代では、教会に参加することへの尊敬や敬意はほとんどない。

主流派のキリスト教の低迷と同時に、新しいスピリチュアリティのみでなく、ある種のキリスト教も勢力をのばしているという事実がある。社会学的な根拠はあまりないとしつつ、デイビーは人びとが経験上「心地よく感じる」という要因を消費文化が浸透する現代社会において重要なものとして挙げている。それは、ヒーラスとウッドヘッドが詳細に調査したホリスティックな領域に典型的に見られる。しかし、それ以外でも、カリスマ的な礼拝や聖堂における静寂にも「心地よく感じる」という要因はあてはまる。ポイントとなるのは、私たちが何かを「感じている」ことである。私たちは聖性を経験すること、すなわちデュルケム的に言えば、日常と分離した何かを経験し、日常生活の現実を超えた何かを目覚めさせる経験をする機会にふれることを望んでいるのである（Davie 2013: 148）。したがって、デイビーの仮説では、現代のヨーロッパ人にとっては、聖なるものの「経験」がその場（イベント）の中心となっているような祈りや礼拝、実践の場所により多くの人びとは訪れるだろうということだ。個人的経験をともなわず、単に一連の儀式を執りおこなうところはあまり魅力的なものとはならないということでもある。

社会全体にかかわるより広い文脈から見ると、西洋社会の宗教風景は、チャールズ・テイラーが「現代文化の大規模な主観的転回」と呼ぶものに呼応している（Taylor 1992; 2002）。テイラーによれば、現代人はますます自らをユニークで隠れた深みをもつ存在として捉えるようになってきている。その傾向は消費文化の発展と結びつくものである。消費者として、個人は相当な選択肢をもち、自分たちは自己の人生を自らの選択を通じて形成することが可能だと感じる傾向がある。宗教においても、「内なる声」の重要性、「自己の真正性」「内なる神」といったキーワードが現代文化では重要であり、「われわれの宗教」など気にかけられることはあまりない。むしろ、「唯一無二の私」が聖なるものにふれる経験をすることが不可欠なのである。

歴史学者のユヴァル・ノア・ハラリもテイラーと同様に、自己の聖性を強調する一連の思想や活動に着目する。ハラリは、「人間至上主義（humanism）」、すなわち人間がもつ神聖性は一人ひとりに宿るとする世界観を二〇世紀に栄えた宗教であると捉える。この人間崇拝の宗教は、二〇世紀後半になると、一人ひとりの「内なる声」や真正性、個人の直感や感性の探求を重視する自由主義的ヒューマニズムという形で繁栄してきたと論じている（Harari 2014; 2016　詳しくは本書第九章参照）。

4　宗教の世俗化と社会の再聖化

世俗化をめぐる論争は、世俗化の定義の仕方によっても、世界のどの地域を研究対象とするのかによっても、また宗教を限定的に捉えるのか、それともより広義に捉えるのかによっても、その結論は大きく異なる。本章で取り上げた多元化社会の宗教への影響、宗教領域と非宗教領域との分化とその関係、教会出席率の低下と個人の信仰心の維持の長期的な動向、現代スピリチュアリティ文化に対する評価と将来に関する見解など、今後とも重要な研究課題が多くあるように思われる。「世俗化」をキーワードとした現代ヨーロッパにおける宗教のあり方をめぐる議論は、宗教社会学の領域である程度の成果をあげてきたと言ってよいだろう。また将来的にも、「世俗化」概念を拠り所としつつ、現代西洋社会とそこで生きる人たちの特徴を探ることの意義は、いささかも衰えないものと考えられる。

現代ヨーロッパにおいて、宗教は質的に大きく変容をしてきていることはまちがいない。その一方で、宗教をある程度実体的に捉えると、キリスト教の教会出席率の低下に見られるように、宗教が社会の諸制度から分離してその社会的意義をいくぶん失い、世俗化していることは明らかである。他方、現代スピリチュアリティ文化に目を向けると、いまだキリスト教に取って代わる勢力ではないとはいえ、その発展は注目に値する。ただし、それを社会への影響をもたない拡散宗教として捉えるのか、伝統宗教が新しいスピリチュアリティに取って代わる「スピリチュアリティ革命」の兆しとして評価するのかは研究者によって意見の分かれるところである。

筆者が現代スピリチュアリティ文化に関して見逃してはならないと考えるもう一つの側面は、それが宗教以外の領域（心理、教育、医療、福祉、環境など）に浸透し、主流文化の重要な部分となっていることである。これは社会全体の聖化、あるいは再聖化として理解できる側面をもつ（島薗二〇一二：一章）。こうした傾向に関して、デイビーは若干ふれているものの、ブルースやヒーラスをはじめとする宗教社会学の研究で扱われることはほとんどない。筆者は、新しいスピリチュアリティ文化は、一九六〇年代以降の対抗文化から下位文化を経て、一九九〇年代後半以降、主流文化として発展してきたと捉えている。ニューエイジは下位文化としてのスピリチュアリティであり、ケンドール・プロジェクトが対象とした多くの活動はここに含まれる。またブルースが拡散宗教としてその社会的意義に疑問を呈する現象も、実はこれに妥当するというのが筆者の見解である。

ところが、現代スピリチュアリティ文化が主流文化化すると、聖性は、宗教領域の枠内のみならず、非宗教領域にも浸透していく傾向が見られる。こうしたスピリチュアリティの主流文化化を示す具体例を挙げよう。たとえば、仏教に起源を持つマインドフルネス（瞑想）は、今日では医療、心理療法、教育現場でも宗教の文脈を離れて活用されはじめている。うつ病の再発を防いだり、ストレスの低減に役立ったりするだけでなく、人びとの幸福感の向上によい影響のあることがわかってきたからである（本書第四章、第五章参照）。ここでは、ニューエイジ・スピリチュアリティの大きな特徴の一つである疑似科学的傾向は見られず、逆に科学的な根拠に基づく実践がなされている。

イギリスでは、オックスフォード大学、エクセター大学といった主要大学の附属機関にマインドフルネス研究所が設置されている。そこでは、各種の研究調査や講演、大学院の授業がおこなわれているほか、一般の人びとに向けた八週間にわたるマインドフルネスのプログラム（週一回のミーティングとホームワークの合計六四時間から構成される）が定期的に提供されている。この八週間のプログラムは、ストレスや悩みを抱える人びとのみでなく、医療、教育、心理カウンセリングの仕事に携わる多くの専門家が自らの職場への将来的な導入を視野に入れて受講している。

また、イギリスの国会議員二〇名以上から構成される超党派の一部会、「幸福経済（Wellbeing Economics）」においては、人びとの幸福度の向上の実現に向けた新しい枠組みが議論されている。そして二〇一四年九月には、マインドフルネスの普及が最重要政策の一つであるとする報告書が作成されている。その具体的方策として、まずは医師や教師がマインドフルネスの指導者用トレーニング・プログラムの修得をし、患者や生徒に教えるための土台作りをする必要があると提言している（http://parliamentarywellbeinggroup.org.uk）。国家の政策に直接かかわるイギリス国会議員たちにもマインドフルネスは浸透している。二〇二〇年一月時点で、下院議員六五〇名のうち、実に三人に一人にあたる二二五名、および四一五名の議員スタッフが八週間のプログラムを受講し終えているという（Mindfulness All-Party Parliamentary Group Report 2020）。

マインドフルネスの教育現場への導入もめざましい勢いで進んでいる。公立、私立を問わず、小学校、中学校、高校、大学の教育現場において、一〇代の子ども用に開発された八週間のプログラムを実施しているところは過去五年間で急増しており、新たな導入に向けて準備をしている学校も数多くある。教師がマインドフルネス・トレーニング・プログラムや関連ワークショップに参加しているのは、学校長の要請を受けてであり、参加費用の負担は各学校、行政地区あるいは公共団体の援助を受けているケースが一般的である。実際に、筆者が参加したロンドン市内および近郊で開催された「マインドフルネスと教育」に関する二つのワークショップにおいては、それぞれ五〇名以上の教師が平日であるにもかかわらず、学校現場を離れてプログラムに参加していた。つまり、マインドフルネスは完全に主流文化化した文脈で実践され、展開しているのである。さらに、イギリスにおけるほぼすべての公共団体は、スピリチュアリティに関する政策を示すように求められており、とくに学校と病院においてその傾向が顕著である（Davie 2013: 158）。

こうした動向に呼応して、医学、教育学、心理学など、人間のからだと心にかかわる多くの学問領域において、マインドフルネスをはじめとする多様なスピリチュアリティ文化の思想や実践について活発な議論がなされている。イギリスをはじめとする現代ヨーロッパの社会・文化状況は、まさにスピリチュアリティの主流文化化が発展した状況として理解できる。しかしながら、社会の諸制度に広がる現代スピリチュアリティ文化に対して十分着目した宗教研究はかなり限られている（島薗

二〇〇七、二〇一二、鎌田編 二〇一四-二〇一六、本書第二部参照)。

宗教社会学者は、ともすると非宗教領域である社会を固定的に捉え、宗教の側の変化のみを理解しようとする傾向がある。宗教を固定的に捉えられないのと同様に、社会も画一的ではない。デュルケム、ウェーバー、バーガー、あるいはブルースが想定した非宗教領域は、現在のところ、世俗的な合理主義がますます広がりを見せているとはかならずしも言えない。それどころか、いわゆる世俗的なはずの非宗教領域のあり方も大きく変貌を遂げているのである。二一世紀の宗教社会学は、宗教領域での動向のみならず、非宗教領域への現代スピリチュアリティ文化の浸透にも十分な注意を払いながらおこなうことが強く望まれる。

第三章　現代宗教研究の諸問題——オウム真理教とそれ以後——

本章の目的は、一九九五年に起きたオウム真理教による地下鉄サリン事件をはじめとする一連の犯罪が現代宗教研究のあり方に与えた影響について探ることにある。二〇一八年七月、教祖麻原彰晃ら一三名の死刑囚全員に刑が執行された。教団に対する強制捜査から二三年余りが経ったが、これにより、オウム事件は一つの大きな節目を迎えたと言えるだろう。以下の論考は、いまだオウム事件の余波の続く二〇〇三年に執筆したものである。この論文では、現代宗教研究の第一線で活躍する一部の研究者たちへの聞き取りの内容を掲載している（ただし、オウム真理教への肯定的な個人の評価や見解を示したなどとしてマスコミで批判を受けた宗教学者へのインタビューは含まれていない）。現代宗教を調査・研究し、学術会議・シンポジウムの場で報告したり、研究論文にまとめ公表したりすることがはらむ問題性について考えるうえで、現在においてもきわめて貴重な記録であると思われる。したがって、論文刊行当時の内容をそのまま掲載する（それ以後のオウム真理教に関する有益な研究としては、たとえば、井上ほか編二〇一一、二〇一五、藤田二〇一七を参照）。

1　はじめに

一九九五年三月二〇日に起こったオウム真理教メンバーによる地下鉄サリン事件から、はや九年の歳月が経過しようとしている。この事件後に逮捕された信者たちの供述から、九五年以前におこなわれていた坂本弁護士一家殺害死体遺棄事件（八九年）、松本サリン事件（九四年）をはじめ、複数の信者のリンチ殺害事件、ジャーナリストやオウム被害者の会メンバーへの毒ガス襲撃など数多くの残虐な犯罪が明らかとなった。また、大量殺戮兵器の製造や武装反乱計画など、およそ宗教団体とは考えられないようなテロリスト集団としての側面が露呈していったのである。

オウム事件は日本社会にきわめて大きな衝撃を与えたが、オウム真理教には教義体系も修行システムもあり、しかも宗教法人の認可を受けていた宗教団体であった以上、宗教学者もこの事件に無関係とは言えないだろう。オウム真理教による地下鉄サリン事件（以下、オウム事件）をきっかけにして、宗教学はその研究スタンスやアプローチ、調査方法などの点でいかなる再考を促されたのか。つまり、一九九五年は現代宗教研究にとって何らかのターニングポイントとなったのだろうか。本章では、宗教研究者のなかでも、現代日本の宗教現象をおもな対象とし、文献のみでなく実際にフィールド調査をおこなう研究者（以下、現代宗教研究者）へのインタビューを通じて、オウム事件が宗教学者に与えた影響について考察することにしたい。以下ではまず、本論のテーマに関心をもった経緯をまとめることからはじめよう。

2　日本の宗教学とオウム事件

オウム問題への個人的関心

一九九五年三月に地下鉄サリン事件が起きた当時、筆者はアメリカ東部にあるペンシルバニア大学大学院博士課程に在籍していた。ＣＮＮテレビでは、一月の阪神・淡路大震災につづく日本の大惨事を大きく報道していた。二日後にはオウムに対する強制捜査（三月二二日）がおこなわれ、そして五月一六日には教祖の麻原彰晃が逮捕される。筆者はアメリカの報道番組に加え、友人・知人に送ってもらった日本のテレビ番組のビデオによってオウム関連の番組を数多く見た。そこでは実にさまざまな専門家（弁護士、精神科医、作家、ジャーナリスト、宗教者、化学者、心理学者、社会学者など）がオウム信者や事件の背景や有毒物質について解説していたが、そのなかには島田裕巳や中沢新一といった宗教学者も含まれていた。この年の秋頃まで、きわめて多くの日本人はオウム報道に釘づけとなり、日常の話題にもしていたことだろう。

筆者にとって、オウム真理教とその信者たちは身近な存在に感じられる面もあった。当時執筆中だった博士論文の研究対象である和尚ラジニーシ・ムーブメントが類似した事件を起こしていたからである。オウム事件からちょうど一〇年前の一九八五年、アメリカ・オレゴン州にあったラジニーシのコミューン内外で数々の問題が発覚する。そのなかには、近隣住民にサルモネラ菌をまいた食中毒事件、コミューンに不利な裁判記録を隠滅するための公共施設の放火、そしてコミューン内部でのヒ素による殺人未遂事件が含まれていた（伊藤 二〇〇三）。

オウム事件以前からも、麻原彰晃とラジニーシとの共通性が指摘されている。たとえば、オウムの弟子たちが使うホーリーネーム、麻原の服装や説法スタイルなどラジニーシの影響を受けていると思われる点がいくつかある（島田 一九九〇：三四－三五）。また、宗教学者の中沢新一は、八九年にはじめて麻原と会った際にオウムの反社会性に気づき、「ああ、これで現代日本にも、ラジニーシのようなタイプのラジカルな宗教家が、はじめて出現することになったのだな、この人はなにか新しいことをしでかす可能性をもった人かもしれないなと思った」という（中沢 一九九五）。

こうした類似性もあって、オウム事件にはかなりの関心を抱き、事件以降に出版された本や論文にはできるだけ目を通すようにしていたのである（オウム真理教に関する主要な著書として、島薗 一九九五、一九九七、島田 二〇〇一、ユルゲンスマイヤー 二〇〇三、リフトン 二〇〇〇を参照）。また筆者自身も、ラジニーシ・ムーブメントの歴史的変遷を考察した際には、八五年のコミューン内外での事件に至る経緯について詳しく分析したり、別の論文では、コミューン崩壊後も信者でありつづける人びとの意味世界の特徴を究明したりした（いずれも伊藤 二〇〇三に所収）。これら宗教と暴力性に関連する研究は、オウム問題への自分なりの見解を提示する意味合いも込めてまとめたものである（オウムの脱会しない信者については前川 二〇〇〇を参照）。オウム真理教と宗教学者に関連する出来事をまとめたのが、表1である。

表1　オウム真理教と宗教学者にかかわる主要な出来事

1984 年 2 月	ヨーガの修行道場「オウムの会」会員 6 名により発足.
1986 年 4 月	「オウム神仙の会」に改名.
1986 年 7 月	麻原彰晃、ヒマラヤで最終解脱する.
1987 年 7 月	オウム神仙の会が「オウム真理教」と改称.
1988 年 9 月 22 日	信者の真島照之さん死亡事件.
1989 年 2 月 10 日	信者の田口修二さん殺害事件.
8 月	オウム真理教、宗教法人として認証.
10 月	「オウム真理教の狂気」『サンデー毎日』連載開始（連続 7 週）.
10 月	オウム真理教被害者の会発足、世話人永岡弘行さん、指導は坂本弁護士.
11 月	坂本弁護士一家失踪事件、事件現場に落ちていたオウム信者のバッジをマスコミが報道.
12 月	宗教学者の中沢新一、麻原と対談（「狂気がなければ宗教じゃない」『SPA ！』12 月 6 日号）『週刊ポスト』12 月 8 日号、『クレア』12 月号においてもオウム真理教に言及し、麻原の人物やオウムの宗教性に関して一定の肯定的評価をくだす.
1990 年 2 月	教祖とオウム信者 25 名、真理党として衆議院選挙（東京 4 区）に出馬、全員落選.
7 月	宗教学者・島田裕巳「オウム真理教はディズニーランドである」（『いまどきの神サマ』別冊宝島 114 号）を発表.
10 月	熊本県波野村でオウム名義の土地をめぐって国土法違反容疑で強制捜査.
1991 年 9 月	「朝まで生テレビ」（テレビ朝日）で麻原含むオウム幹部と幸福の科学幹部とが「宗教と若者」をテーマに議論. 宗教学者の島田裕巳、池田昭が専門家として同席.
11 月	東大、京大、早大などの学園祭に麻原が参加. 気象大学校では島田裕巳も同席（92 年秋にも東大、京大、阪大、千葉大などの学園祭に参加）.
1992 年 4 月	別冊『太陽』77 号（「輪廻転生」）にて宗教学者の山折哲雄、麻原と対談. 麻原の前世、幽体離脱体験、空中浮遊などについて話す.
1993 年 6 月 6 日	信者の越智直紀さん逆さ吊り殺害事件.
1994 年 1 月 30 日	信者の落田耕太郎さん殺害事件.
3 月	宮崎資産家拉致事件.
5 月 9 日	滝本太郎弁護士サリン襲撃事件.
6 月 27 日	松本サリン事件（死者 7 名、重軽症 59 名）.
7 月 10 日	信者の冨田俊男さん殺害事件.
1995 年 1 月 1 日	読売新聞、上九一色村の土壌からサリンの残留物検出を報道.
1 月 4 日	オウム真理教被害者の会・会長永岡弘行さん暗殺未遂.

1995年2月	島田裕巳、上九一色村を訪問し、サリン製造工場を宗教施設と明言（『宝島30』3月号）.
2月	宗教学者の池田昭、坂本一家失踪事件についてオウム無実論を展開（『週刊金曜日』2月24日号、3月3日号）.
2月	公証役場事務長、仮谷清志さん拉致殺害事件.
3月20日	地下鉄サリン事件（死者12名、法廷被害者3807名）.
3月22日	全国25カ所のオウム施設一斉捜査.
3月30日	国松孝次警察庁長官狙撃事件.
4月	中沢新一「宗教学者・中沢の死」（『週刊プレイボーイ』4月25日号）に発表.
4月23日	オウム幹部の村井秀夫刺殺事件.
5月5日	新宿青酸ガス事件（1次）.
5月16日	都庁知事宛郵便物爆破事件により総務局知事室副参事・内海正彰さんが重傷.
5月16日	麻原彰晃逮捕.
5月	中沢新一「オウム真理教信者への手紙」（『週刊プレイボーイ』5月30日号）に発表. オウムを離れ、個々人が魂の探究者として修行を続けることを呼びかける.
5月	井上順孝、武田道生、北畠清奏編著『オウム真理教とは何か』刊行.
6月	島田裕巳「私はオウムに騙されていた」（『新潮45』6月号）に発表.
7月4日	新宿青酸ガス事件（2次）.
7月	島薗進『オウム真理教の軌跡』（岩波ブックレット）刊行.
9月	「オウム真理教事件と宗教研究」國學院大学にてシンポジウム開催
10月	島田裕巳、日本女子大学を依願退職.
1996年1月	オウム真理教、最高裁により宗教法人解散確定.
4月	麻原彰晃、第1回公判.
6月	「『宗教』としてのオウム真理教」、愛知学院大学にてシンポジウム開催（「宗教と社会」学会）.
1997年7月	島薗進『現代宗教の可能性――オウム真理教と暴力』刊行.
2000年1月	上祐史浩が記者会見し、「アレフ」（のちに「アーレフ」となる）として活動再開表明.
8月	オウムの出家制度復活（出家者549名、在家591名）.
2001年3月	麻原の子ども3人、茨城県竜ヶ崎市が就学受け入れを表明。
7月	島田裕巳『オウム――なぜ宗教はテロリズムを生んだのか』刊行.
2002年3月	「宗教と社会問題の〈あいだ〉」、南山大学にてシンポジウム開催.
2003年7月	土谷正実の審理終了により、全オウム信者の一審裁判終結.
10月	麻原被告の第256回公判にて結審、2004年2月27日に判決予定.

オウム事件に反映される日本の宗教学

オウム事件は、筆者の研究関心を引きつけたが、同時に、事件をめぐる日本の宗教学者の反応にはとまどいを感じた。それというのも、一部の現代宗教研究者の「オウム事件は宗教学を揺るがした」「宗教研究者は自らの研究を深く反省する必要がある」といった発言やコメントを十分理解できなかったからである。オウム問題に関して軽率な発言をしていた研究者が反省を求められるのならわかる。また、仮にオウムについての研究論文が過去にあり、その内容が的外れのものだったら批判されよう。しかし、オウムを直接研究していない人たちが反省すべきというのはいかなる理由によるものだろうか。まして、宗教学という学問領域が一宗教集団によるテロ行為によって揺るがされるとは、一体どういった意味においてだろうか。

こうした疑問に直接答えた論文はなく、当事者に聞いてもかならずしも体系だった答えが返ってくるわけでもなかった。しかし、「宗教学が揺らいだ」と感じる一部宗教学者の主観的現実が存在することも、疑いようのない事実である。そこで本研究では、現代宗教研究にかかわる宗教学者へのインタビューから、その内面世界を探ることによって「オウム事件は日本の宗教学の何を揺るがしたのか」という問題を掘り下げることにしたい。この試みを通じて、日本の宗教学が自明としていた研究視座や認識枠組みを浮かび上がらせ、現代宗教研究の現状と課題を明らかにできればと思う。また、オウム事件が宗教学に与えたインパクトを風化させないためにも、一部研究者の切実な語りを記録に残したいと考えている。なお、本章では「宗教学（者）」を広義に捉え、そのなかに宗教社会学（者）や宗教心理学（者）を含むものとする。

筆者は、二〇〇三年の五月から七月にかけて櫻井義秀、島薗進、弓山達也、渡辺学の各氏にインタビューを実施した（以下、敬称略）。この四人は、オウムを含む社会問題化する宗教集団に対する精力的な調査をし、日本のみでなく海外においても研究報告をおこなっている研究者である。各インタビューは二、三時間にわたり、オウム事件前後での研究関心の推移や宗教学者として反省させられた点、今後の宗教研究の課題などについて詳細な話をうかがった。また、正式なインタビューでなく、オウム事件以後の学会の状況についての事実確認を中心に聞き取っていただいたため以下の対話記録には載せていないが、本テーマにかかわる内容について、井上順孝、大谷栄一、樫尾直樹、小池靖、藤田庄市の各氏にも取材をさせていただいた。

筆者は聞き取り終了後、インタビュー内容の分析を進め、各研究者が指摘する現代宗教研究の問題点を吟味した。その結果、オウム事件が宗教学を揺るがした問題は、過去二〇～三〇年間の宗教学者が自明としてきた（一）「宗教」イメージ、（二）研究対象とのかかわり方、および（三）研究者の社会的立場性の三つに主題化できることがわかった。以下では、研究者の語りをできるだけ織りまぜながら、これらのテーマを順次考察することにしたい。

3　「宗教」イメージの再考

人類史上、宗教にかかわる数多くの暴力が露呈してきたことは周知の事実である。現代世界においても、キリスト教系やイスラーム系の原理主義、あるいは一部「カルト」によるテロ事件や集団自殺がしばしば起こっている。しかし、現代日本において、一宗教団体がおこなった一般人にむけた暴力性は、宗教学者が暗黙の前提としていた「宗教」イメージを揺るがすことになる。

オウム事件がもたらした宗教イメージの再考については、(一) 一九八〇年代後半以降に実際に起こった宗教状況の変化、および (二) オウム事件を契機に自覚しはじめた(従来から存在する)宗教の負の側面への再認識に分けて考える必要がある。

内閉化する宗教

まずは、一九八〇年代後半以降に起きた宗教状況の変化について整理することにしよう。新宗教研究を三〇年近くにわたっておこない、数々の著書、論文をまとめてきた島薗進は、宗教と社会との摩擦について、つぎのような理解を示している。

伊藤　社会問題となる宗教は、質、量ともに最近になって増えてきているのでしょうか。それとも、研究者の宗教への見方が変わったという面が大きいのでしょうか。

島薗　(新宗教と) 社会との敵対関係というのは、戦後はやっぱり弱かったと思います。もちろん、いろんな政治的な対立関係はあり、スキャンダル事件もたくさんありました。宗教集団と社会との対立関係というのはいろんな場面にあるんだけれども、ある時期までは世論のコントロールが優勢で、結局宗教集団は社会統制の大枠にはまる、そういう状況が一九六〇年代くらいまで続いてきたと思うんです。だから、(一九五〇年代から七〇年頃までに飛躍的に教勢を延ばした) 創価学会あたりが一つの転機となっていると思います。創価学会はかなりいろんな集団と、あるいは一般市民との対立関係をもっていましたよね。それにもかかわらず発展しうる。従来ならば、そういう多くの対立者をもつと、何らかの形で妥協しないと存続しにくい、ということがあったと思うんです。ところが、一九八〇年代以降になると一般社会に敵対するマイノリティで、ある種の孤立性をもったほうが成功するというような傾向が出てきた。これは「内閉化」ということばで私が呼んでいるものです。

島薗は、一九七〇年代以降に顕著な発展を遂げた新宗教を「新新宗教」と呼び、それらを信仰共同体の形成にそれほど熱心でない「個人参加型」、一般社会の人間関係とはきわめて異質であり、緊密な共同体を形成する「隔離型」、この両者の中間に位置する「中間型」に区分する。宗教の内閉化は、八〇年代以降になると新宗教の多くで見られるが、とくに隔離型の宗教集団（統一教会、エホバの証人、オウム真理教など）で典型的に見られる特徴である（島薗 一九九二、二〇〇一）。

しかし、島薗が指摘しているように、政治的対立やスキャンダル事件などで社会と軋轢を起こす宗教集団が過去に存在しなかったわけではない。つまり、歴史的にみた宗教状況の変容とともに、研究者が念頭に置く宗教イメージの特徴についても考察する必要がある。

社会への異議申し立てとしての宗教

そもそも島薗は、いかなる問題関心に基づいて新宗教研究をおこなってきたのだろうか。自らの研究の着眼点、およびそれに関連する宗教イメージについて、以下のようにまとめている。

私個人が七〇年代の中頃からはじめた研究環境、とりわけ民衆宗教の研究とつながる路線のなかでは、宗教運動が社会に危険な作用を及ぼすというよりも、創造的な革新機能をもつというほうが強調されて、私もその流れのなかで仕事してきたことになると思います。ですから、新宗教研究者のなかでは、私は歴史学や思想史を研究する人たちに近かった。江戸時代から明治の中期、せいぜい（一八九九年創立の）大本教くらいまでを対象にして、国家神道に対するオルタナティブとしての民衆宗教という、そういう見方をするタイプの研究を、現代にまでもってこようという関心でやってきたんです。そのなかには大本教以後、単に民衆宗教を理想化するようなことはできないぞ、という意識はもちろんあったんですけれども、社会とのトラブル、敵対関係というのをどのように捉えるのかということについての見通しがやや甘かったんじゃないかな、という気はしています。

島薗の発言からは、「単に民衆宗教を理想化することはできない」という傾向が現代に近づくにつれてより顕著になってくる、という理解が読み取れる。それと同時に、社会への異議申し立て機能をもつ宗教に積極的に光を当てようとする姿勢もうかがわれる。

この関連で、一九七五年から九〇年まで活動した宗教社会学研究会（以下、宗社研）が掲げた新宗教へのアプローチを把握する必要がある。宗社研の主要メンバーの一人であった島薗の「創造的な革新機能をもつ」宗教への問題関心もここにあるからだ。オウム事件以降、反カルト運動の展開や脱会信者の研究によって社会問題化する宗教に深くかかわることになった渡辺学は、宗社研世代の宗教研究の特徴をつぎのように説明している。

新宗教研究というのは、ある種のオルタナティブを探すというニュアンスが強かったように思います。そして、民衆はいわば伝統宗教とか体制的なものに代わる共同体を新宗教に見いだしたのであって、それが（研究者にとっても）選択肢として肯定可能で共感可能なもの、少なくとも許容可能なものであるという暗黙の前提があったと思うんです。ですから、民衆宗教とか新宗教運動に対して価値自由な研究ができるし、むしろ私たちは、それらに積極的な価値を見いだして研究してきました。それが、新宗教研究の流れのなかにあってある種確立されたものとなっていた。

現状の社会体制、既存の価値観に対するオルタナティブ（代替案）を新宗教に見いだそうとする傾向は、リベラルな性格を少なからず持つアカデミズムの伝統なのかもしれない。また、宗社研メンバーの多くが一九六〇年代の対抗文化的環境のなかで学生生活を過ごしたことも影響していると思われる。

宗教性善説の解体

宗教にはさまざまな形態があり、創造的な革新機能をもつ集団として理想化できるものばかりでない。研究者が共感しづらい、弓山のことばを使えば「対象に自分の生を重ね合わせる」（二〇〇二：

二一二）ことのむずかしい宗教団体の存在が、オウム事件を契機として明らかとなってきた。渡辺は続ける。

オウム事件とともに見えてきたのが、（一九五〇年代に韓国ではじまった）統一教会や（一九世紀末にアメリカで創立され、第二次大戦前に日本での活動がはじまった）エホバの証人のように、宗教学者があえて手をつけてこなかった団体の研究がごそっと抜け落ちているという宗教研究の現状です。世間の人は、宗教学者にもう少し研究してもらいたいと思っているようなのですが、われわれ宗教学者は共感も関心ももたずに放置してきたわけです。それらの団体は、結局のところ、ジャーナリストや反対運動の人たちに委ねられている。研究全体の見取り図からいうと、そのような手つかずの研究領域が、厳然と存在するんですね。共感可能なものを対象にするのは個人にとって自然でやりやすいし、扱っていて楽しいんだけれども、社会問題化する宗教に対しても、けっしてないがしろにできない社会的ニーズが存在するわけです。とくにこのオウム事件をきっかけにしてこのような構図が見えてきたような感じがするんですね。

統一教会は四〇万人、エホバの証人は二二万人とそれぞれ多くの信者を抱え、社会への影響も少なくない。そして統一教会は霊感商法や合同結婚式など、エホバの証人は輸血拒否による死亡事故や二世信者の人権問題などによってしばしばマスコミに取り上げられている。しかし、これらに対する研究がほとんどないのは、研究者が共感しづらく、自分たちの想定する（性善説的な理解に基づく）宗教イメージに合わない対象だからと言えるだろう（数少ない例外として、塩谷 一九八六、櫻井 一九九一、二〇〇四）。しかし、オウム事件によって、宗教には負の側面もあり、場合によっては暴力性に結びつく可能性のあることが再確認されたのである。これは、宗教性善説の解体といっても過言ではない。

九〇年代前半にオウム事件が発覚する以前から統一教会の霊感商法についての論文を発表し、オウム事件後は「カルト」問題一般を幅広く扱う櫻井義秀は、社会問題化する宗教に限らず、新宗教一般が抱える負の側面を視野に入れない研究動向をきびしく批判する。

宗教にはもちろんよい面がいろいろあるんだろうけど、宗教学をやっているまわりの人は宗教をある程度いいものとして、正当な文化として評価しつつ、そこで議論を組み立てているわけですよ。でも、もともと僕はそういう価値判断をしていない。霊感商法だって、シャーマニズムの伝統とか、祟りとか御霊信仰とかをうまく使いながら、教団が教勢拡大しているという話ですよね。それは統一教会だけの話じゃなくて、いろんな新宗教で多少なりともやっていることですよ。そうした民間信仰と霊感商法の間にあるグレーゾーンの問題性を指摘もしないで、そこではどんな信仰を得られたかとか、人間観ができたとか、悟りを得たなんていう話ばっかり拾ってきているのは基本的におかしいと最初から思っていたわけです。

共感できる宗教現象を選び、しかもそのなかのポジティブな側面に焦点を当てて研究する姿勢は、何も宗社研世代の研究者に限られたことではない。こうした研究対象への思い入れは、現在三〇代後半から四〇代前半の「オウム世代」の研究者にも妥当する。渡辺の批判は、筆者も含む若手や中堅研究者にもおよぶ。

でもまだ、私自身を含めて宗教学者は、（聞き手である）伊藤さんもそうですけれども、「スピリチュアリティ」とか「癒し」という、いわばプラスの価値のなかで、ある種の耽溺があって、研究対象とともに楽しむというか、高揚感を味わうという流れが一方にあるんですけれども……それとオウム真理教や社会問題化した宗教とにどうやって区切りをつけるかっていう点で、まだ十分クリアになっていないところがあるんじゃないかなという気がします。

一九九〇年代半ばからの日本の宗教研究は、社会問題化する宗教とともに、欧米のニューエイジ、日本の精神世界といった「宗教」としては括りにくく組織性の弱い、個人の意識変容を重視するスピリチュアリティ文化の広がりに着目してきている。芳賀学・弓山達也著『祈る　ふれあう　感じる』（一九九四年）や島薗進著『精神世界のゆくえ』（一九九六年）はその代表的な研究である。これらの著者たちは、自らが自己啓発セミナーを受講し、そのときの体験を本のなかで記述している。こうした行為は、ほかの研究者からは「高揚感を味わって楽しんでいる」という印象を与えるのかもしれない（それ以降の研究としては、伊藤二〇〇三、伊藤・樫尾・弓山編二〇〇四、樫尾編二〇〇二参照）。

しかし、研究対象への批判的考察の必要性は、オウム事件以降徐々にではあるが、研究者の間で芽生えてきている。オウム問題を含む現代宗教全般に関して精力的な研究をしている弓山達也は、自身の研究を自戒しつつ、宗教の肯定的側面を強調する傾向についてつぎのように反省する。

伊藤　印象で構わないですが、危険な宗教集団というのは以前からあったのですか、それとも一九九〇年頃になって増えたのですか。

弓山　印象になるんですが、あったんでしょうね。（危険な集団は）あったんだろうけれども、そうした危険な側面を扱ってこなかった。たとえば、自己啓発セミナーを記述するときに、そんなにわれわれは暴力性、危険性というものを取り立てて考えただろうか、となると結構あやしくって……。『祈る　ふれあう　感じる』では（自己啓発セミナーを受講して）「すごくよかった」とかね、ぼくも（共著者の）芳賀さんも書いていますね。なんかうまい具合に分業ができていて、批判するのはジャーナリストで、アカデミズムは批判以外のことをするという暗黙の分業が、ぼくらのなかにあったんじゃないかという気がします。

弓山は、このジャーナリストと研究者との分業という暗黙の了解に基づき、社会問題化する宗教やどの宗教でも抱えている負の側面に研究者が「向き合わなかった」のだと解釈する。これは研究対象の選択、および選んだ対象の何に焦点を当てるかの両者にかかわる問題だと言えよう。オウム事件をターニングポイントとして、宗教のもつ負の側面や暴力性への着目は、現代宗教全般を論じるうえでかならず留意しなければならない問題となってきている。弓山は、一九九三年と九八年に参加した研究会での質疑応答を対比し、宗教学的問題関心の明らかな変化を例示する。その内容を紹介する。

弓山がオウム事件以前に参加した研究会において、東京のある大学で宗教学を専攻する学生が宗教団体の批判を展開した。それを聞いていた司会の先生は、この学生をたしなめ、今後研究を続けるつもりなら、自分の研究対象への批判的な姿勢を改めることをアドバイスしたという。弓山自身も、「当時宗教学では、研究対象とのある種の歩み寄りや共感がないと、見えてくるものも見えてこない」という認識があり、この先生の発言には「違和感がないどころか、よくぞ言ってくれた」と感じたそうである。

ところが、九五年以降に参加した研究会ではまったく別の状況に遭遇する。たとえば発題者が（社会問題化することのほとんどない）宗教団体を研究対象として取り上げ、信者の信仰世界の変容に果たす青年弁論大会の役割について報告した。すると、参加者の一人から「信念とか信仰とかが変わった」というのと「洗脳された」というのはどう違うか説明してくれとの質問があがったという。

かつてなら、宗教への批判がされるとたしなめられるような傾向があったんだけど、いまならふつうに教えとか、沿革とか、教祖の略歴について宗教を記述していると、「そういう一面的な見方でどうするんだ」という批判がでるような雰囲気がある。そういう意味では、九五年以前と以降とではかなり違うんだと思うし、現代宗教を見ていくうえで、宗教のネガティブな面なり、危険性に目配りをしない現代宗教研究というのはやっぱり批判されるんだと思う。

こうした宗教へのアプローチの変化は、宗教性善説的理解の解体を示すと同時に、新しい認識枠組みが求められるようになってきた研究動向を表すものと捉えてよいだろう。

4　研究対象とのかかわり方の問題性

オウム事件が宗教学者に再考を促した第二の問題は、研究対象とのかかわり方についてである。これには、（一）研究者が対象にどういった態度で接するのかという研究姿勢にかかわる問題、また（二）具体的な調査対象へのアクセスやデータ収集の仕方という調査法が含まれる。

「内在的理解」批判

一九九五年まで現代宗教研究において支配的であった研究者の対象とのかかわり方は、「内在的理解」と呼ばれるアプローチに端的に表れている。まずは、その内容をレビューしよう。

大谷栄一は日本の宗教研究史を概観し、一九七五年以前の佐木秋夫・高木宏夫に代表される研究が経済還元的な対象外在的アプローチによって新宗教を啓蒙、批判したのに対し、一九七五年以降に活動した宗社研メンバーたちは、当事者の意味世界を重視する新宗教への対象内在的アプローチへの認識論的視座の転換をおこなったという（大谷 二〇〇四）。

当事者の意味世界の理解は、宗教学に限らず、マックス・ウェーバー（理解社会学）やタルコット・パーソンズ（主意主義的行為論）をはじめとする社会学、クリフォード・ギアーツの議論（原住民の視点から、分厚い記述）を待つまでもなく、人類学においても主要課題の一つである。それでは、内在的理解の独自性はどこにあるのだろうか。山中弘と林淳は、宗社研世代より以前の研究者が「新宗教を社会的、心理的に逸脱ないし剥奪された人びとの運動として否定的に捉える傾向があったのに対し」、宗社研世代は「新宗教をそうとらえずにむしろ共感的に彼らの意味世界を尊重するとともに、さらにはそこには何か学ぶべきものがあると考えた」と分析する（一九九六：三〇四）。宗教学における内在的理解が「パラダイム（特定の時代のものの見方や考え方を支配する認識枠組み）」であり、ある種の政治性をはらんでいるのは、それが調査対象への「共感」をともなう点、また調査を通じて研究者が「学び」、人間的成長をしようとする研究姿勢を前提としている点にある。つまり、内在的理解は調査法であるのみでなく、研究者の実存レベルにかかわる学問的態度であり、生き方と言えるだろう（弓山二〇〇二）。

しかし、宗教学が研究対象の理解を目的としている以上、対象に自分の生を重ね合わせるだけでは不十分である（金井 一九九七）。こうした学問道が現代宗教、とくに社会問題化した宗教に当てはめられたとき、何が問題となるかは明らかである。渡辺学は指摘する。

ゼミ生と一緒になって宗教団体や修養団体を調査してその過程でその団体のあり方に学ばせていただく、あるいは、徳を積ませていただくといったスタイルの研究は、あくまで当該団体の善良さや社会的信憑性を前提としたときにのみ可能なのであって、当該団体が社会的批判を招いていたり、活発な勧誘や広報活動をしていたりする場合には、その団体の宣伝に加担するリスクを負わざるをえません。結局、そのようなスタイルの限界を徹底的に見せつけたのがオウム事件だったのだと思うんですね。

つまり、オウム真理教のように、宗教団体が研究者を宣伝に利用したり、信者がウソをついて研究者を騙したり、教義体系と実践に乖離がある場合（つまり、教団刊行物に載っている教祖や信者のことばへのテキスト解釈が、教団の全体像理解にあまりつながらない場合）には内在的理解は通用しないのである。当事者の意味世界を理解する試みは、今後とも深めていく必要がある。しかし、そこでは「共感」や「学び」をことさら強調する必要もないだろう。共感や学びにこだわるのでなければ、当事者の意味世界の理解をめざす社会学や人類学でも実践されているアプローチに吸収されることになる。オウム事件の後では、宗教学の時代精神を映し出すパラダイムとしての内在的理解は終焉を迎えたと言えるかもしれない。

調査法確立の必要性

宗教学においては、調査協力者との接し方、フィールドでの立ち居振舞いは、試行錯誤の末に体得すべき個人的技量であり、あまり体系だった調査方法の確立がなされていない。ところが、オウム真理教がおこなってきた数々の犯罪行為が明らかになると、基準の不明確な自己流の調査では済まされなくなる。たとえば、素直に相手の話に耳を傾け、それを記述するだけでは不十分なことがわかってきた。また、学生のフィールド調査の指導においては、勝手に興味ある宗教団体に行かせるわけにはいかなくなる。勧誘されたり、結果的に家族も巻き込まれて財産を奪われたりするかも知れないからである。弓山達也はオウム事件をきっかけに、調査法についても反省を余儀なくされた、と語る。

じゃあ、院生をオウムみたいなところに調査に連れていくときには、どういうふうにするんだろうかという、宗教学の研究だけでなく教育にも、やっぱりオウム問題は大きな問いを投げかけて、いまも十分に解消されていないないなと思っています。

これまで新宗教とどう向き合うかということは、正面切って論じられず、調査の達人とか名人芸とかみたいな感じのことで済まされてきたんだろうと思う。（以前なら調査協力者と）酒飲んで仲よくなって、「お互いがわかり合えてよかったね」というところで済んでいたんだけれど、それじゃあ済まない、実はこうした問題を避けてきたこと自体が問題だったと思うんですよ。それをオウム事件はわれわれに突きつけたと考えていい。

こうした対象とのかかわり方は、調査対象のポジティブな面だけを拾い集める結果につながる可能性もある。九〇年代初頭から、どちらかと言えば、（統一教会の霊感商法など）宗教の負の側面を扱ってきた櫻井義秀は、従来の宗教学的調査の基本的問題点についてきびしく批判する。

社会調査の方法論のなかで、すでにいろんな議論がされてきたわけですけど……聞き取りのなかでつかまえたデータを「事実」として語ってはいけないわけです。そこには被調査者が語る「言説」

しかないわけですよ。その言説というのは状況によっていかようにも変わるわけで、一回聞いた話をその人の回心体験として記述するようなことは調査としてお粗末だと思う。だから、聞いたことを使うにしても、語りのコンテクストをかなりわかっていてね、教団がセッティングした状況とか、そうでない状況でもその人の語る意図などを値踏みができる段階であれば、使っていいと思いますよ。それには、一つの教団をやるにしても、相当年数かかるわけでしょ。それを今回はあそこの教団、つぎは別の教団といった形で数をこなす調査なんていうのは信用できないね。

新宗教研究では、教団広報を窓口として調査協力できる信者を紹介してもらったり、安易に教団から接待を受けたり、教団刊行物の入信動機の記述を無批判に受容したり、あるいは場当たり的な一回だけの調査が少なからずおこなわれてきた。オウム事件は、教義と実践の矛盾や、宗教と一般社会との摩擦を見せつけ、宗教現象をトータルに理解するために必要な調査法を模索する契機となったのである。宗教現象のトータルな状況を捉え直すために、筆者は宗教がもつ「非宗教的」次元に着目する研究の重要性を指摘している（伊藤 二〇〇三：八章）。たとえば、社会問題化する宗教に対しては、その資金源や財政状況（経済的次元）、権力構造（政治的次元）、集団内の力学や勧誘活動や一般社会との軋轢（社会的次元）などの問題を扱う必要があるだろう。

また、オウム事件以降新たに注目されているのが脱会者への調査である。従来なら、信者への聞き取りによって特定の宗教を理解しようとしていたが、現在では、反カルト運動や被害にあった人たちのデータにも着目し、これまでほとんど扱われなかった脱会者を研究対象とすることも視野に入ってきたのである（猪瀬二〇〇二、渡辺二〇〇三）。

宗教研究の調査法の反省とともに、また社会問題化した宗教をより多角的に理解するために、他分野の専門家との学際的交流というのも九五年のオウム事件以降活発になってきた現象である。とくに、脱会カウンセリングや反カルト運動の研究おいては、弁護士、ジャーナリスト、精神科医、心理学者、カウンセラーとも交流をもつ機会が増えている。

こうした宗教への複眼的アプローチは、今後さらに重要になるだろう。調査者と調査協力者とのかかわり、データ収集の仕方、そのデータの分析・解釈・記述をめぐっては多くの議論がある。これは宗教研究に限らず、社会調査一般の問題であり、九〇年代以降に多くの議論がなされてきた。オウム事件を契機として、宗教学において方法論的問題を真剣に議論する必要が高まったのである。

5　研究者の社会的立場性への自覚

オウム真理教への一部宗教学者の積極的な発言や肯定的な評価、および事件後の社会的責任感に欠けるような対応は、マスコミによって批判され、ときには宗教学全体への批判となった場合もある。オウム事件を契機として、宗教学者の社会的立場性への自覚はマスコミに登場した一部の学者のみならず、多くの研究者にとっても重要な認識となってきている。

研究という社会的行為の倫理性

島薗進は、オウム事件以後の現代宗教研究において、研究対象とのかかわり方、ひいては研究者の社会的立場性ともかかわる課題をつぎのように語る。

ある集団の世界を外部の学問的な場から研究することについての反省も必要になった。集団とかかわるときの権力関係についてもっと意識的でなければならない。したがって、異質な存在についてその実態を明らかにすることがもっている政治的、倫理的なさまざまな問題をつねに意識してかかわらざるを得ない。そういうことが明瞭になってきたと理解しています。

島薗が指摘するように、九五年以降の宗教研究は調査手法の改善のみならず、研究という社会的行為にともなう政治的、倫理的問題についても自覚することが必要になってきているのである。

宗教学者の社会的立場性に対する自覚は、大学教育の現場における明確な配慮にも表れてきている、と弓山は述べる。

宗教学でぼくの場合だと、「まず現場に行ってみよう」という発想があるんですよ。実際、それを教育の現場でも実施していたんですが、オウム事件後は、じゃあオウムだと（山梨県の）上九一色村に行ってみようとか、アレフの道場に行ってみようとか、そう簡単にできなくなる。相手から利用されるかもしれないし、大学や自分がどう見られるか、親御さんが大学をどう見るかまで含めて、「ちょっと待てよ」と考えるようになった。

弓山以外でも、多くの研究者が「宗教をほめたりしないように」「宗教に関心をもっても、そこに勝手に行かないように」学生に注意しているという。以前は、関心をもてば宗教教団に行くことが奨励されていた場合が多かったことを考えれば、宗教調査に対する配慮は格段に大きくなってきている。

現代宗教研究の困難

現代宗教を扱う研究者の社会的立場性への自覚は、大学教育だけでなく、研究成果の公開（学会報告、論文）においても同様に大きくなってきている。論文の公開によって、意図せざる結果を招くことになった櫻井義秀のケースを紹介しよう。

櫻井は、オウム事件後のマスコミ報道が、「マインド・コントロール」論の有効性を検討することもなく、この語を用いて信者のオウムへの入信やサリン攻撃に加わったことを説明する傾向に着目した。そして、「オウム真理教現象の記述をめぐる一考察」を執筆し、特定の集団への入信や集団の暴力性は複雑な現象であり、マインド・コントロール論という宗教学や宗教社会学では一般に認められていない理論によって説明することを批判した（櫻井 一九九六）。櫻井は、オウムが起こした数々の犯罪を否定しているわけではまったくない。教団批判の方法に関してマインド・コントロール論に代わるより説得力のある論点をもつべきだと論じたのである。

ところが、『現代社会学研究』（北海道社会学会）に載せたこの論文が、統一教会に対する「青春を返せ訴訟」の際に被告側弁護団によって引用される。この裁判は、統一教会の元信者がマインド・コントロールという特殊な勧誘方法により入信させられ、教化されて霊感商法に従事させられたとして、統一教会の違法行為により受けた金銭的被害と精神的苦痛の損害賠償を求めたものである。これに対し被告側は、櫻井論文を用いて、新宗教への入信をマインド・コントロール論で説明することはできないと、日本の宗教社会学者も言っており、「騙されて入った」という言い方は統一教会への偏見にすぎないとした。統一教会を批判する原告側弁護士からは「あなたの論文が統一教会擁護に使われているが、それを承知でマインド・コントロール論批判をされたのか」との批判を受けた。また、「カルト」問題を早い段階から深刻に捉えていた（フォトジャーナリストの）藤田庄市からは、統一教会の犠牲者たちを「うしろから斬りつける役割をあんたはやったんだよ」との忠告を受けたという（藤田の視点については、たとえば藤田二〇〇二参照）。ここでは、特定の理論の学問的正当性をめぐる議論を超えたところで社会的現実は展開している。こうした体験から、自分が書いた論文の社会的影響について深く考えるようになったという。

櫻井とともに、自身のマインド・コントロール批判論文（渡辺一九九九）が統一教会の被告側弁護団によって使用された経験をもつ渡辺は、現代宗教研究のむずかしさをつぎのように説明する。

私がハーバード大学で在外研究（研究留学）していたときにオウム研究の発表があって、その後の懇親会のときにいろいろ議論があったんだけれど、シカゴ大学で勉強した仏教学者のチャールズ・ハリシーさん（現在ウィスコンシン大学教授）が、そのときに「現代宗教に関しては宗教史は成立しない」と、はっきりと断言しました。なぜかというと、研究者は（研究対象と）相互影響関係のなかにいるわけで、私の論文が裁判資料に使われたように、結局、宗教学者の書いたものが、いろんな波紋をもたらすわけですよね。もはや観察者ではなくプレーヤーの一人になっているわけで、客観的な歴史というものは成立しない状況にある。とりわけこういった場面に、現代宗教を扱うむずしさを感じましたね。論文やエッセーを発表することが歴史を書き換えることにもなるというのは、私にとって斬新な驚きでしたし、自分がそういう状況に置かれるというのは思ってもみないことでした。

現代宗教研究において、いまだ十分な評価の定まっていない草創期の宗教や社会問題化する宗教を扱うということは、その集団の発展や衰退に図らずとも巻き込まれる可能性が高い。研究対象との相互影響下にある現代宗教研究において、宗教学者はもはや透明な存在として研究対象を分析・記述することは困難なのである。

6　おわりに

本章では、社会問題化する宗教にかかわる研究者との対話をおもな手がかりとしながら、オウム事件が現代宗教研究に与えた影響について究明してきた。宗教学者たちとの対話を通じて、「オウム事件は日本の宗教学の何を揺るがしたのか」という問いへの確かな答えを得ることができたように思う。

また九五年当時、筆者がとまどいを感じた「宗教学者は深く反省すべきである」という一部宗教学者たちの発言も、日本の宗教学の特質や問題性への深い理解に基づく重要な見解であることがわかったのである。

九五年のオウム事件は、従来の宗教研究において自明視されていた学問的前提が崩される契機となっており、現代宗教研究史におけるターニングポイントと位置づけてよいだろう。事件から九年が経過した現在になってようやく、九五年直後ではわかりづらかった、以前のパラダイムの特徴が浮き彫りになりつつある。九五年以前の約二〇年間支配的であった宗教学的パラダイム（＝「内在的理解」パラダイム）では、宗教は創造的で、社会変革に寄与する存在としてイメージされ、研究者はその対象に（ときには学生とともに）共感と学びの姿勢でかかわり、そしてまとまった成果は大学の講義や論文などの場で自由に公表するのが当然であった。このような学問的認識や態度は、八〇年代後半以降の宗教状況の変化にもかかわらず、大枠においては維持されていたのである。

ところが、九五年を境として、宗教性善説的理解に基づく「宗教」イメージは解体される。これにともない、宗教学者が共感しやすい研究対象を選択する傾向は批判され、同時に、どの宗教にも存在する負の側面や社会問題化する宗教への研究関心が高まったのである。ただし、社会問題化する宗教やそれとかかわる現象（たとえば、マインド・コントロール論）を扱うことは、研究者の意図にかかわらず、現代宗教の構築過程に巻き込まれる可能性の高いことも明白になった。こうした現象とのかかわりは、研究成果の公表も含めて内省的にならざるを得ないのが実情である。

現時点での社会・文化的状況から見ると、なぜ九五年までの約二〇年間、宗教学者の多くが、社会問題化する宗教を研究対象とせず、興味ある調査対象のポジティブな面ばかりに焦点をおいて共感的理解を試みていたのか不思議に思うかも知れない。しかしながら、どの時代にも支配的なパラダイムがあり、その枠組みを超えた認識はなかなかできないのである。もちろん、内在的理解パラダイムによってしか見えてこない現代宗教の諸側面を掘りおこし、多くの重要な業績がこの時代に生み出されたことを忘れてはならない。

オウム事件以降の現代宗教研究では、従来の研究への反省もふまえ、研究対象への共感と疑念を合わせもち、信者のみでなく元信者にも目配りするアプローチ、教義や信者の語りのみでなく、宗教集団の経済的・政治的・社会的次元への多角的な分析・解釈が必要となってくるだろう。しかし、そもそも社会問題化する宗教は、中立的な立場から現象を扱おうとする研究者に対して情報提供などの協力をするとは考えにくい。また、一般の宗教においても、宗教が抱える負の側面を扱おうとする宗教学者を積極的に迎え入れることはあまりないかもしれない。島薗が指摘するように、現代宗教の研究においては、「そもそも参与観察が可能かどうか問われる状況が非常に増えている。したがって、関与している諸当事者の利害関係に意識的でありながら、さまざまな方法であらゆる資料を集めて利用する、そういうタイプの調査に変わってきている」と言えるだろう。

オウム事件をきっかけとして、宗教性善説的な理解だけでは不十分であり、また共感や学びを重視する内在的理解の限界についても明らかになった。こうした問題をふまえ、宗教が抱える負の側面に光を当てることは、その宗教の教義や実践の問題点を暴露したり、貶めたり、無効化することではない。宗教が、人間による非合理的、超越的な対象とかかわる営みであり、生きる意味への渇望であり、ものの見方や感じ方を基礎づける価値観や社会規範の探究である以上、宗教的な諸活動には、積極的に評価できる面とそうでない面があるのは当然である。人間の営為によって生み出される希望や歓喜や安らぎとともに、葛藤、怒り、絶望について焦点を置くことは、単一的でなく複合的な、モノトーンでなく彩り鮮やかな宗教現象の多面性を描くことにつながる。オウム事件を契機として、こうした新たな現代宗教研究の模索がはじまっているのである。

第二部　現代幸福論とスピリチュアリティ文化の諸相

第四章　マインドフルネスと現代幸福論の展開

1　幸福論の過去と現在

幸福（happiness, well-being）の探求は、人類史上、きわめて多くの宗教者、哲学者、文学者、政治家などの関心を惹きつけてきた普遍的テーマである。ギリシャの哲人アリストテレスも中国の聖人孔子も、また偉大なる宗教者ブッダも、よりよく生きること、幸福に生きること、またその妨げとなっている苦しみの原因やその解決法を示すことが思索や教えの主要テーマだったと考えられる。

幸福の追求は、近代国家の成立においても最重要課題の一つである場合が多い。たとえば、一七七六年のアメリカ独立宣言には、「すべての人間は平等につくられている。創造主によって、生存、自由そして幸福の追求を含む侵すべからざる権利を与えられている」という一文がある。すべての人間の平等を前提としたうえで、不可侵・不可譲の自然権として「生命、自由、幸福の追求」の権利を掲げたこの前文は、アメリカが生命、自由とともに幸福の追求を主眼としてきたことを明確に示している。

イギリスにおいても、幸福を追求することはきわめて重要な関心事である。一八世紀の道徳哲学の巨人、ジェレミ・ベンサムは、法や社会の改革の根底に据えるべき道徳的原理を考案するうえで、正しい行為や政策とは「最大多数の最大幸福」をもたらすものであると『政府論断片』（一七七六年）のなかで述べている。また今日、スイスのヒルティ、フランスのアランによる『幸福論』と並んで「三大幸福論」の一つとして知られる、イギリスの哲学者バートランド・ラッセルの『幸福論』（一九三〇年）では、不幸の原因を列挙し、その分析や対処法をまとめている。彼は、人びとに幸福をもたらすために必要な態度として、自らの関心を内ではなく外へ向けること、私心のない興味関心をもつことなどを挙げている。ラッセルによる合理的で実用的な幸福論は、現在に至るまでロングセラーとしてイギリス国内のみならず、世界中の多くの人たちによって読み継がれている。

現代社会においても、人びとの幸福への関心はいささかも薄れてはいない。二〇〇五年におこなわれた調査によれば、イギリス人全体の実に八一%は、政府の主要目的は、富ではなく幸福の創成にかかわるべきであると回答している（Easton 2006）。二〇一三年当時のイギリスの首相、デビッド・キャメロンもこの考えを支持している。彼が野党のリーダーであった頃も、首相に就任した以後も、政治的議題として財政よりも生命、ＧＤＰ（Gross Domestic Product：国内総生産）よりもＧＷＢ（General Wellbeing）やＧＮＨ（Gross National Happiness：国民総幸福量）の増大を実現すべきだと繰り返し主張している（BBC 2006, Guardian 2010）。

こうした有史以来、今日に至るまで続いてきた人びとの幸福への関心だが、以前とは異なる現代的特徴も浮かび上がってきている。現代における幸福論の特筆すべき点の一つは、科学者たちが幸福に直接関連する研究を積極的にはじめたことである。一九九〇年代中頃以降の過去二〇年間において、幸福に関する科学的研究は、とりわけ心理学、神経科学、精神医学といった人間の精神衛生にかかわる専門領域で顕著な発展を遂げている。また、それに関連して、人びとの幸福度の向上のために、従来は宗教的あるいはスピリチュアルなものとして捉えられていた実践や技法（瞑想やヨーガなど）がそうした特定の枠組みを超えて、医療や心理療法や教育の現場で普及してきていることも、見逃せない特徴であると筆者は捉えている。

本章では、先進資本主義諸国に広がった新しいスピリチュアリティと現代の科学的幸福論とのつながりに着目する。具体的には、幸福に関する研究や社会政策の動向について、またマインドフルネスと呼ばれる精神・身体的技法の広がりについて、おもにイギリス社会での展開を念頭に置きつつ考察することにしたい。

2　世界幸福度地図の作成と幸福経済の確立

第一章で詳しく考察したように、一九六〇年代以降に発展した現代スピリチュアリティ文化は、対抗文化、下位文化の時期を経て、一九九〇年代後半以降になると主流文化の一翼を担う現象となってきている。二一世紀に入って、現代スピリチュアリティ文化は第三期の特徴である主流文化化の基盤となり、その流れを押し進めるような事象がいくつも起こっている。そのなかでも、「幸福」をキーワードとする二つの出来事は注目に値する。一つは、二〇〇六年に発表された世界幸福度地図をはじめとする幸福度調査や幸福経済の確立である。そしてもう一つは、二一世紀に入ってから顕著になったマインドフルネスの普及である。

世界幸福度地図とその社会的影響

二〇〇六年九月、イギリス・レスター大学の社会心理学者であるエイドリアン・ホワイトは、世界初の試みとなる「世界幸福度地図（World Map of Happiness）」を作成し、心理学の専門誌に発表した（University of Leicester 2006, White 2007）。その結果は研究者のみならず、多くの国のマスコミならびに政府関係機関に大きな影響を与えることになった。

この地図は、国連教育科学文化機関（UNESCO）や世界保健機関（WHO）をはじめ、米国中央情報局（CIA）、英国ニュー・エコノミクス財団（NEF）、オランダ・エラスムス大学にあるデータベース（World Database of Happiness）などによる幸福感や人生の満足度に関する一〇〇以上の研究調査において、世界中の八万人以上へのアンケートを集計したものとなっている。この世界幸福度地図が対象とする一七八カ国のうち上位一五カ国および政治・経済大国の人びとの主観的幸福感の順位は表1のとおりである。

表1 世界幸福度地図
(World Map of Happiness)

1位	デンマーク
2位	スイス
3位	オーストリア
4位	アイスランド
5位	バハマ
6位	フィンランド
7位	スウェーデン
8位	ブータン
9位	ブルネイ
10位	カナダ
11位	アイルランド
12位	ルクセンブルク
13位	コスタリカ
14位	マルタ
15位	オランダ
……	
23位	アメリカ
35位	ドイツ
41位	イギリス
50位	イタリア
62位	フランス
82位	中国
90位	日本
125位	インド
167位	ロシア

ホワイトによる世界幸福度地図は、世界全体で多様な捉え方のある幸福を同一基準によりランクづけした初の試みである。そもそも宗教、民族、歴史や生活・風習などの異なる世界中の人びととの主観的幸福度を比較することはできるのか。また個々人の幸福は何を質問項目にして、どのように測定することが可能なのか。さらにインタビューやアンケートにより調査した人びとの主観的幸福度にどのくらいの持続性があるのかなど多くの議論がなされている。

ではこのランキングが人びとの幸福に関する有益な議論の出発点にならないかというとそうではない。ホワイトによる幸福度地図の発表後、世界一となったデンマークやＧＤＰが世界で一五〇位以下にもかかわらず、幸福度ランキングでは八位となったブータン王国に関して、国の幸福への取り組みや歴史、宗教、社会制度や教育、人びとの日常生活などについて、新聞、雑誌、テレビ番組での特集や多くの書籍を通じて紹介されている。ブータンが以前から掲げるＧＮＨ（国民総幸福量）という考え方が広く知られるようになったのも、この幸福度地図が作成されたことが大きなきっかけの一つとなっている。グローバルな視点から主観的幸福度を客観的に示す世界地図が作成されたことの意義はきわめて大きいと言えるだろう。

ホワイトの分析によれば、各国の幸福度は、人びとの健康、経済的豊かさ、そして教育の順で密接な関連が見出された。これら健康、富、教育の三要因にも相関関係のあることが判明している。世界全体で見たときに、医療・福祉サービスが充実し、国民一人あたりのＧＤＰが高く、教育へのアクセスが高い国で生活する人びとのほうが、幸福である可能性ははるかに高いということになる。現代的生活にともなう不安やストレスは、世界全体で考えると健康や経済的水準、教育の必要性に比べると影響力は小さいようだ。

しかしながら、人びとの幸福度と国全体の経済的発展の度合い（GNP）とはかならずしも一致しないことも明らかとなった。このランキングでは、いわゆる経済大国がかならずしも上位に位置してはいない。G7（先進国首脳会議）の七カ国のうち上位一五位に入っているのはカナダの一〇位のみとなっている。そのほかの六カ国、すなわちアメリカ、ドイツ、イギリス、イタリア、フランスのいずれも二〇位以下である。G7のなかでもっとも下位にある日本にいたっては九〇位と低迷している。

また、これまで集団的な絆と幸福とは密接な関係があると指摘されてきたが、この調査の結果を見る限り、家族中心主義的な特徴をもち、集団の絆が強いとされてきたアジア諸国の幸福度がそれ程高くないことも判明した。中国八二位、日本九〇位、インド一二五位といずれも幸福度の低さで目立っている。さらに人口が多い国、すなわち先述した中国、インドのほか、ロシアは一七八カ国中一六七位ときわめて幸福度が低くなっている。

ホワイトは自国イギリスの状況について、調査した一七八カ国中四一位であり、「比較的よい」位置にあると評価している。しかし、イギリスのマスコミや政府関係機関は、かならずしもホワイトのような肯定的な評価をしているわけではない。この結果を深刻に受けとめて、イギリス国民の幸福度の測定をし、幸福度向上のための指標を作成することに以前よりも本格的に取り組みはじめている。

二〇一〇年には、年間予算二〇〇万ポンドのウェルビーイング・プロジェクトの一環として、キャメロン首相により英国国立統計局に対して、幸福度の本格的調査に着手するよう指示があった。それを受け、英国国立統計局は、国民の生活の質や満足度を測定する手段としての「幸福度指数（happiness index)」をまとめている。二〇一一年にまとめられた幸福度指標にはつぎの一〇項目が含まれている。

一　個人の幸福／二　人間関係／三　健康／四　仕事／五　居住地域／六　個人の資産／七　教育と職業の技術／八　国の経済状況／九　国の統治に関する状況／一〇　自然環境

このうち一から七までが個人を対象に調査され、残る三項目については、イギリスの経済成長率、選挙での投票率、二酸化炭素排出量などのデータを用いることによりその結果が報告されている。二〇一二年四月には、人生の満足度に関する四つの質問（上記一〇項目のうち一から四）を追加した質問票を用いた二〇万人を対象とする世論調査が実施されている（Office for National Statistics, "National Well-being"）。

こうした幸福度に関する指標づくりや世論調査の結果は、イギリス政府による国民総幸福量の向上のための政策を方向づけるものとなるだろう。二〇〇六年におこなわれた世界幸福度地図の作成は、国家政策にも多大な影響を与えているのである（Marks and Shah 2007）。

幸福経済の確立

世界全体で見たとき、人びとの幸福度は、経済が発達し、医療・福祉が充実し、教育制度が整った国々で高いことはすでに述べたとおりである。しかし、こうした条件が整備されている国々の間でも、国民の幸福度にはちがいがある。また同じ国のなかでも、当然のことながら、個々人の幸福感には大きな差がある。各国間での、また個々人による幸福感のちがいは何によって生じるのだろうか。幸福度ランキング、それをふまえての幸福度指数の作成の延長線上に、こうした諸課題に対処する形での社会政策の提案がなされている。このような取り組みは、人びとの幸福（well-being）実現のための社会・経済政策であることから、幸福経済と呼ばれることが多い。

具体的な施策を紹介しよう。イギリスにおいては、超党派の国会議員による幸福経済グループは二〇〇九年に設立され、その後何度も議論を重ねたうえで、二〇一四年には国家レベルで取り組むべき政策提言書をまとめている。当該グループの政策はつぎの四つの柱から成り立つ（Wellbeing in Four Policy Areas 2014）。

一、労働環境
二、都市計画と交通
三、保健と教育におけるマインドフルネス
四、芸術と文化

政策の第一の柱は、労働環境に関連する政策である。失業や不安定な雇用状態といった労働環境は、人びとの幸福度に著しく負の影響を与えることが明らかとなっており、雇用率の向上や安定的な雇用が国民の持続的幸福に不可欠だとしている。また所得自体は、失業や不安定な雇用と比べるとそれほど幸福度への影響は大きくないことがわかっているが、イギリス社会では収入の格差が大きく、格差是正への取り組みは必要だと報告書ではまとめている。さらに、週五五時間の労働を超えると、幸福度は著しく低下するという調査結果をふまえ、適度な労働時間を確保し、ワーク・ライフ・バランスを意識した取り組みも重要な課題であるとしている。従来は、経済発展自体が自己目的化した傾向も少なからずあった。しかし今後は、人びとの幸福度を高めるための手段としての貧富の差や社会的不平等の是正、失業率の低下、雇用の安定を実現するためのゆるやかな経済発展が必要だとしている。

第二の柱は、都市・交通の整備に関するものである。居住空間や近隣の生活環境の悪化は人びとに心理的ストレスを与え、長期的には持続的幸福の低下につながる。公共空間を整備し、公共施設を充実させることは、人びとの交流の機会を増やし、豊かな社会関係を構築する社会資源となり、持続的幸福につながると提言している。また、サイクリングやウォーキングのための公共整備をすることは、身体的活動を向上させ、交通の混雑や環境汚染を減らすだけでなく、人びとの幸福にもつながる。さらに通勤時間は日常生活のなかで人びとの喜びともっとも結びつかない時間とされており、幸福度向上のためには通勤時間の短縮となるような具体的政策が不可欠であると提案している。最後に、生活の質を高めることに直接関連するのが都市の緑化政策である。これは身体活動、身体的・精神的健康、社会的交流と密接に結びつくとの根拠もあり、都市の緑化を重要政策としている。

第三の政策の柱となる提言として、マインドフルネス（第三節以降で詳述）を実践し、個人の資源とすることが挙げられている。マインドフルネスは心を静め、幸福度の改善のために潜在的意義をもつ。精神衛生を保持するということは公的財源（医療費など）の削減にもつながる。この潜在力を発展させるための鍵となるのは、保健衛生、教育関係の専門家たち（医師、医学部の学生、看護師、教師など）にマインドフルネスのトレーニングをおこない、その技法を習得させることにあるとしている。マインドフルネスに基づく心理療法をすることにより、精神と身体を統合するホリスティックなケアが可能になる。また、マインドフルネスを学校教育で導入することにより、集中力を高めて学業の目標を達成する手助けになる。それと同時に、これまでの教育制度で軽視されてきた子どもの感情的健康を養うことになる。これを教育においてきわめて優先度の高い項目にすべきだとしている。

第四の柱は、人間的生活において芸術や文化がもつ価値を再確認し、促進する政策である。幸福経済の指針において重要な点には、これまで市場的価値の観点からは軽視されがちであった非商業的商品や活動に注目することが含まれる。科学的根拠に基づけば、芸術や文化活動、とくにそれへの参与は個人の幸福度の向上に貢献する。また芸術や文化を経験することが、健康などの幸福の促進要因に影響を与えることも明らかとなっている。このような理由により、政府は芸術、文化活動への助成を積極的に進めるとともに、こうした活動への参加機会に乏しいグループ（たとえば障害者やマイノリティ）にもアクセス可能な取り組みをめざすことを提案している。

以上、幸福論の現代的展開を検討してきた。これまで考察した世界幸福度地図やそこから派生した政府による幸福経済のための諸政策は、それ自体が現代スピリチュアリティ文化の一部というわけではかならずしもない。しかし、人びとが経済やテクノロジーの発展がもたらす物質的な豊かさや便利さよりも、心の豊かさをめぐる言説への関心を高めているという点で、現代の幸福論は現代スピリチュアリティ文化の主流文化化を促進する原動力であり、基盤となっていることはまちがいないだろう。前述した幸福経済の実現をめざす四つの政策の一つにも位置づけられているマインドフルネスに関しては、スピリチュアリティ文化と明らかに関連する内容となっている。その具体的取り組みはいかなるものか。またそれはどのように人びとの幸福度を高めることにつながるのだろうか。次節ではこれらの問題を扱いたい。

3　一九六〇年代以降のマインドフルネスの広がり

ウェルビーイング研究に関する多くの論文において、幸福度を増すきわめて有力な方法の一つとしてしばしば言及されるマインドフルネスについて考察しよう。

マインドフルネスとは何か

現在のアメリカ、イギリスをはじめとする多くの社会において、「マインドフルネス」と呼ばれる瞑想法が広く普及している。そもそもマインドフルネスとは何であり、どのように広がったのだろうか。さまざまな瞑想やヨーガの実践においてしばしば使用されている mindfulness という語は、原始仏典のなかにあるパーリ語の「サティ（sati）」、サンスクリット語の「スムルティ（smṛti）」を英訳する際に用いられたものである。

イギリスの仏教学者、ルパート・ゲティンによれば、現在のマインドフルネスの起源は、テーラワーダ仏教の僧であるニャーナポニカ・テラ（Nyanaponika Thera）の考えに依拠している。彼が一九五四年に著した『仏教瞑想の真髄（*The Heart of Buddhist Meditation: Satipatthna*）』では、仏教瞑想の中核にマインドフルネスを位置づけ、その解説のなかで、マインドフルネスとは「正念」そのものではなく、「最小限のありのままの注意」であり、なんら神秘的なものではないと断っている（Gethin 2011; 菅村二〇一三）。

一九六〇年代以降、現代スピリチュアリティ文化の展開のなかで、タイ、ミャンマー（ビルマ）、スリランカなどに広がったテーラワーダ仏教（上座部仏教）の僧侶たちが主催する仏教の瞑想センターがアメリカやイギリス国内で開かれ、対抗文化の影響を受けた若者たちは瞑想実践に参加するようになった。日本から伝わった禅仏教も欧米での瞑想への関心に大きく影響したと思われる。一九八〇年代になると、タイやミャンマーなどで本格的な瞑想修行をしたアメリカ人やイギリス人が自国に戻り、洞察瞑想やヴィパッサナー瞑想と呼ばれるセンターを開設する。

ベトナム人僧侶で世界的に著名なティク・ナット・ハンは、一九九一年に『マインドフルネスの奇跡』を出版している（Thich Nhat Hanh 1991）。彼は今日に至るまで、西洋世界において、ダライ・ラマ法王と並ぶもっとも影響力のある精神的指導者であり、彼の著作、講演、ワークショップでのマインドフルネスの実践は、このことばの英語圏における定着と普及に多大な貢献をしたものと思われる。

すでに述べたように、マインドフルネスという語は、ありのままの経験に注意を向けることである。この瞬間に起こっていることを肯定も否定もせずに受け入れることと言い換えてもよいだろう。マインドフルネスを実践し、そこでの学びを実践することにより、実際に起こっていることが何であれ、現在に対応できる能力は高まっていく。

マインドフルネスの意味は、その対極にある、マインドレスネス状態を考えると理解しやすい。これは一般の人たちの日常的な状態であり、いま、ここでの経験に注意が払われることはあまりなく、払われても一時的であり、過去や未来の心配や不安に心がおおわれ、自分の抱えている先入観や精神構造から色づけして判断を自動的におこなっている状態である。マインドレスに生きると、自己の期待どおりにいかないために自分の経験にしばしばストレスがともなうことになる。いま、ここでの喜びや楽しみは置き去りにされてしまう。

マインドフルネスでは実際に何をするのだろうか。マインドフルネスの実践的な技法には、ヨーガの動きをともなうもの、呼吸を観察するもの、歩く瞑想、座る瞑想などいくつかのものがある。それらの技法のちがいは注意を払う対象がからだの感覚、呼吸、歩く動作（足裏の感覚）、座っているときの呼吸によるお腹の膨らみやへこみ、鼻先に感じる息、あるいは心の変化などの異なるポイントに向けられることにあると捉えれば理解しやすい。

私たちは、通常移ろいゆく思考の波に支配されている。頭のなかのおしゃべり（思考）に翻弄されないための軸となるのが、呼吸や音や身体感覚などといったマインドフルネスの対象である。ただし、その対象が細やかなもの（鼻先にふれる息など）のほうが、粗雑なもの（身体感覚、マントラの音など）より注意を払いつづけることは困難となる。反対に、微細なものを対象としつつも、思考の波に巻き込まれないようになることは、いま、ここにただあることにつながるのである。こうした瞑想実践の原理は、古典ヨーガの経典『ヨーガ・スートラ』の内容ともほぼ完全に一致している（Maehle 2006）。

医療、心理療法としてのマインドフルネス

マインドフルネスを現代スピリチュアリティ文化の三段階（対抗文化→下位文化→主流文化）で捉えた場合、特定の宗教やスピリチュアリティの伝統のなかで生まれた瞑想法がその枠組みを離れて、「脱宗教化」することが第二期、すなわち下位文化への浸透にあたる。またその一部は、第三期の主流文化化としても理解可能である。具体的には、医療や心理療法といった場面におけるマインドフルネスの適用である。

マインドフルネスの医療、心理療法の現場への普及は、ジョン・カバットジンによる功績が大きい（Kabat-Zinn 1991）。彼は仏教の伝統に基づく瞑想の実践者であり、アメリカ・マサチューセッツ大学の医療センターに勤務していた。自らの瞑想体験に鼓舞されたカバットジンは一九七九年に医療センターにストレス低減クリニックを創設し、マインドフルネス・プログラムを導入した。その後、マインドフルネス・ストレス低減法（Mindfulness Based Stress Reduction：ＭＢＳＲ）として確立し、瞑想の理論と実践にかかわる八週間の体系だったトレーニング・プログラムを開発する。このプログラムが当初対象としたのは、リウマチなどの疼痛（うずくような痛み）ケアの患者であったが、それが次第に精神疾患やストレスへの対処法へと応用範囲を広げていく。カバットジンとその同僚たちは、心臓病、ガン、（高血圧、糖尿病などのよくない状態が長期にわたって改善されない）慢性病、睡眠障害、不安、パニックなどを含むさまざまな状態にある二万人以上を援助してきている。

ＭＢＳＲがより広く知られるようになるのは、イギリス・オックスフォード大学、のちにケンブリッジ大学で認知療法をおこなっていたジョン・ティーズデールがうつ病の再発予防にマインドフルネス

認知療法（Mindfulness Based Cognitive Therapy：ＭＢＣＴ）を取り入れたことによる。二〇〇一年に、ジンデル・シーガル、マーク・ウィリアムズ、ティーズデールの研究グループは、その効果の高さを報告している。その後、ＭＢＣＴはうつ病のみでなく、多くの精神障害への有力な精神療法として注目されるようになっている（Segal, Williams and Teasdale 2002）。

ＭＢＳＲ、ＭＢＣＴがさまざまな精神疾患に有効な理由はどこにあるのだろうか。カバットジンやシーガルらは、私たちの日常において、いま、ここに注意が払われていない通常のマインドレスな状態を「自動操縦状態」と呼ぶ。

この自動操縦状態にいると、まるでからだと心が別のことをおこなっているかのようである。この場合、私たちは意図してあれやこれやに心を奪われているのではない。ただそうあるのである。心はほとんどの時間、受け身的で、思考や記憶や計画や感情に「とらわれた」ままになっている。自動操縦状態では、ネガティブな思考の部分に気づきにくい。そして気づかないでいると、ネガティブな思考は、より強い悲しみの感情や、よりひどいうつを引き起こすパターンと結びついてしまうかもしれない。望んでいない思考や感情が表面化するときには、それらはしばしばたいへん強くて、簡単には扱うことができなくなっている。（Segal, Williams and Teasdale 2002=2007:61）

カバットジンは、私たちの思考の特徴とそれを手放すことの効用をつぎのようにまとめている。

> あなたのさまざまな思考はたんなる思考にすぎず、それらは〝あなた〟や〝現実〟ではないと理解できると、いかに自由な感じがするか、それは注目に値することである。思考をたんなる思考として認識するという単純な行為は、しばしば思考が作り出すゆがんだ現実からあなたを自由にし、生に対するもっと澄んだ洞察とより大きな統制感を手に入れることを可能にする。
> （Kabat-Zinn 1991=2007: 105-106）

思考を変容したり、別の思考に置き換えたりするのではなく、それを受容し、思考を思考として観察することは、結果として自らの思いから距離を置くことになる。これが特定のネガティブな思考への囚われから生じる多くの精神疾患や痛みを低減したり、解き放ったりすることにつながる。この思考と距離を置くマインドフルネスの実践は、ストレスによる痛みだけでなく、シーガルらの対象とするうつ病患者にも同様の効果があるようだ。

> これまでの心の習慣は、自身の問題から抜け出す方法を「考え」ようとさせる。つまり、今の感情状態や過去のネガティブな出来事、そしてこれから起こりうるすべての問題について繰り返し考え込ませる。これが望まないネガティブな気分を増加させる。
> （Segal, Williams and Teasdale 2002=2007: 39）

シーガルらは、マインドフルネスの訓練により、①ネガティブな思考から距離を置く「脱中心化」

のための技術を身につけること、②気分の低下を自覚しやすくなること、③ネガティブ感情による（繰り返しあらわれる）反すう的思考と感情との悪循環を持続させてしまう情報処理チャンネルの資源を奪う技術を使うことが可能となり、これらはうつ病の再発予防に役立つ点としている（Segal, Williams and Teasdale 2002=2007:26）。

ＭＢＳＲおよびＭＢＣＴプログラムは、多くの実証研究により、さまざまな心身症や精神障害に対して高い効果をもつことが明らかにされている。多くの専門家自身もこのプログラムを受講し、今日では世界各地の医療機関で実践されている。

英国国立医療技術評価機構（National Institute for Health and Clinical Excellence）は、うつ病の対策として、ＭＢＣＴを推奨している。また、マインドフルネスの有効性は、一般の医師の間では共通の認識となりつつあるようだ。二〇〇九年六月に実施された、イギリスの一般医師二五〇名を対象とするアンケート調査によれば、精神的問題を抱える患者に対してマインドフルネスが有効だと考える医師が七二％、一般の患者に対してもこの瞑想法を学ぶことがたいへん有効であると考える医師が六八％という結果となっていた。そして、ＭＢＣＴプログラムがたいへん効果的であるとする医師が五一％、実際に当該プログラムに参加するよう患者に話した医師が全体の二〇％と、いずれも高い値を示していた（Mindfulness Report 2010: 27）。

医療や心理療法の指導者のためのプログラム、およびマインドフルネスの有効性に関する実証研究も二〇〇〇年代に入ってから充実してきている。たとえば、二〇〇七年にオックスフォード大学に設立されたオックスフォード・マインドフルネス・センター、北ウェールズ・バンゴー大学に二〇〇一年に創設されたマインドフルネス研究と実践のためのセンターは、イギリスのみならずマインドフルネス研究と指導者養成プログラムにおける世界的な拠点となっている。

マインドフルネスの実際と学校教育への導入

MBSRやMBCTのプログラムはかなり標準化されて実施される。通常三〇名程度の患者を対象として、コース前の二時間のオリエンテーション、プログラム中は一週間に一度、二時間程度のセッションが八週間にわたって実践される。それに加え、第六週と第七週の間には、まる一日を通じての実践が含まれる。実際に参加者が集まる時間の合計は三一時間となっている。また自宅にて、一回四〇分から一時間を要する課題が出され、八週間のなかで合計六〇時間から八〇時間というかなり長時間にわたるホームワークが必須となっている。

具体的なプログラム内容の一部を紹介しよう。通常、MBSR、MBCTの最初のエクササイズはこれまでとは異なる方法でレーズンを食べることからはじまる。レーズンを食べる一連の行為をトータルに瞬間、瞬間、気づきを保ちながらおこなうというものである。具体的には、レーズンをじっくり観察し、レーズンに指をのばし、手触りを感じ、匂いを嗅ぎ、口のなかに運び、舌触りや噛み心地、味わい、そして最後に喉を通ったときの感触までをじっくり観察する。

成人を対象とするMBSRやMBCTでの主要な内容は、レーズン・エクササイズに続き、ボディ・スキャン（からだの感覚に対して、部位を変えながら注意を向ける）、座る瞑想、歩く瞑想、ハタ・ヨーガ、日常生活のなかでのマインドフルネスから構成される。先述したマインドフルネスの注意を向ける対

.b

Stop

Feel your feet

Feel your breathing

Be

.b のロゴ（「止まれ」を示すポイントを赤色にするという工夫がなされている）

象が味覚、身体感覚、呼吸などに変わると考えればよいだろう。

これまでのＭＢＳＲやＭＢＣＴのプログラムは、ストレスの低減やうつ病の治療のために用いられることがほとんどであった。今後は問題を抱える人たちの治療だけではなく、一般の人たちの健康や幸福度の向上に寄与することが期待されている。

教育現場での実践を紹介しよう。学校教育へのマインドフルネスの導入は、生徒たちの集中力を向上させたり、自分の感情やストレスにうまく向き合わせたりするための方法として期待されている。たとえば、ロンドンを拠点とする非営利団体、マインドフルネス・イン・スクール・プロジェクト（The Mindfulness in Schools Project：ＭｉＳＰ）は、リチャード・バーネットとクリス・キューレンという二人の教師により二〇〇七年に設立された（以下は筆者が二〇一四年一一月にロンドンにてＭｉＳＰの指導者養成講座を受講した際の資料）。ＭｉＳＰのキーワードは、「.b」（ドット、ビーと読む）であり、これは、Stop, Breathe and Be（ストップ。呼吸をし、いまにあれ）を表している。生徒たちがより幸福に、穏やかに、満足し、集中してよりよく学ぶこと、そうすることでストレスや悩みに対処でき、音楽やスポーツの分野での向上をめざすことがねらいとされている。

ＭｉＳＰでは、教師や親に対するマインドフルネスのプログラムを開講するほか、ＭＢＳＲやＭＢＣＴでの八週間のコースを修了した人たちに向け、子どもたちにマインドフルネスを教えるための指導者養成コースを開設している。同じプログラムの内容でも、対象が子どもの場合には、そのインストラクション、エクササイズの進め方、授業や課題に要する時間などで注意すべき点は異なる。たとえば、小学校の生徒を対象とした場合、ＭｉＳＰでは一週間に一度の四五分の授業、自宅での一回一〇分程度のエクササイズを含む八週間で一三時間の課題遂行、そして午後全体をつかうエクササイズ二回分の合計二〇時間を想定したプログラムを開発している。ＭｉＳＰでは、子どもの年齢に応じた学習時間の設定や指導内容、指導する際のことば使いなどをマニュアル化し、学校現場へのマインドフルネスの導入を積極的に試みている。

授業内容の一部を紹介しよう。たとえば、プログラムの初回では、「マインドフルネスとは何か」を子ども達に理解させるために、映画『カンフー・パンダ』の一場面が用いられる。最初に主人公ポー（ジャイアントパンダ）のカンフー修行がうまくいかず、自信をなくし、過去の自分を悔やみ、将来を悲観し、落ち込んでいる場面が紹介される。それに対するウーグウェイ導師（ゾウガメ）のメッセージは上の図のとおりである。

『カンフー・パンダ』（NBC ユニバーサル・エンターテイメントジャパン）

Yesterday is history.
Tomorrow is a mystery.
But today is a gift.
And that's why it is called the present.

日本語訳：昨日は過去のこと。明日のことはわからない。でも、「いま」は贈り物。だから「プレゼント」と呼ばれているんだ。

英語での「現在

（present）」と「贈り物（present）」をかけたメッセージにより、マインドフルネスとは「いま、ここ」にあることだとわかりやすく、伝えようとしている。

別の例を挙げる。「いま、ここ」にあろうとしても、私たちの注意（attention）はいとも簡単にそれて、何か別のことを考えてしまう傾向がある。それに対する態度として、プログラムでは、子犬をたとえに用いる。わたしたちの注意は、子犬と同じで、「目的なく嗅ぎまわり、留まって欲しい場所に留まらず、頼んでいないものを持ってきて、あたりを散らかす」という特徴をもつ。しかし、子犬に対して暴力的になってもしつけられないのと同様に、わたしたちの注意散漫さに対しても、粘り強く、気長に、やさしい気持ちをもって取り組む必要があると指導する。プログラムには、こうした一〇代の若者に理解可能な具体例が数多く織り込まれている。

ＭｉＳＰの指導者養成講座は、ロンドンやマンチェスターなどのイギリスのいくつかの都市のほか、オランダ、デンマーク、フィンランド、ドイツ、フランスなどでも開催されている。

マインドフルネスを学校教育に導入したときの成果についての研究もいくつかおこなわれている（Weare 2013）。ケンブリッジ大学ウェルビーイング研究所所長（二〇一三年

子犬のたとえを使ったマインドフルネス教育

当時）のフェリシア・フパートの研究グループがＭｉＳＰと連携して実施した本格的な調査を紹介しよう。

フパートらは、二つの私立学校に通う一五歳の男子学生を対象にマインドフルネスの有効性を検証する調査をした。合計一七三名の学生は宗教教育の一一クラスから採用され、そのうち六クラスはマインドフルネス、残る五クラスは対照群として、マインドフルネスとは関係ない通常の授業がおこなわれた。マインドフルネスのクラスはこの瞑想の実践経験を十分にもつ二名のスタッフによって教えられた。

クラスでは、一週間に一度、四〇分の授業がおこなわれ、そのなかでマインドフルネスの原理と実践が教えられる。クラスでの気づき（awareness）や受容（acceptance）といった概念についての説明、および実践では、ボディ・スキャン、呼吸への気づき、音への気づき、思いへの気づき、そして歩く瞑想がおこなわれる。八週間にわたるプログラムでは、これらの実践が段階的におこなわれ、翌週以後のテーマが示される。マインドフルネスのコースに参加する生徒たちには、プログラムの内容を深めるためのＣＤが配布され、八分間の瞑想エクササイズ三回分も含め、クラス外での実践を毎日おこなうことが推奨されている。

すべての参加者は、プログラム実施の一週間前と実施一週間後に、一連のアンケートに回答している。それ以外にも、自宅での瞑想実施状況やコース参加の意義などについても回答を得ている。そのアンケートでは、マインドフルネスを実践した結果、より気づきが高まり、自己の強みを獲得し、感情的な安定を得ることができ、さらには自宅での実践頻度が高い生徒ほど幸福度が増しているという結果が得られている（Huppert and Johnson 2010）。

4　現代幸福論と新しいスピリチュアリティ文化のゆくえ

インドで二五〇〇年以上前から実践されていたディヤーナまたはジャーナ（瞑想）は、中国において（ジャーナが漢字で音写されて）禅那となり、やがて一三世紀以降の日本において禅として花開くことになる。また、上座部仏教の国々である、タイ、ミャンマー、スリランカなどにおいても、この瞑想の伝統は、ヴィパッサナー瞑想として仏教的修行の中核をなしている。一九六〇年代以降の欧米諸国における、現代スピリチュアリティ文化の誕生とその後の発展において、こうした瞑想の伝統は西洋人によって実践され、やがて宗教の文脈を離れて、医療や心理療法の手法として、また教育の一環として実践されて今日に至っている。

マインドフルネスの現代的な広がりには、一九六〇年代以降の欧米での瞑想やヨーガの熱心な実践者がいたことが前提となっていることは明らかである。また、その後の展開において、一九九〇年代後半以降に生じた「幸福」をキーワードとするポジティブ心理学の興隆（本書第八章参照）や世界幸福度地図の作成に対する一般の人びとの関心の高まりも、大きな影響を与えているものと思われる。宗教やスピリチュアリティの伝統のなかで実践されてきた瞑想が、その枠組みを離れ、非宗教的文脈で広く普及しているのである。しかも世界有数の大学を含む教育機関での講義において、また主要な研究者や研究機関においてマインドフルネスが推奨されているところに、現代スピリチュアリティ文化の主流文化化の特徴が明確に表われていると言える。

二一世紀はじめの現代的幸福論、そのなかでのマインドフルネスの広がりは、グローバル化の進展という文脈においてよりよく理解できるだろう。グローバル化とは、現代の社会生活を特徴づける相互結合性と相互依存性のネットワークの急速な発展によって生みだされる、「世界の縮小と一つの全体としての世界という意識の増大」を指す（Robertson 1992=1997: 19）。以前はさまざまな社会的・文化的活動は、特定の地域における比較的独立した現象として理解可能であった。しかし今日では、グローバルな文脈において捉えることが必須となってきているということである。世界幸福度地図の作成、人類の幸福や世界の繁栄に焦点を当てる幸福経済やマインドフルネスの興隆はまさにグローバル化のなかでこそ生じた現象と言えるだろう。

ただし、ローランド・ロバートソンを含む多くの研究者が論じているのは、「グローバル文化」といった単純な画一性の発展ではない。そうではなく、人びとの感じ方や考え方、あるいはアイデンティティの基盤を確立するときに参照するコンテクストが、特定の地域や国家から「単一の場所としての世界」に移行してきたことにある。

ジョン・トムリンソンは、「グローバル化された文化は雑種文化である」（Tomlinson 1999）と論じるが、これは現代スピリチュアリティ文化についても当てはまる。そのもっとも顕著な例が、本章で取り上げたマインドフルネスという精神・身体的技法の世界的な広がりであろう。この場合、瞑想や（広義の）ヨーガに関する思想や精神・身体的技法が、過去にすでに存在していたのかどうかはさほど問題でない。むしろ、社会学的に重要なのは、グローバル化による単一の場所としての世界において、特定の文化的、歴史的、宗教的な技法であった瞑想やヨーガが固有の領域を離れて浮遊し（脱土着化）、科学的に有効だという承認を得て、マニュアル化されて広がっていること、またグローバル化によって一般の人たちが比較的容易にアクセスできるようになったことである。

アジアで生まれた精神・身体的技法であるマインドフルネスだからこそ、医療や教育現場への導入が容易だったという面はあるだろう。仮に、西洋世界でキリスト教に依拠する、たとえば「祈り」を同じように導入しようとしたとき、既存の土着文化（伝統的キリスト教）との摩擦が生じた可能性は十分ある。他方、瞑想や坐禅に関する伝統文化がある日本においては、グローバル化のなかで生まれたマインドフルネスの普及により多くの時間と労力がかかるように思われる。

筆者は現代スピリチュアリティ文化の展開を三つの時期に分け、その歴史的展開に着目してきた。本章を締めくくるにあたり、当該文化の今後についてもふれておきたい。

三期に区分したこの枠組みは、一九六〇年代から現在に至るまでを大体一五年くらいの期間ずつひとまとまりとして、現代スピリチュアリティ文化の創出から、その後の当該文化と全体社会との関連についてまとめたものである。一五年刻みで捉えると二〇一〇年あたりから第四期となるわけだが、その特徴は何だろうか。第三期とのちがいを正確に見きわめるためには、もう少し時間の経過を待つ必要があるだろう（本書全体では第三期が継続しているとひとまずは捉えている）。しかし、時代を先取りして予想するなら、筆者は、スピリチュアリティ文化の主流文化への浸透は今後ますます深まり、とりわけイギリスやアメリカといった「スピリチュアリティ先進国」においては、スピリチュアリティとそうでないものとの境界が今後より一層、あいまいになっていくと捉えている。これを社会の「再聖化」（島薗 二〇一二）として捉えることも可能だろう。また現代スピリチュアリティ文化のなかにインドや中国、日本などのアジア諸国を起源とする文化資源が多いことから西洋の東洋化（Easternization of the West）と理論化することも十分妥当だと思われる（Campbell 2007）。しかし、それは同時に、スピリチュアリティとそうでないものとの区別をあいまいにするプロセスでもある。

マインドフルネスを医療現場に導入したカバットジンは、「マインドフルネスはスピリチュアルか？」としてまとめられた一節で、「スピリチュアル」ということばがはらむ問題性に言及しつつ、スピリチュアリティとそうでないものとの区別へ疑問を投げかけている。彼はまず、「マインドフルネスの作業とは、私たちが手にするすべての瞬間において、活力に目覚めることです。覚醒状態のなかでは、すべてがインスピレーションを与えてくれます。スピリット（精神、精霊）の領域から除外されるものなどありません」としている。

カバットジンは、医療の現場において「スピリチュアル」ということばを使わないようにしているという。彼が対象とする医療や保健の現場において、また多民族を対象とした貧困街にあるストレス低減クリニック、さらには刑務所、学校、企業やスポーツ選手などを相手にする環境において、スピリチュアリティという語を使う必要性もなければ、適切でもないと考えるからである。また、カバットジン自身にとっても「瞑想の実践を磨き深める方法に対してとくにしっくりくるとも思いません」との見解を述べている（Kabat-Zinn 1994=2012: 272-273）。

カバットジンは「その単語の不正確かつ不完全で、多くの場合に誤った使われ方をしているニュアンスに問題がある」としたうえで、つぎのように述べている（Kabat-Zinn 1994=2012: 273）。

スピリチュアリティ（精神性、精神世界）という概念は、私たちの考えを広げるどころか、狭めてしまうこともあります。あまりにもよくあるのが、あるものがスピリチュアルと受け取られ、ほかのものは除外されるということです。科学はスピリチュアルでしょうか？　母親でいることや父親でいることはスピリチュアルでしょうか？　犬はスピリチュアルでしょうか？　身体はスピリチュアルでしょうか？　心はスピリチュアルでしょうか？　出産は？　食べることは？　絵具で絵を描くこと、演奏すること、散歩したり、花を見ることは？　呼吸をすること、登山をすることはスピリチュアルでしょうか？　もちろん、あなたがこれらにどのように出会い、どのような気づきのなかでこれらに取り組むかによって異なります。（Kabat-Zinn 1994=2012: 274-75）

カバットジンの指摘するように、スピリチュアリティに関する本を読んだり、スピリチュアルな事柄（大自然との一体感、悟り、神秘体験など）について考えたり、議論をすることがスピリチュアルなのではない。思考という波と距離を置くこと、思考に巻き込まれずにいま、ここの身体感覚、呼吸、気づきを保っていることが、真の意味でのスピリチュアルな実践となる。すべての経験はもっとも深い意味においてスピリチュアルになるのである。こうした言説自体、スピリチュアリティ文化が醸成され、社会の隅々にまで広がりつつあることを示している。

以上で素描したように、スピリチュアリティの一般社会への浸透が今後ますます進んでスピリチュアリティをそうでないものと区別することが困難となり、近い将来、スピリチュアリティ文化という固有の領域は消失していくのだろうか。同時に、人間にかかわる多様な研究領域において、スピリチュアリティに目配りする研究が必要不可欠になっていくのだろうか。あるいは、「世俗化」した社会への揺り戻しがあり、近代知による科学と宗教・スピリチュアリティとの区別がより一層明確になるのか。イギリスをはじめとする欧米諸国や日本の動向を引き続き注視していくことにしたい。

第五章　現代マインドフルネス・ムーブメントの功罪
――伝統仏教からの離脱とその評価をめぐって――

1　マインドフルネス・ムーブメントの到来

二一世紀以降、仏教瞑想に起源をもつ「マインドフルネス」と呼ばれる精神・身体技法は、アメリカ、イギリスをはじめとする多くの社会の医療、心理療法、企業、教育などのさまざまな分野で用いられてきている。わたしたちの心のあり方を判断することなく、「ありのままに注意する」ことを意味するマインドフルネスは、ストレスを軽減し、うつ病の再発を予防し、仕事やスポーツでの能力を発揮し、さらには生徒の集中力を高めることが明らかとなってきたからである。特定の宗教伝統に由来する実践が、現代社会では非宗教領域、しかもそのなかの主流に浸透してきている。こうした動向は、現代のスピリチュアリティ文化の特徴を考えるうえで大きな手がかりとなる。

アメリカの有力雑誌『ＴＩＭＥ』は、二〇一四年二月号において「マインドフル革命」と題する七ページにわたる特集記事を組み、マインドフルネス・プログラムの内容や実践する人たちへのインタビューを詳しく報告している。またこのムーブメントと一九七〇年代から九〇年代前半に欧米や日本で発展した「ニューエイジ」とを比較している。ニューエイジと対比した今回のマインドフルネス・ムーブメントの特徴は、それが意図的に「スピリチュアリティ」との関連についての言及を避けていること、また疑似科学的性格をもつニューエイジと異なり、マインドフルネスは大脳生理学、心理学などの正統派科学に裏づけられていることだとしている（Pickert 2014）。

人類史上、長らくの期間、宗教とスピリチュアリティは相互に代替可能な概念として用いられていた。しかし、一九六〇年代後半以降の欧米では、一般の人びとが明確な教義や組織がある「宗教」と対置する形で「スピリチュアリティ」の語を使用したり、自己規定したりするようになる。この新しいスピリチュアリティと呼べる現象は、社会文化状況の変化に呼応して、一九六〇年代の対抗文化（カウンターカルチャー）から七〇年代半ば以降の下位文化（サブカルチャー）を経て、一九九〇年代後半以降になると主流文化（メインカルチャー）としての特徴をもつようになってきた。現代スピリチュアリティ文化が主流文化化すると、聖性は宗教領域の枠内のみならず、非宗教領域にも浸透していく傾向が見られる。これはやや誇張した表現を使えば、社会全体の聖化、あるいはそれ以前に世俗化の時代があったとする立場からは再聖化、ポスト世俗化として理解できる側面をもつ（島薗二〇一二）。

『TIME』誌　2014 年 2 月
「マインドフル革命」特集号

仏教に起源をもつ瞑想法が、医療、心理療法、教育現場でも宗教の文脈を離れて活用されている状況は、まさにスピリチュアリティ文化の主流文化化を示している。スピリチュアリティ文化として明らかに捉えられる実践を、意図的に「スピリチュアリティ」という語を避け、科学的に実証された方法であることを強調するところは、スピリチュアリティ文化の現代的なあり方を示しているようにも思われる。

本章では、こうした二一世紀におけるスピリチュアリティの特徴について、現代のマインドフルネス・ムーブメントを手がかりとして考察していくことにする。以下では、マインドフルネスということばの起源や解釈、医療・心理療法などへのマインドフルネスの適用過程を概観する。そのうえで、現代におけるマインドフルネスの発展に対するおもな批判やそれへの反論を取り上げる。そうした言説の特徴を理解することにより、一九九〇年代後半以降のスピリチュアリティ文化の様相を明らかにすることをねらいとしたい。

2　マインドフルネスの起源と発展

「マインドフルネス」瞑想の創造

現在、さまざまな社会領域で用いられる「マインドフルネス」という語は、原始仏典のなかにあるパーリ語の「サティ」、サンスクリット語の「スムルティ」を英訳する際に用いられたものである。一八八一年刊行の『ブッディスト・スートラ』を翻訳するときに、ウィリアム・リース・デービッズが使用したのが最初であったという。その後、多くの研究者が「サティ」に関して、仏教のテキストを読み、それぞれの文脈において多様な解釈を示した。それというのも、「マインドフルネス（サティ）」には、「特定の事実を記憶すること」「想起すること」「心にとめること」「意識すること」など多くの意味が含まれるからである（Gethin 2011: 263）。

一九五〇年代以降になると、マインドフルネスをめぐる定義の一部は、瞑想実践から得られた知見を含むようになっていく。現代のマインドフルネスの定義にもっとも大きく、そして決定的な影響を与えたのが、ドイツ人の仏教僧、ニャーナポニカ・テラ（Nyanaponika Thera）である。彼は一九五〇年代初頭に一定期間ミャンマーに滞在し、二〇世紀を代表する仏教者の一人、マハーシ・サヤドゥー（一九〇四－一九八二）から瞑想指導を受けている。その体験が、ニャーナポニカのマインドフルネスへの理解に大きな影響を与えたことの一つになっているとゲティンは指摘する（Gethin 2011:266）。

ニャーナポニカが一九五四年に著した『仏教瞑想の真髄（*The Heart of Buddhist Meditation: Satipatthana*）』において、マインドフルネスは仏教瞑想の中核に位置づけられ、「ありのままの注意」と規定されている。彼の見解では、このありのままの注意としてのマインドフルネスは、瞑想の初心者に対しては適切であり、実践的な理解だとしている。同時に、原始仏教において修行の基礎となる八つの徳目をまとめた八正道のなかで七番目の「正念」（正しいマインドフルネス）、すなわち「邪心を離れ、真理を求める心を常に忘れないこと」とありのままの注意は明確に区別し、その語がもつ多様な意味をふまえてもいた。

しかし、次第にマインドフルネスとありのままの注意とが同一のものとなっていく。一九七〇年代以降、アメリカをはじめ世界の多くの国々にヴィパッサナー（洞察）瞑想が広まった。洞察瞑想（Insight Meditation）を主催するジャック・コーンフィールドやジョセフ・ゴールドシュタイン、その影響を受けて瞑想実践をはじめたジョン・カバットジンは、マインドフルネスをありのままの注意と同一視しているると理解してよいだろう（Gethin 2011: 267）。

仏教からストレス緩和としてのマインドフルネスへ

仏教瞑想の一つの形態としてのマインドフルネスは、現代スピリチュアリティ文化の発展のなかで欧米社会に広がっていった。このマインドフルネスが医療、心理療法という非宗教領域に広がる大きなきっかけとなったのが、カバットジンの存在である。

カバットジンは、一九六六年、当時マサチューセッツ工科大学の大学院生だったときに瞑想の魅力に取り憑かれ、それ以来瞑想を続けていた。彼は韓国や日本の禅、テーラワーダ仏教、インドのヨーガやヴェーダーンタ哲学、ラマナ・マハルシやジドゥ・クリシュナムルティの教えなどさまざまな東洋の叡知にふれていく。その後、博士号を取得し、分子生物学者として研究を続ける傍ら、毎週教会においてヨーガを指導したり、ときおりヨーガや瞑想リトリート（日常生活を離れての集中合宿）を主催したりした。

一九七九年、彼が三五歳のときに参加したヴィパッサナー瞑想のリトリートがマインドフルネスの医療分野への適用の決定的なきっかけとなる。このリトリート参加中に、カバットジンは人生のライフワークとなり、彼が「カルマ的課題」と呼ぶ一〇秒程度のヴィジョンを見る。カバットジンに突如として降りてきたヴィジョンは、彼がこれまで一三年間従事してきたマインドフルネスとヨーガの実践を現代アメリカで慢性病に苦しんでいる一般の人たちに広めるようにというメッセージであった（Kabat-Zinn 2011: 287）。

カバットジンは、一九七九年に当時勤務していたマサチューセッツ大学医療センターにストレス低減クリニックを開設した。その後、マインドフルネス・ストレス低減法（ＭＢＳＲ）が確立され、瞑想の理論と実践にかかわる八週間の体系だったトレーニング・プログラムとして今日に至っている。

このプログラムが当初対象としたのは、リウマチなどの疼痛ケアの患者であったが、それが次第に精神疾患やストレスへの対処法として応用範囲を広げていくことになる。カバットジンとその同僚たちは、心臓病、ガン、慢性病、睡眠障害、不安、パニックなどを含むさまざまな状態にある人びとを援助してきている。クリニックが開設されてから三五年後の二〇一五年時点で、マサチューセッツ大学医療センターのプログラムに二万人以上が参加し、約一〇〇〇人のＭＢＳＲ認可を受けたインストラクターがいる。また、世界三〇カ国以上の約七二〇の医療機関において、ＭＢＳＲプログラムが提供されている（Wylie 2015:3）。

ジョン・カバットジン
（写真：Experience Life Magazine）

カバットジン自身の東洋思想や実践に関するこれまでの経験、そして医療現場に適用されたマインドフルネス・プログラムの内容はまさしくスピリチュアリティ文化の一翼を担う活動として理解できる。しかし、MBSRのカリキュラムにおいて、仏教の思想や権威を喚起することばを用いることのないような配慮がなされていた。同時に実践においても、仏教を連想させる祈りのことばや鈴(りん)を使用せず、「ダルマ（真理）」「カルマ（業）」「ドゥッカ（苦）」といった仏教思想を表す用語を使うこともなければ、四聖諦や八正道（人間の苦しみの原因やその解決法を示した教え）という仏教の基礎理論にふれることもしなかった。

カバットジンは可能な限り、MBSRが「仏教徒のもの」「ニューエイジ」「東洋の神秘主義」、あるいは単に「風変わりなもの」と見なされる危険を回避するためのことば使いを模索したという。彼は、自分たちの試みを、常識的な、科学的知見に基づくものとし、最終的には主流の医療ケアの分野で正当化されたものとして提示することを目的としていた。マインドフルネスのプログラムが、誤解をされたり、軽んじられたりすることはとても危険であり、そうした危険は絶えずつきまとうことになる、というのが彼の理解である。なぜならば、カリキュラム全体が、（少なくとも初心者にとっては）ある程度強烈な瞑想とヨーガの実践に基づいており、このような実践は西洋社会においてはニューエイジの一要素として規定されているからである（Kabat-Zinn 2011: 282）。

対症療法としてのマインドフルネス

これまで概観したように、仏教という宗教的文脈で実践された瞑想が、一九六〇年代以降には「ありのままの注意」と同一のものとしてのマインドフルネスとなり、さらにそれが一九八〇年代以降になると医療現場に導入された。ただし、その後、二〇〇〇年頃まではマインドフルネスの普及はゆるやかに展開した。ＭＢＳＲがより広く知られるようになるのは、イギリスにおいてうつ病の再発予防にマインドフルネス認知療法（ＭＢＣＴ）が確立されたことが大きなきっかけとなっている。二〇〇〇年代半ば以降になると、マインドフルネスは、医療、心理療法以外のより広範な分野にも適用されるようになる。たとえば、企業、教育、スポーツ、軍隊、刑務所といった領域において、一般の人たちの健康や幸福度の向上に寄与することが期待されるようになってきている。

いくつもの社会領域において急速にマインドフルネスが普及した背景には、現代社会の直面する問題やそれに対応するための社会政策の変化が明らかに関連している。ＷＨＯ（世界保健機関）によれば、現在、うつ病は心臓病、がんに続く第三の主要な健康を害する問題となっているが、二〇三〇年には第一位となることが予想されている。うつ病をはじめとする精神疾患は、先進諸国においてはとくに深刻な問題であり、国家にとっても大きな経済的負担となっている。

たとえばイギリスにおいて、メンタルケア関連の支出はきわめて大きく、抗うつ剤の費用だけで毎年約五〇〇〇万ポンド（約一八億円）かかっている。その負担額は今後増大していくことが予想される。学校教育の現場においても、心の問題の改善はきわめて切実な課題となっている。一六歳から二五歳までの若者のうち三二・三％が一つ以上の心理的問題に直面している。一六歳未満の若者のうち二％が深刻な、そして九％が軽度か中度のＡＤＨＤ（注意欠陥多動性障害）の状態にあるという（Lau 2014）。現代イギリスでは、大人たちのみでなく、子どもたちも同様に精神衛生上の危機に直面していることになる。

以上まとめたように、マインドフルネス・ムーブメントの発展は、現代社会の抱える心の問題に対処するために採用されたものである。西洋社会において東洋思想や実践が受け入れられる素地は必要だったかもしれないが、それ以上に現代人の精神疾患が直接の原因となっていることは明らかだろう。

3　仏教の断片化、あるいは再文脈化

これまで見てきたように、仏教瞑想に端を発するマインドフルネスは、一九八〇年ごろの医療現場への適用からはじまり、二一世紀の現在では社会のさまざまな諸制度に広がってきている。本来は宗教やスピリチュアリティと密接に結びついたマインドフルネスは、このいずれとの関連からも解き放たれ、一般の人たちのストレス軽減や仕事の効率性の増大、さらには学生たちの集中力や学業成績の向上に寄与してきている。こうした仏教瞑想の現代化はどのように評価すればよいのだろうか。以下では、マインドフルネスに対するおもな批判を二つ取り上げ、本節と次節で検討することにしたい。

正統派の仏教瞑想からの逸脱

現代のマインドフルネスへの第一の批判は、それが仏教の正統な伝統に基づくものではなく、修行体系全体のごく一部分を抜き出し、アレンジしたものにすぎないとするものである。このなかには、倫理性の軽視に関する問題も含まれる。

仏教徒による瞑想実践を含む修行の目的は、「正しい見方」を修得することであり、ただ「ありのままに注意する」ことではない。仏教の伝統において理解され、実践されているマインドフルネスは、

単に倫理的に中立な技法で、ストレスを軽減し、集中力を改善するためにあるものではないのだ。むしろ、マインドフルネスは、「注意」にかかわる明確な特質をもち、そのほかの多くの要因（わたしたちの思考や会話、行為の性質、生活の仕方、不健全でぎこちない行動を避けるための努力など）に依拠し、また影響を受けているものである。だからこそ、仏教徒たちは、正しいマインドフルネス（正念）と間違ったマインドフルネス（邪念）を区別していたのである。

これに対して、通常のＭＢＳＲのプログラムでは、心のあり方を判断せず、ありのままの注意を重視し、倫理や道徳の重要性をあまり強調していない。したがって、マインドフルネスは悪い目的（たとえば殺人や強盗、戦争）にも利用される可能性がある。ゲティンは、ＭＢＳＲとＭＢＣＴにおける「判断しないこと」について、つぎのように述べる。

> 伝統的なテーラワーダ仏教の見方からすれば、マインドフルネスを「判断しないこと」として無自覚に強調することは、判断しない事自体が目的となり、すべての心の状態は等価と見なされる。つまり、貪欲は無執着と同じようによいものであり、あるいは怒りと親しみは、ともによいものとされる。　　（Gethin 2011: 273）

こうしたおもに仏教を実践する者による批判的立場から、現代のマインドフルネスは伝統的実践の一部を抜粋した逸脱的存在であり、さらに倫理性の欠如という根本的な問題をもつことになる。

マハーシ・サヤドゥー

仏教における改革運動

仏教学者が議論したところでは、「ありのままの注意」としてのマインドフルネスの理解は、実は仏教の歴史上、いくつかの前例がある。中世の中国での禅仏教（Chan）、チベット仏教のゾクチェンにも同様の傾向が見出されるという（Sharf 2015）。

現代のＭＢＳＲやＭＢＣＴのアプローチの直接の起源は、二〇世紀前半に生じたミャンマーの仏教改革運動にまでさかのぼることができる。ヴィパッサナー（洞察）を独占するようになる特定の技法は、ミャンマーの数名の指導者によって発展させられた。ミングン・サヤドゥーの弟子であるマハーシ・サヤドゥーは、今日もっともよく知られた技法を発展させた。彼は「サティ（マインドフルネス）」概念を強調し、瞬間、瞬間の意識の流れのなかで立ち現れたいかなる感覚の対象にも実践者が注意を払うように訓練したのである。マハーシがこの方法を考案したのは、仏教の教義、儀礼的実践をしていない一般の人たちに対してである。おそらく、マハーシのもっとも急進的な点は、こうした洞察を養うために、仏教哲学に馴染みがなくてもよく、またサマタ（集中）の上級の技術やそこで得られる経験は必要ないと主張したことにある（Sharf 2015: 473）。

現代のマインドフルネス・ムーブメントに限らず、これまでの仏教改革運動に対しても、今回と同様の批判がなされたことは興味深い。マハーシに対して、東南アジアに広がるテーラワーダ仏教の伝統、そして西洋の仏教実践者や研究者からすぐに激しい批判が出されたという。そのおもな批判は、①サマタ（集中）のテクニックを過小評価したこと、②マハーシ・メソッドの実践者は、悟りの四段階を含む、上級ステージに到達できるとすること、③サティを「ありのままの注意」として解釈し、倫理的判断の重要性を過小評価したり、無視したりしていることである（Sharf 2015: 475）。

二〇世紀前半の仏教改革運動と二一世紀のマインドフルネス・ムーブメントには多くの共通点がある。いずれも、僧院での出家生活に関心をもたず、仏教経典にほとんど馴染みのない一般の人たちを対象としていたことは偶然ではないだろう。またこれらの運動は、驚くほど即効性があることを約束している点でも共通している。

仏教瞑想のアレンジに対する評価

現代の医療、心理療法などの現場への応用に対する評価のなかには、肯定的な評価も含まれる。ビック・ボーディーによれば、マインドフルネスを伝えるために、「ありのままの注意」という表現を用いることは、瞑想の初心者にとって、現象界を観察するコツをつかむために許容されるものである。もし心理療法家が仏教徒たちの実践する瞑想からある要素を抜き出し、一般の人びとを不安やうつ病から救う助けになるのなら、それはすばらしいことであり、ダルマ（真理）を新しい目的のために採用したパイオニア精神と勇気と洞察を賞賛すべきだとしている。ただし、それと同時に、マインドフルネスの実践者たちは、仏教徒にとって聖なるものと捉えられてきた聖域に入ることになることを自覚してほしいし、そうした源泉に対して敬意を払い、謙虚さと感謝をもって接してほしいとの希望を表明している（Bodhi 2011: 36）。

これに対してカバットジンは、現代のマインドフルネスに対してさらに高い肯定的評価を下し、より積極的な意味づけをしている。彼が強調するのは、ＭＢＳＲやそのほかのマインドフルネスの根底にある、普遍的なダルマ（真理）である。それはブッダのダルマと一致するが、それが生まれた国やその独特の伝統に関連する歴史的、文化的、宗教的表象に拘束されるものではないとしている。

実際、カバットジンは一九八〇年代中頃からの講義において、ＭＢＳＲの教えの起源やエッセンスについて説明をはじめている。そのなかで、ブッダ自身は仏教徒ではなかったこと、また「ブッダ」というのは「目覚めた人」を指す一般的な用語であることを指摘する。さらに、仏教徒の瞑想の核心としてしばしば言及されるマインドフルネスは、思想・信条としての「ブッディズム」とはほとんど、あるいはまったく関係のないものであり、すべては目覚め、思いやり（慈悲）、叡知にかかわることを強調している（Kabat-Zinn 2011: 283）。また彼は、ＭＢＳＲの倫理的基盤は構造的にいくつかの方法（たとえば医療倫理規程）で織り込まれている点にもふれ、仏教が強調する倫理性をＭＢＳＲは軽視しているという批判は妥当しないとしている。

カバットジンによれば、ＭＢＳＲの背景にある意図とアプローチは、ダルマを搾取したり、断片化したり、脱文脈化したりすることではなく、科学と医療、ヘルスケアの枠組みのなかで「再文脈化する（recontextualize）」ことである。再文脈化により、これまで瞑想や仏教について聞いたこともない多くの人たちにダルマの門を開くことになり、ブッダの叡知が最大限有効になる（Kabat-Zinn 2011: 288)。MBSRによる伝統的瞑想のある種の抜粋と改編について、カバットジンはこのようなきわめて積極的な評価をしているのである。

4　仏教の革新性と社会適合

マインドフルネスの現世順応性

もう一つの批判は、マインドフルネスの発展が、現代社会をより生きやすくするための有効な手段として普及していることに関連する。これは別の見方をすれば、現代社会の諸システムの問題を浮かび上がらせるというよりは、維持・発展させていく道具となってしまっている点への批判である。

二〇一三年、ハフィントン・ポスト紙において、「マク・マインドフルネスを超えて」と題する記事が掲載された。著者はアメリカ人研究者ロン・パーサーと仏教指導者のデビッド・ロイである（Purser and Loy 2013)。世界がますます合理性、効率性を追求し、安価で画一化した商品が流布する「マクドナルド化」という社会学用語になぞらえ、彼らは現代のマインドフルネスを「マク・マインドフルネス（McMindfulness)」として捉える。これは仏教が本来もつ心と魂を失い、新たに陳腐で商業化されたセルフヘルプの一種となっていることへの痛烈な批判である。現代社会に広がるマインドフルネスは、人びとのストレスを軽減する方策として商業化されている。ここで見逃され、熱烈な信奉者たちを盲目にしているのは、なぜ人びとはそもそも感情的、肉体的ストレスを抱えているのか、そしてますま

『マク・マインドフルネス』表紙（ブッダをマクドナルドのマスコット・キャラクター風にしている）

す深刻化するその社会状況の根源はどこにあるのかということである。

少なくとも初期の仏教においては、「サンガ」として知られる世俗を捨てた人たちの共同体が修行する場としてあり、そこには主流の社会的価値や文化的規範への批判が含まれていた（Sharf 2015: 478）。ところが、現代のマインドフルネスでは、こうした社会批判の精神やかかわり方はほとんど意識されることなく、むしろ主流の消費文化における活動一般と類似している（Moore 2014: 2）。実践者たちは、欧米の主流文化を捨てるというよりも、マインドフルネスの習得によって、それといかにうまく順応するかを学んでいるように思われる。確かに、マインドフルネスは不健全さの根源である貪欲や病気や妄想への洞察を得る手段として用いられるのではない。反対に、こうした欲望や情熱を維持・強化する効果をもち、陳腐なセルフヘルプのテクニックとして再形成されている側面があると言えるだろう。

仏教の現実と個人の内的変容の可能性

現代マインドフルネス・ムーブメントの現世順応性やその商業主義的特徴についての批判は的確であるように思われる。しかし同時に、伝統仏教を過度に美化していたり、そもそも比較すべき対象が公平ではなかったりする点も指摘しておきたい。現代の一般の人たちに広がったマインドフルネスの活動や実践内容の比較対象としては、二五〇〇年近く前のブッダの共同体（サンガ）や出家僧の瞑想実践だけでは不十分である。仏教の普及した国において、一般の人たちがどのような動機に基づき、いかなる活動をしているのかを探ることも必要であろう。

『マインドフル・アメリカ』の著者でもあるジェフ・ウィルソンによれば、歴史上のほとんどの時期において、一般の人たちがサンガを支援して成就しようと希求している利益は、スピリチュアルな内容であることはあまりなく、より世俗的、実利的、個人的、ときには利己的な事柄ですらある。すなわち、恋愛や仕事の成功、健康、苦痛からの緩和、邪悪なものからの保護、安全、子どもの誕生、来世でのよいカルマなどである（Wilson 2014: 4-5; Wylie 2015）。こうした観点で捉えると、一般の仏教徒が宗教から得ようと欲していたものは、現代人がマインドフルネスの習得から望んでいるものと何もちがいはないことになる。

またウィルソンは、世界にただ一つの仏教が存在しているわけではないことを強調する。仏教的実践や組織、仏教的ライフスタイルや見解は多種多様なものの寄せ集めである。それらの伝統は、インドからミャンマー、中国、日本に渡り、最終的に西洋にたどり着いた。「誰かが仏教について何かを語るとき、それと反対のことを仏教の名において語る者がいる」。ウィルソンによれば、「仏教と呼ばれる巨大な混沌があるにすぎない」のである。

マインドフルネスの現世順応性についてもウィルソンはかならずしも否定的な評価をしていない。仏教は「これまで世界の政治、経済的現実と密接に結びついてこなかった時期はまったくない」からである。したがって、社会適応の装置としてのマインドフルネス・ムーブメントのみを批判することはできない。仏教自体が社会全体の政治経済活動に深く埋め込まれてきているからである。

さらに、現代においてストレス（苦）を感じる人たちがマインドフルネスを実践することにより、社会や文化を内部からゆるやかに変容させていくことも可能性としては十分考えられる。先述したように、カバットジンは、仏教という特定の宗教的文脈を離れ、伝統仏教における教義、経典への言及がなくても、ダルマは一般の人たちに伝えられるという立場をとる。たとえ初心者でも、マインドフルネスの実践により、「苦（苦痛）はわたしではない」という直接的な経験をもたらす。そしてその感覚と距離を置くだけでなく、参加者にとって、いかなる感情や思考、そして経験の判断とも一体化しないという選択を与えることになる。つまり、仏教の経典や理論にふれることなく、人びとは直接経験からダルマにふれる。「わたしは痛みではない」「わたしは不安ではない」「わたしはガンではない」という認識は、「わたしとは誰か」という問いに容易につながる。これは、韓国や日本の禅、あるいはラマナ・マハルシの教えに通じることになる（Kabat-Zinn 2011: 298）。

こうした個人の意識変容がきわめて多くの人たちの共有する体験となったとき、社会全体は何らかの変化を遂げることになるのだろうか。もし明らかな社会的変化があるのなら、マインドフルネスを現世順応的なものとしてのみ扱うことはできなくなるだろう。

5　薄れゆく宗教・スピリチュアリティ・科学の境界

本章では、現代スピリチュアリティ文化の主流文化化の特徴について、現代世界に急速に広がるマインドフルネス・ムーブメントの様相を手がかりに考察した。マインドフルネスというスピリチュアリティに密接にかかわる精神・身体技法が実践され、しかしそれが「宗教」や「スピリチュアリティ」と関連づけられることなく、科学的手法として理解され、実践されているところに今日的特徴があると言えるだろう。

こうした新たなムーブメントに対して異なる立場からいくつかの評価がなされていることも明らかにしてきた。特定の仏教的視点からすれば、伝統仏教のより広範な修行の文脈を離れてマインドフルネスを抽象化し、一部分のみ抜粋することは、仏教的実践の歪曲にほかならない。その場合、仏教がめざす高い倫理性は横に置かれる。そして、わたしたちの貪欲さや嫌悪や妄想の根を絶つという仏教の目的を見失ってしまうことにもなる。さらに、仏教がもつ革新性、社会批判の精神も失い、現代社会の抱える問題を結果的に維持・発展させてしまう現世順応型のセルフヘルプとみなすことができるのである。

こうしたきわめて否定的な立場がある一方で、別の仏教的視点からすれば、マインドフルネスはある種の「方便（人を真実の教えに導くための便宜上の手段）」として許容できるだろう。ボーディーに代表される仏教者は、現代のマインドフルネスが人間の抱える悩みや苦しみを軽減するのに役立っていること、また「ありのままの注意」というマインドフルネスの解釈は、瞑想の初心者には実践的に理解可能なものとして容認でき、賞賛される活動だとしている。ただし、伝統的に実践されてきた瞑想への敬意と感謝は忘れないでほしいという要望をつけ加えている。

さらにカバットジンに見られるような、仏教モダニストとして特徴づけられる仏教改革主義的な立場からは、現代のマインドフルネスはより高い評価をされる場合がある。この立場によれば、伝統仏教がこれまで保持していた不必要な歴史的、文化的覆いや因習を引きはがし、ダルマの本質的で、有益なもののみに焦点を当てる行為として理解できるからである。「ブッダは仏教徒ではない」というカバットジンのことばにもこうした理解の本質が表れている。この立場からすれば、現代では、仏教に由来する実践と西洋の認知科学が融合し、伝統的な仏教徒による実践のもつ不必要な要素を省き、真の前進がもたらされたと理解することも可能となる。

仏教的視点以外の見方もある。筆者のような宗教社会学者の立場から興味深いのは、以前は宗教の独占的領域だった精神・身体技法がその領域から解き放たれ、非宗教的領域において一般の人たちがスピリチュアリティかそうでないかの自覚すらないまま実践をしていることである。また、マインドフルネス・ムーブメントが伝統仏教の枠組みを超えるものとしてきわめて高い評価を付与しているのが、瞑想を実践する科学者であることである。このような動向は、宗教と世俗、主観と客観、科学とスピリチュアリティの境界が薄れゆく社会・文化状況を端的に示していると思われる。

さらに別の見方からすれば、マインドフルネスの広がりは、科学や教育のあり方そのものを根底から変容させる可能性をもっている。神経科学、心理学、認知科学、教育学におけるマインドフルネスの実践といった科学的研究が増加することによって、科学の世界が根底から揺らいでいる側面があるからである。なぜなら、マインドフルネスの実践が、科学は第三者の立場から客観的にアプローチすべきであり、研究対象に直接かかわる一人称の主体となるべきではないという「主観性のタブー」

(Wallace 2000)に異議申し立てをしていることになるからである。現在、さまざまな領域で「内省的探求」と名づけられる一人称の調査方法を受け入れるようになってきていることは科学的潮流、ひいては教育のあり方にも大きな影響を与える可能性があると言える。

西洋社会において、歴史上、長らく相互不可分だった宗教とスピリチュアリティが分離したのは一九六〇年代後半である。それから三〇年後には、スピリチュアリティが一見世俗化された社会の諸領域に浸透し、主流文化化する。二一世紀に入ってからは、科学者自らがいわばスピリチュアリティの体現者となって、社会の諸領域に宗教やスピリチュアリティに関連する思想、実践を普及させていく。「スピリチュアリティ革命」と呼ばれるような事態は今後ますます進展していくのか、それとも一時期の流行にすぎないのか。少なくとも、マインドフルネス・ムーブメントの過去五〇年以上の展開を見る限り、一時の流行を超えた大きなうねりが社会全体で起こっているように考えられる。宗教、スピリチュアリティ、科学という明確に区分された領域の境界が薄れてきていることは明らかであり、ここに現代スピリチュアリティ文化の明確な特徴の一つが表れていることはまちがいない。

第六章　グローバル文化としてのヨーガとその歴史的展開

1　持続的幸福とヨーガの結合

一九九〇年代後半以降、ヨーガは心とからだの健康を維持・発展させるツールとして世界各地のきわめて多くの人びとに実践されるようになってきている。いまやグローバルな規模で展開する身体文化となったヨーガだが、その象徴的なイベントの一つに国際ヨーガデーがある。そのきっかけとなったのは、二〇一四年九月二七日の国連総会におけるインドの首相ナレンドラ・モディによる演説であった。モディは、「ヨーガは、私たちの古代の伝統からの貴重な贈り物です。ヨーガは心とからだ、思考と行動、抑制と充足の統合を具体化し、また、人間と自然の調和、健康と持続的幸福へのホリスティックなアプローチを表現しているのです」としたうえで、国際ヨーガデーの採択を呼びかけた。これを受けて、同年一二月一一日の国連総会において、国際ヨーガデーが一七七カ国の全会一致で可決された。ヨーガデーと定めた六月二一日は北半球においてもっとも日が長くなる夏至にあたり、心とからだのバランスを重視するヨーガを奨励するのに適した日だとしている（UNIC 2014）。

初の国際ヨーガデーとなる二〇一五年六月二一日、世界一九二カ国の三〇〇〇カ所以上でイベントが開催された。世界中でヨーガと平和を結びつけた活動をするアート・オブ・リビング主催のイベントは、この日だけで、インドをはじめドイツ、フランス、マレーシア、中国、日本、ブラジル、メキシコ、アメリカなど世界一三二カ国でおこなわれ、五〇〇〇万人の人びとが参加したという（The Art of Living 2015）。

国際ヨーガデーの様子（ニューデリー、正面はモディ首相）（写真：アフロ）

ニューヨークの国連本部では、アート・オブ・リビングの代表、シュリシュリ・ラヴィ・シャンカールがセッションを主催し、潘基文（バンギムン）国連事務総長（二〇一五年当時）とその妻をはじめとする多くの国連職員が参加した。その様子は、ニューヨークのタイムズスクウェアに同時中継された。潘基文のこの一大イベントに対するメッセージはつぎのとおりである。

ヨーガは、人びとの身体的・精神的な健康と幸福を促すための、シンプルで容易に実践できる包摂的な手段です。ヨーガは、周りの人びとや私たちが共有する地球を大切にする心を育みます。また、ヨーガは人を差別しません。相対的な体力や年齢や能力にかかわらず、すべての人がそれぞれ自分に合ったレベルで実践することができます。

私自身、最初のアーサナ（Asana）として初心者向けの木のポーズを試してみて、そのことに気づきました。バランスを取るのに少し時間がかかりましたが、ひとたびバランスが取れると、ヨーガから得られる素朴な充足感を感じました。このはじめてのヨーガの国際デーに、個人の幸せにおいてだけでなく、公衆衛生の改善、平和的関係の促進、そしてすべての人の尊厳ある生活の実現に向けた集団的努力において、ヨーガがもたらす恩恵を享受しようではありませんか。

（国際連合広報センター 二〇一五）

潘基文のメッセージが示すのは、ヨーガが個人の健康と幸福を推進するツールとして考えられていること、またヨーガが個人のレベルを超えて、ヨーガが公衆衛生の改善や世界平和の促進にも寄与すると理解されていることである。

その後二〇一六年には、ヨーガはユネスコが推進する無形文化遺産にインド申請枠で登録された。インドの身体文化の世界的盛況は、年間約四五〇万人の外国人観光客が訪れるインド国内の観光産業にも波及しており、インド政府は観光資源の最大の目玉と位置づけて旅行者の誘致をしている。インド政府観光局のキャンペーン・ポスターには、ヨーガのアーサナ（身体的ポーズ）をした女性の写真が使われることが多くなっている。グローバルなスピリチュアリティ市場において、ヨーガはインドのみならず、世界各国でめざましい発展をしていることは明らかであろう（Jain 2014）。

それでは、ヨーガのそもそもの目的は何であるのか。ヨーガが心身両面での健康を促進し、幸福や平和に関連すると理解されるようになるまでにどのような歴史的変遷があったのだろうか。本章では、近現代のヨーガの歴史を概観し、日本における時代ごとの特徴についても考察することにしたい。また現代ヨーガとスピリチュアリティ文化との関連についても論じていく。

2　近代ヨーガから現代体操ヨーガの発展へ

近代以前のヨーガ

ヨーガの起源は、紀元前二六〇〇年頃のインダス文明の時代にさかのぼるとする説がある。遺跡からヨーガのポーズをとっているとも解釈できる多数の（一辺二～五センチほどの石に刻まれている）印章が見つかっているからである。また、紀元前五〇〇年頃のゴータマ・ブッダにヨーガの源流を求める人たちもいる。瞑想するブッダに真のヨーガ行者の姿を見出すからだろう。少なくとも、紀元後四－五世紀頃には古典ヨーガが成立したと考えるのが一般的である。この頃、パタンジャリによって一九五の章句から成る『ヨーガ・スートラ』経典が編纂されたためである。この経典では、「心のはたらきを止滅させること」をヨーガの最終目的とし、人間が煩悩から開放されて真の幸福へと至る道が示された。『ヨーガ・スートラ』には、インド六派哲学の一つであるサーンキャ哲学の影響があるほか、仏教やジャイナ教の思想も含まれている。いずれの時期に起源を定めるにしても、インドの長い歴史において、ヨーガは瞑想のポーズをともなう心的技法と理解されていたことはまちがいないだろう。

『ヨーガ・スートラ』成立以後、ヨーガ行法はさまざまな流派に分かれ、独自の体系をもつようになる。古典ヨーガの成立から一〇〇〇年近く後になって、修行者の身体実践を重視するハタ・ヨーガが発達した。一六世紀頃にまとめられた『ハタ・ヨーガ・プラディーピカー』のなかには、からだの浄化法や摂取すべき（また忌避すべき）食事、そしてヨーガのアーサナが記述されている。しかしながら、ヨーガのアーサナの種類はごくわずかにすぎない。ハタ・ヨーガの目的は、心身の健康のためではなく、『ヨーガ・スートラ』が示す心的鍛錬に適した状態にする準備段階として位置づけられていたのである（立川 一九八八、山下 二〇〇九）。

インドの歴史上、さまざまなヨーガの伝統が形成された。しかし、多くの研究者たちによれば、そのいずれの伝統も二〇世紀以降に発達したヨーガとは明確な結びつきはほとんどないという（Alter 2004; De Michelis 2004）。インドの伝統的ヨーガと今日発達した身体的鍛錬に特化したヨーガとはまったく異なるため、これらの「ヨーガ」は同音異義語であるとする研究者まで存在する（Singleton 2010=2014: 15）。

一九世紀末から二〇世紀前半のヨーガ

宗教社会学者のエリザベス・デ・ミシェリスは、おもにインドの宗教に関心のある西洋人と西洋の影響を受けたインド人との相互交流により過去一五〇年間に形成されたヨーガの潮流を「現代ヨーガ」（modern yoga）と呼ぶ（De Michelis 2004: 2）。デ・ミシェリスは、現代ヨーガが確立し、グローバル化していくために最初に大きな影響力をもった人物として、スワミ・ヴィヴェーカーナンダ（一八六三－一九〇二）を挙げている。ヴィヴェーカーナンダは、英語が堪能で、西洋的な教養を身につけていた。一八九三年、彼は三〇歳のときに、シカゴ万国博覧会にともない二週間近くにわたって開催された世界宗教会議に参加する。彼がそこでおこなった、すべての宗教伝統を肯定し、それぞれが真理への異なったアプローチであることを説く講演により一躍時の人となった。ヴィヴェーカーナンダが一八九六年に刊行した『ラージャ・ヨーガ』はとりわけ重要な意味をもつ。彼はこの本のなかで、ハタ・ヨーガの主たる目的とその効果は健康と長寿にあり、それとは根本的に異なる『ヨーガ・スートラ』に基づくラージャ・ヨーガこそが本来のスピリチュアリティの達成につながるものであるとしている。「心の科学」としてのヨーガを説いたヴィヴェーカーナンダの存在は、欧米の知識人の間で最初のヨーガ・ブームが起きたきっかけとなる。

デ・ミシェリスによれば、ヴィヴェーカーナンダにはじまった現代ヨーガは、まずは「現代精神ヨーガ（modern psychosomatic yoga）」として発展する。現代精神ヨーガとは、身体・心・精神の総合的な訓練にかかわるヨーガの形態である。彼女は、このタイプのヨーガは実践に力点を置き、教義をあまり重視しないことが特徴だとしている。また、その実践形態は、プライベートな環境での個々人の取り組みを重視する。具体例として、シュリ・ヨーゲンドラにより一九一八年にサンタクルズに創設されたヨーガ・インスティチュート、また一九二四年にロナウラにおいてスワミ・クヴァラヤーナンダにより創設されたカイヴァリヤダーマ・ヨーガ研究所が挙げられる（De Michelis 2004: 187-88）。一九二〇－三〇年代は、今日に続く実践を重視するヨーガが創造された時代であると言える。

デ・ミシェリスは、現代精神ヨーガから、二つのタイプのヨーガに枝分かれすると捉える。現代瞑想ヨーガ（modern meditational yoga）と現代体操ヨーガ（modern postural yoga）である。現代瞑想ヨーガは、現代ヨーガのなかにある精神的実践の側面に力点を置く。比較的純粋な形でこのタイプに属するものとして、マハリシ・マヘーシュ・ヨーギーが一九五八年に創設した超越瞑想の初期形態、あるいはシュリ・チンモイが一九六六年に設立した瞑想ヨーガが挙げられる。

他方、今日、グローバル文化として世界各国に普及しているフィットネスの要素が強いヨーガに対してより大きな影響をもつのは明らかに現代体操ヨーガである。その源流は、インドではなく、実は西洋の身体文化にある（Singleton 2010; 河原 二〇一七）。一九世紀後半から二〇世紀前半に、西洋で身体鍛錬運動が発達し、二〇世紀初めまでに植民地下のインドにスウェーデン体操などの西洋式体操が導入された。その当時に台頭したヒンドゥー・ナショナリズムの強い影響を受け、身体鍛錬運動に由来するさまざまなアーサナがインド独自の「創られた伝統」として、「ハタ・ヨーガ」の名によって体系化されていく。この流派はフィットネスの要素がより強く、こうした動向はクリシュナマチャリヤ（一八八八－一九八九）にはじまり、彼の弟子たちに受け継がれていく。

クリシュナマチャリアの生徒たちのなかには、それ以後のヨーガの教師たちに大きな影響を与えた人たちが含まれていた。ロシア人のユージン・ピーターソンはインドラ・デヴィとして知られ、一九五〇年代のハリウッドで俳優たちや著名人にヨーガを教えた。パタビ・ジョイスは、アシュタンガ・ヴィンヤサ・ヨーガを一九四八年に設立し、この流派は欧米や日本できわめて多くの実践者をもつものとして発展している。B・K・S・アイアンガーはアイアンガー・ヨーガの創設者であり、彼の著作『ハタ・ヨーガの真髄』（一九六六）は世界的なベストセラーとなった。アイアンガーは、一九八〇年代までの欧米において、おそらくもっとも著名で影響力のあるヨーガの指導者だったと考えられる。

デ・ミシェリスが概念化した現代瞑想ヨーガと現代体操ヨーガは、あくまで理念であり、実践者にとって、あるいは多くの現存する流派においては、これらの特徴が混在していると考えた方がよいだろう。また、時代によっても、いずれのヨーガの要素が支配的なのかは異なる。その後の歴史的展開を一般化すれば、一九六〇－七〇年代は瞑想ヨーガ、一九八〇－九〇年代は体操ヨーガ、そして二一世紀以降は瞑想とフィットネス体操の要素を組み合わせたヨーガが西洋文明のなかで開花することになる。

ビートルズ・メンバーらとマハリシ（右）（写真：アフロ）

一九六〇－八〇年代におけるヨーガの発展

一九六〇年代から八〇年代にかけて世界的なヨーガ・ブームというべき時代が到来した。当時アメリカには約六〇〇万人のヨーガ人口があり、イギリス内でのヨーガ教室は全国に広がり、ドイツ、スイス、フランスでもヨーガが盛んにおこなわれていたという（佐保田 一九七三：六三）。このヨーガ・ブームに多大な影響を与えたのはビートルズであった。一九六八年、ビートルズのメンバーらはインドに渡り、リシケーシュにあったマハリシ・マヘーシュ・ヨーギーのアシュラム（道場）に滞在した。ジョージ・ハリスンらがヒンドゥー教の聖地を訪れてヨーガと瞑想をし、シタールなどインドの伝統音楽に親しむ姿が世界に伝わった。当時人気絶頂だったビートルズによるインド訪問は、西洋人のヨーガへの関心

ウッドストック・フェスティバルでオープニングを飾るサッチダーナンダ

を表す象徴的な出来事となり、ヨーガは欧米で愛と平和を掲げ自由を謳歌しようとするヒッピー文化とも結びつき、さらに広がっていく。

反戦平和や既存の価値観に異議申し立てをする対抗文化を支持する若者たちの一部は、東洋思想だけでなく、呼吸法や瞑想などの身体実践を通じて意識変容に強い関心を示していく。こうした潮流のなかで、たとえばカリフォルニアにあるエサレン研究所では、エンカウンターグループやボディワークといった心理セラピーや身体技法とともに、瞑想やヨーガも自己変容のための技法として教えられるようになっていく。またヨーガの思想、アーサナ、呼吸法、マントラ、瞑想などを体系的に学ぶ「インテグラル・ヨーガ」を掲げたスワミ・サッチダーナンダの教えが欧米の若者を中心に広がる。彼は、一九六九年にニューヨーク郊外で開催され、三日間で四〇万人以上が参加したウッドストック・フェスティバルのオープニングにおいて、物質的にも精神的にも重要な役割を担うアメリカへのメッセージを集まった聴衆に伝えている。

一九七〇年代になると、ヨーガの精神性ではなく、フィットネスの要素を強調する流派が興隆していく。たとえば、インド人のビクラム・チョードリーは、アメリカのビバリーヒルズにビクラム・ヨーガ（高温多湿な部屋でおこなうホットヨーガ）のスタジオを開設している。一九八〇年代には、欧米で空前のフィットネス・ブームが起こった。その流れを受けて、一九八三年になると、ベリル・バーチとブライアン・ケストが、インドのアシュタンガ・ヴィンヤサ・ヨーガに筋トレの要素を加え、フィットネス仕様にアレンジしたパワーヨーガを開発した。フィットネス文化と結びついたヨーガの誕生である。このように一九六〇‐八〇年代は、欧米においてヨーガ・ブームと呼べる流行を見せ、現代ヨーガのおもな舞台はインドからアメリカに移ることになる。

サッチダーナンダと西洋人の弟子たち
©Satchidananda Ashram–Yogaville/Integral Yoga Archives.

グローバル化する現代ヨーガ

一九九〇年代以降、欧米諸国、とりわけアメリカにおいて新しいタイプのヨーガが一大ブームとなっていく。従来のヨーガが、柔軟性を必要とする特定のポーズを一つずつ、静かに座って実践していたのに対し、九〇年代以降に発達したものは「パワーヨーガ」と呼ばれる、フィットネスの要素を融合し、各種のポーズを一連の動きのなかで動的におこないつつ、呼吸を見つめていくものであった。

八〇年代にフィットネス感覚ではじまったパワーヨーガであるが、九〇年代になると、その実践者は、一連の身体技法を通じて、自己の内面や自然とのつながりに気づくというスピリチュアルな体験を報告するようになる。七〇年代までの静的な瞑想を主体とするヨーガにおけるスピリチュアリティとスポーツ感覚でおこなった八〇年代のフィットネス・ヨーガとが融合される形となったのである。

その火つけ役となったのがハリウッド・スターたちであることから、パワーヨーガは「ハリウッド・ヨーガ」とも呼ばれている。人気歌手であり女優でもあるマドンナは、一九九七年の出産後にヨーガと出会い、毎朝熱心に練習に取り組んだという。彼女の楽曲にはパワーヨーガの源流となったアシュタンガ・ヨーガについての歌詞があるほか、映画『二番目に幸せなこと』（二〇〇一年公開）では、ヨーガ・インストラクター役を演じている。イギリスの人気歌手スティングもヨーガに熱中していることを自らのホームページや雑誌インタビューで述べており、スーパーモデルであるクリスティー・ターリントンは、ヨーガとの出会いやそれを通じての自己変容について、一冊の本にまとめている（Turlington 2002）。彼／彼女らの身体的ポーズを瞑想的におこない、呼吸を通じて心とからだのつながりに気づかせるヨーガへの取り組みは、ヨーガ用マットを肩からさげてヨーガ専用スタジオへと向かうファッショナブルな姿と相まって、一大ブームとなっていく。

ヨーガはまた、精神・身体の健康に有効な科学的方法としての地位を確立していく。たとえば、サッチダーナンダの弟子で、カリフォルニア大学サンフランシスコ校医学部のディーン・オーニッシュは、心臓病が食事や瞑想、ヨーガなどによって回復しうるという研究結果を発表した。彼の研究は、病院関係者の注目を集め、オーニッシュによるヨーガ・プログラムを取り入れた病院もあったという（Yoga

Journal 2017)。一九九〇年代頃までは、正統派医療を補足する「代替」としての役割であったヨーガだが、オーニッシュによるプログラムが普及しはじめた二一世紀になると次第に代替ではなく、正統な医療の一環として提供されることになる。この流れから、ヨーガの認知度はさらに高まり、その実践の主流文化化はますます促進していくことになった。

さらに、ヨーガがグローバル文化として主流文化に入り込む過程において、ヨーガ指導者に関する世界標準での制度化が確立する。その背景には、ヨーガへの急激な注目の高まりで指導者の需要が急増したことがある。これに対してヨーガ界においては、指導者の質の低下を防ぎつつ、限られた時間で習得できるプログラムの開発が急務となった。世界最大の非営利のヨーガ・コミュニティである全米ヨーガ・アライアンス協会は、一九九九年、インドのアシュラムでおこなわれていた一カ月の研修プログラムの時間に基づき、生徒を安全に指導するための最低トレーニング時間（ヨーガ哲学、解剖学、アーサナ、呼吸法を含む）を二〇〇時間とすることを定めた。当協会が認定する形で実施されるインストラクター養成講座は世界各地で開催されている。二〇二一年現在、世界

ターリントンの著書 “*Living Yoga*”

ターリントンが表紙を飾る『TIME』誌のヨーガ特集号（2001.4.23）

七〇カ国以上において、約一〇万人のヨーガ・インストラクターと六〇〇〇以上のヨーガ・スクールが全米ヨーガ・アライアンス協会に登録されている。

グローバルに展開する現代ヨーガの流行は、ヨーガの発祥地であるインドにも影響を与えている（Newcombe 2017）。インドにおいて、ヨーガは伝統的に修行者や上位カーストなどにほぼ限定された宗教的行為として実践され、一般の人々には近寄りがたいイメージがあった。ところが、一九九〇年代後半以降になると、アメリカから逆輸入される形でヨーガが再評価されている。担い手の中心は、肥満問題が深刻化する新興富裕層や中産階級である。アメリカ式ヨーガの流行は都市部を中心とするもので、中間層が居住する住宅街では「NY直輸入」などと謳ったヨーガ教室の看板が多数見られ、欧米型のフィットネスジムにおいても「NYスタイル」「ハリウッドスタイル」と称するヨーガクラスが人気を集めている。街角の書店では、ヨーガのDVDやアメリカで刊行されているヨーガ専門誌が並んでいる（竹村 二〇〇八：三二）。

一方、グローバルなヨーガ・ブームによって、インドは「ヨーガ・ツーリズム」の舞台ともなっている。一九八〇年代に、インドのアシュラムを訪れるツーリストは欧米や日本にも存在していたが、近年ではそうした旧来のアシュラムだけでなく、「ヨーガ発祥の地」を新しいタイプのリゾート観光地として訪れる外国人も増えている。インド側にもこうした客層を対象にしたヨーガクラスが増えはじめ、ヨーガ関連商品を売る土産物店も登場している（竹村 二〇〇八：三九）。

3　日本におけるヨーガの展開

ヨーガの黎明期から一九六〇年代の第一次ヨーガ・ブームへ

近現代の日本において、本格的なヨーガの伝播は、一九一九年に中村天風が天風会を設立したことにはじまる。天風は、ヨーガの呼吸法を取り入れ、人間が本来生まれながらにもっている「いのちの力」を発揮する具体的な理論と実践を「心身統一法」として各界で説法をしている（おおい 二〇一五）。その後、一九四〇‐五〇年代には、神智学者の三浦関造が竜王会を主宰し、「綜合ヨーガ」の研修会でアーサナや呼吸法を指導した。この二人は、日本のヨーガの草分け的存在であるとされている（『ヨガのすべてがわかる本』二〇〇六：一四）。

一般の人びとにヨーガが広がる大きなきっかけとなったのは、一九五〇年代後半より活動をはじめた二人の人物による。一人は、沖ヨガの創始者、沖正弘である。沖は一九五八年に日本ヨガ協会を設立し、ヨーガを体系的に指導した先駆者である。多くの後進を育てたことから「日本ヨーガの父」とも呼ばれている。彼は、アーサナだけではなく、東洋医学や武道、禅も取り入れ、心身のバランスを回復し、自己の能力開発をめざした（沖 一九七九）。沖ヨガは、日本だけでなく世界二〇カ国以上に普及活動を展開していく。

もう一人は、大学でインド哲学を長らく教え、六〇歳を過ぎてから本格的なヨーガの実践をはじめた佐保田鶴治である。彼は、一九六六年に『ヨーガ・スートラ』の解説書を刊行したほか、多くのヨーガ文献を翻訳し、また一般の人たちに向けてヨーガの教えを講義している（佐保田 一九六六）。それと同時に、多くの人に受け入れられる形で健康のためのヨーガ体操を考案し、ヨーガの普及につとめた（佐保田 一九七二、一九七五）。佐保田は、「ヨーガは宗教である」ことを強調する。彼が主催する日本ヨーガ禅道友会の機関紙『道友』では、毎号の裏表紙に「ヨーガ禅の原点」としてつぎのことばが記されている。

宗教というのは、各人のなかに人生を生きぬくに充分な強く固い信念を生みつけてくれる教えである。無宗教の人というのは、確固たる信念を以て生きていくことのできない人間のことである。ヨーガ禅は完全なる宗教である。
宗教は、単にことばだけの教えや、知性だけの操作ではない。肉体と精神の両面にわたっての指導でなければならない。宗教は「みち（道）」なのである。
真の宗教は宇宙の道である。民族や時代や特殊な思想、観念に条件づけられてはならない。真の宗教はあらゆる歴史的宗教を受け入れ、ほかの宗教が邪悪でない限り、それらに対して不寛容ではないはずである。かかる宗教として、ヨーガ禅の道を世に提唱する。

このように、佐保田はヴィヴェーカーナンダと同様、ヨーガを普遍宗教として捉えるのである。以上まとめたように、ヨーガが初めて日本社会において広がりを見せたのは一九六〇年代以降である。しかし、ヨーガといっても、現在のような身体技法に特化したものではなく、哲学や宗教を土台としたうえで「精神修養」や「修行」として理解できるものであった。日本における初めてのヨーガ・ブームは、きわめて宗教色の強いものであったと言えるだろう（入江二〇一五）。

一九七〇年代半ばから九〇年代中頃までの第二次ヨーガ・ブーム

一九七〇年代半ばから約二〇年間続く第二次ヨーガ・ブームは、一方で精神性や潜在能力の開発に重点を置くヨーガが発展した。他方、精神修養と関係なく美容と健康に特化したヨーガが一般大衆の間に普及していった。言い換えれば、当時のヨーガは、インド直輸入や仏教の修行に関連する本格的なものと、中高年を対象にした美容健康法とに二極化していったのである。

一九七〇年代後半には、アメリカに端を発したニューエイジが紹介され、日本においては「精神世界」として受け入れられるようになる。これは、人間の心とからだのつながり、自然との調和を重視する世界観を核とする。この潮流のなかには、人間の潜在的可能性を探る実践としてのヨーガや密教などが含まれていた。「精神世界」の影響を受けたヨーガは、青年層を中心に広まり、自己鍛錬により精神の向上をめざすものとなる。

こうした社会的文脈において、第二次ヨーガ・ブームを牽引する数多くの指導者たちが登場する。たとえば、阿含宗（あごんしゅう）の教祖、桐山靖雄は、一九七二年に刊行した『密教・超能力の秘密』において、三浦関造や佐保田鶴治などの著作を参照しながら、クンダリニー・ヨーガこそが人間の超能力を目覚めさせるもっとも優れた方法であると主張した。本山博もまた、クンダリニー・ヨーガの技法を紹介し、道場を開いて指導をおこなった。本山は一九七八年に『密教ヨーガ』を刊行し、ヨーガの修行の方法を詳細に紹介する。彼は、クンダリニーと七つのチャクラを覚醒させることで「宇宙との一体化」が実現できると説いている。桐山と本山は、クンダリニー・ヨーガが日本に広く浸透するうえで大きな役割を果たしたと言えるだろう。

さらに、この時期に大きな影響を与えた人物の一人に藤本憲幸がいる。藤本はもともと病弱であったが、一〇代後半におこなった断食をきっかけに、病気の大半が消えた経験をしている。さらにヨーガの実践によって、並外れた健康と記憶力を手に入れたという。こうした彼の能力や経験は、数々のテレビ番組で取り上げられ、大きな反響を呼んだ。藤本の功績により、ヨーガは潜在能力を呼び起こす方法として注目を集めることにもなったのである。

密教的修行や潜在能力の開発とは別に、一九七〇年代半ば以降、カルチャーセンターが人気を得るようになる。そのプログラムの一環として日本全国にヨーガ教室も開かれるようになった。この当時のヨーガは、簡単なポーズが主であり、実践者は三〇代から五〇代の女性が中心であった。多くのヨーガ指導者は、著書の出版やメディア出演をするようになり、美容と健康を求める多くの人たちにアピールするエクササイズという形でヨーガは全世代に浸透するようになっていく（『ヨガのすべてがわかる本』二〇〇六：六）。

以上でまとめたように、一九七〇年代半ば以降に起こったヨーガ・ブームでは、それまでの伝統的なインド式ヨーガの応用とともに、精神的、内面的要素を排除した、別の形でのヨーガが実践されはじめたのである。入江恵子によれば、「身体を動かすことに金銭を支払い、その対価として痩身をはじめとした希望する『健康な身体』を手に入れるというフィットネス文化は、後の大規模なヨガブームのための重要な素地を作った」のである。また、「精神世界」という消費文化はスピリチュアルブームとして、二〇〇〇年代以降の新しいヨーガ・ブームを促進させることになる（入江 二〇一五：一五二）。

ヨーガが一般の人びとに急速に普及していた一九九五年、オウム真理教による地下鉄サリン事件をはじめとする一連の事件が発生した。オウム真理教は、もともと「オウム神仙の会」と名乗るヨーガ道場を前身としていた。また、その思想がインドやチベットの宗教伝統の一部を基礎にし、この団体の活動においてはヒンドゥー語やサンスクリット語に起源をもつ用語が多用されていた。結果として、聖なる音「オーム」や瞑想、また「ヨーガ」ということば自体にも、この教団のイメージがつきまとうことになる。

オウム事件が日本のヨーガ界に与えた影響はきわめて大きかった。ヨーガ教室の多くは廃校となり、個人経営のヨーガ道場では、看板から「ヨーガ」の文字を外す所さえあった。現在ヨーガを指導する人びとのなかには、当時、入会者ゼロの年が続き、嫌がらせの電話を受けたなど苦しい経験をもつ人も多い（『ヨガのすべてがわかる本』二〇〇六：一七）。入江は、オウム事件のヨーガ界への影響をつぎのようにまとめている。

> オウム真理教事件によるヨガ業界へのダメージは相当なもので、これを再び回復させ、現在の流行にまでもっていくためには以下の二つの過程によりスティグマ（烙印）を払しょくする必要があった。ひとつは宗教的なヨガからの切り離しであり、もうひとつは新しい「よい」イメージの

創造である。この意味づけの転換に使われたのが、ヨガコミュニティの女性化とスピリチュアル文化である。（2015: 152-153）

入江が指摘するヨーガの女性化、および「宗教」とは異なるものとしてのヨーガのスピリチュアル化は、現代ヨーガの特徴と言えるだろう。こうした特徴がどのように形成されたのかを見ていくことにしよう。

二〇〇〇年代以降の第三次ヨーガ・ブーム

日本のヨーガは、二〇〇〇年代以降、第三次の発展期を迎えている。これは本書第二章で概観したスピリチュアリティ文化の歴史的展開に対応するものである。

第三次ヨーガ・ブームは、一九九〇年代後半以降のアメリカでの流行に影響を受け、それが二〇〇〇年代に入ってからおもに二〇代半ばから四〇代の女性を魅了して日本で広がったものである。日本において現在のヨーガ・ブームがはじまるのは、オウム事件から一〇年弱を経て、その記憶が薄れはじめた二〇〇二年頃からである。二〇〇四年には、その後の発展をもたらすきっかけとなるいくつかの出来事があった。一つは「ＹＯＧＡフェスタ東京」の開催である。「ＹＯＧＡフェスタ東京」は人気ヨーガ・インストラクターであるケン・ハラクマと綿本彰が連携し、アメリカで実施されているようなヨーガの大規模イベントを日本ですることを発案したことがきっかけとなり実現した。企画は順調に進み、第一回のＹＯＧＡフェスタは赤坂プリンスホテルで開催され、三日間のイベントにはのべ四〇〇〇人が参加した。その後もYOGAフェスタは毎年開催されており、二〇-四〇代の女性たちを中心とした賑わいをみせている。年々、イベントへの参加人数は増加し、パシフィコ横浜で開催された二〇一九年の来場者数は五万人となっている（二〇二〇年は新型コロナウイルス感染拡大のためオンライン開催）。

二〇〇四年の出来事でもう一つ重要なのが、ヨーガ専門誌『Yogini』の創刊である。この雑誌は、もともと雑誌『アロマじかん』の別冊としてムック形式で発売された『ヨガでシンプル・ビューティー・ライフ』が、独立雑誌として創刊されたものである。それ以外でも、同年五月にスタジオ・ヨギーが一号店を開き、九月にはヨーガ・インストラクター養成講座を開設するなど、日本のヨーガ・マーケット拡大を推し進めはじめた。また、同年八月には、日本のフィットネス事業の大手であるLAVAがホットヨーガスタジオを開くなど、一年で多くのヨーガスタジオが日本各地にオープンした。二〇〇四年は日本における「現代ヨーガ元年」と言える年となったのである。

二〇〇〇年代後半の日本では、ヨーガの発展とともに、自然環境へ配慮した心身ともに健康な生活様式を掲げるロハス（LOHAS）や江原啓之が広めたスピリチュアルブームが広がっていた時期でもある。ヨーガにフィットネスとしての要素だけでなく、心身の健康やスピリチュアルな何かを求める多くの人びとがいたことが、第三次ヨーガ・ブームを一気に拡大させる要因となっていたと考えられる。

ヨーガ団体の最大手の一つ、代々木アンダーザライトヨガのレポート（二〇二〇）によれば、過去一五年のヨーガ界で増えたものとして、ホットヨーガスタジオ、フィットネスクラブでのヨーガ、ヨーガ専門アパレル、ヨーガ・アライアンス認定校などが挙げられている。また、新たな概念として、SDGs、マインドフルネスが指摘されている。ロハスという用語は二〇一〇年代後半になるとあまり使用されなくなったが、その上位互換とも言える（貧困や飢餓の撲滅、すべての人びとの健康や福祉の推進、質の高い教育、クリーンなエネルギーなどの目標を掲げる）SDGsがキーワードとして普及してきている。SDGsはロハスとともに、現代ヨーガときわめて親和性が高いと言えるだろう。

二〇一〇年代になると、ホットヨーガが本格的なブームとなり、専門スタジオが全国各地にできた。ヨーガがダイエットや健康志向な女性に支持されるようになってきたからである。この流れに応じて、大手フィットネスクラブがホットヨーガのプログラムを相次いで導入している。現在ではホットヨーガクラスは、フィットネスクラブでもっとも人気あるプログラムの一つとなっており、日本は世界有数のホットヨーガ大国となっている。ホットヨーガ自体はスピリチュアリティを重視することはあまりなく、フィットネスとしての要素がほとんどである。しかし、ヨーガの世界への窓口を大きく広げる役割を果たしている。またホットヨーガのインストラクターになるためには、指導者養成講座の受講が必要となり、そのなかでヨーガ哲学が必修となっている場合が多い。結果的に、ホットヨーガの普及は、ヨーガの精神的側面を学ぶ人たちの増加にもつながると考えられる。

二〇〇〇年代以降に発展した第三次ヨーガ・ブームでは、オウム事件によってできたヨーガ界の空白を埋めるイメージの刷新がおこなわれた。一つは女性的イメージの確立であり、もう一つは宗教性を排除したスピリチュアリティ文化の導入である。研究者視点からすれば、宗教とスピリチュアリティを完全に切り離すことはできず、実際の内容としては共通点も多い。しかし、「宗教」ではないものとして「スピリチュアリティ」を強調することによって、顧客であるヨーガスタジオの参加者が思いのままに「癒し」や「リラックス」などのためにクラスを選び、チケットを購入し自由に受講するようになる。こうした消費文化としてのスピリチュアル・マーケットが構築されたことは、この時期の新たな動向として理解できる（有元二〇一一、入江二〇一五、山中編二〇二〇）。

4　現代スピリチュアリティ文化と現代ヨーガの相互連関

本章では、グローバル文化としてのヨーガの特徴とその背景となる歴史的変遷を考察してきた。本章を締めくくるにあたり、ヨーガのブログや筆者のフィールドワークを通じて明らかとなった、スピリチュアリティ文化一般にも関連する第三次ヨーガ・ブームにおける実践者の特徴をまとめることにしたい。

現代ヨーガの実践者に見られる第一の特徴は、彼／彼女らのスピリチュアリティ文化への関心は、ヨーガを通じて生じたものであって、当初からスピリチュアルな何かの探求の一環としてヨーガを実践しはじめたわけではない点にある。ヨーガをはじめるきっかけは、ダイエット、美容、健康、ストレスの解消を期待する場合がほとんどである。ところが、ヨーガのクラスにおいて、特定の思想や哲学が明示的に教えられているわけではないにもかかわらず、きわめて多くの実践者はヨーガによる心とからだのつながりに気づき、世界観やライフスタイルを変化させていく。現代的ヨーガの人気は、宗教性、精神性を排したフィットネス感覚にその理由があると指摘されることがある。実際、ポスト・

オウム時代の日本のヨーガ・ブームを作った人びとは、ヨーガからオウム真理教のイメージを取り払い、アメリカ発の新しいエクササイズとして表象することに、多大な神経を使った。また、二〇〇六年の『ヨガのすべてがわかる本』では、「日本のヨーガはもはや宗教ではない」と繰り返し主張されている。しかし、かなりのヨーガ実践者においては、動機でなく、実践の結果としてのスピリチュアリティの獲得が明白となったのである（身体実践がスピリチュアルな体験につながるメカニズムに関しては、本書第七章参照）。こうした変化が可能となるのは、スピリチュアリティ文化が全体社会の主流文化に十分浸透し、人びとがあまり違和感をもつことなくヨーガに接する土壌ができているからであろう。

実践者のスピリチュアリティの第二の特徴は、ヨーガにより獲得される経験は、「宗教的なもの」としては理解しづらい性質をもつ点にある。そのおもな理由として、創始者やインストラクターへの崇敬の欠如が挙げられる。たとえば、筆者がフィールドワークをおこなったアシュタンガ・ヨーガのクラスにおいては、実践者の身体的、精神的、スピリチュアルな目覚めを促進するヨーガ技法を開発した創始者であるパタビ・ジョイス師、あるいはレッスンの直接の指導者は、特別な崇拝対象とはなっていない。もちろん、参加者たちは、自らのアーサナの習得や呼吸の深まりを前進させてくれるインストラクターへの敬意はあるだろう。しかし、より重要な敬意の対象は、さまざまな気づきを与えてくれる自分自身である。実際、日本で最初にアシュタンガ・ヨーガのスタジオを開設したケン・ハラクマも、「アシュタンガ・ヨーガの世界では、すべての人や物や現象があなたを成長させてくれるグル（先生）だと考えます。でも、ヨーガを続けていくと、最大のグルは自分自身だと気づき、自分の直感を大切にするようになります」と筆者も参加したヨーガのクラスにおいて説明していた。こうした理解は、ヨーガの実践者たちの大半に共通する認識となっているようである。

現代ヨーガに見られるスピリチュアリティの第三の特徴は、実践者たちによる対面状況での共同体が構成されていない点にある。これは現代ヨーガを「宗教」として理解しづらい二つ目の要因でもある。スタジオでの練習はほかの参加者と時間・空間を共有しているが、レッスン中は自らのポーズと呼吸に集中するため、参加者同士の会話はまったくなく、練習時間以外での日常的な交流もほとんどないのが一般的である。こうした傾向は、ヨーガにおいては、各自が自分のペースや力量に応じて、他者と比較することなく、アーサナを一つずつマスターし、深い呼吸をしつつ意識レベルを高めていくことに力点が置かれていることとも関連している。また、特定のヨーガ団体やスタジオに排他的に所属することなく、個人的な選択に基づいて複数のスタジオやプログラム、ワークショップに参加する傾向も、共同体の希薄さを助長している。このように、現代ヨーガの実践は、きわめて個人主義的なスピリチュアリティの探求にある。

以上でまとめた自己の直感を最重要視すること、また緊密な共同体ではなく、ゆるやかなネットワークのもとでヨーガを実践する態度は、グローバルに展開するスピリチュアリティ文化一般の傾向として理解できる。そして、特別な動機をもたずにヨーガという身体技法にふれ、スピリチュアルな体験をするという状況は、スピリチュアリティ文化が現代社会の主流文化に浸透してきたことを示している。

これまでにもアジア発の文化がアメリカを経由して、新たな装いで日本をはじめ多くの国に流入したケースは少なくない。たとえば、桜沢如一によりはじめられた正食法（陰陽の宇宙原理に基づく玄米を中心とする食事法）、あるいは日本の鎌倉時代から伝えられた禅仏教が、アメリカを経由して「マクロビオティック」や「ＺＥＮ」として逆輸入されたとき、地域特有の土着性は削ぎ落とされて洗練されたイメージとなり、現代人にも理解可能な様相を呈することになる。インドで成立したヨーガの場合にも、アメリカでの脱土着化を経て、流行に敏感な二〇代から四〇代の女性を中心として魅力的で入手可能な文化資源に加工されたのである。

現代スピリチュアリティ文化は、一九九〇年代後半以降の欧米諸国において、教養や組織に拘束されるイメージのある「宗教」には違和感をもちつつも、スピリチュアルな体験には関心をもつ人びと、あるいは教育や医療、社会福祉の現場においてスピリチュアルな何かを伝えようとする専門家などが増加することによって広がってきている。日本においても欧米と同様に、宗教は好まないが、人間の心や魂にかかわるものを大切にしたいと考えている人たちは少なくない。

現代スピリチュアリティ文化の根底にあるのは、「いま、ここ」「気づき／直感」「ありのままの自分」を重視する現在志向で表現主義的、自己肯定的な世界観である。また、近代合理主義的な思考様式である、「精神と肉体」「自己と他者」「人間と自然」といった二元論的世界観に対して、スピリチュアリティ文化はホリスティックな世界観を掲げる。そこでは、心とからだのつながりをはじめ、自己と他者、さらには宇宙的文脈におけるすべての存在の相互連関という認識が重視される。

一九九〇年代後半以降に発展した現代体操ヨーガは、精神と肉体との相互連関を前提とする世界観をもつため、スピリチュアリティ文化において主要な役割を果たす潜在的可能性をもっていたと言える。しかし同時に、こうした現代スピリチュアル文化の展開に呼応する形で、「心のはたらきの止滅」

をめざす修行体系であったヨーガは、現代風にアレンジされていった。たとえば、ヨーガのポーズと呼吸法は、心作用の停止ではなく、心とからだを結びつけ、自然との調和をはかることが目的とされるようになる。また、ヨーガのレッスンでは、「他人と比較しないこと」「自分を責めないこと」「からだの声に耳を傾けること」「自分の直感を信じること」「ありのままの自分を受け入れること」など、スピリチュアリティ文化特有のメッセージが埋め込まれたのである。

これらのメッセージは、本来のヨーガ思想と矛盾するものではないが、インドやこれまで日本で普及した修行法、健康法としてのヨーガではかならずしも強調されない内容である。つまり、現代ヨーガと現代スピリチュアリティ文化が共振する形で展開していったのである。言い換えれば、スピリチュアリティ文化の主流文化への浸透がヨーガ・ブームの土壌となると同時に、スピリチュアリティ文化の主要メッセージが表出するようにヨーガ自体も現代風に変容したのである。

現時点において、欧米や日本では、ヨーガによるスピリチュアリティの目覚めは多くの人びとにより経験され、実践者の世界観やライフスタイルに少なからず影響を与えていることは明らかである。少なくとももしばらくは、身体性にかかわるスピリチュアリティへの関心はさらなる発展を遂げることが予想される。地球温暖化や環境破壊などによるエコロジーに対する意識の高まりは、流行を超えて現代文明が正面から取り組まなければならない課題であり、つまり、自然とのつながりを重視するライフスタイルは現代社会において必要不可欠だからである。また、現代のストレス社会、飲食の過剰摂取による生活習慣病などの影響もあり、からだのみならず心の状態も含めた持続的幸福は、現代人にとってきわめて重要なテーマとなってきているからである。本章冒頭でふれた国連事務総長のメッセージはまさにこれにあたる。こうした現代文明への反省をふまえた自然志向、健康志向は今後も発展し、ヨーガに限らず身体性に焦点をおくスピリチュアリティは主流文化のなかで重要な位置を占めるだろう。

第七章　「スピリチュアルな探求」としての現代体操ヨーガ

1　現代ヨーガのグローバルな展開

一九九〇年代後半以降、「アーサナ」と呼ばれる身体的ポーズに力点を置いた現代体操ヨーガ（以下、現代ヨーガ）はアメリカ、イギリスをはじめとする世界各国で流行し、現代社会に広く浸透するスピリチュアリティ文化の主要な担い手となってきている。現代ヨーガのもっとも発展したアメリカでは、一九九四年時点ですでに人口の三・三％にあたる六〇〇万人を超えるヨーガの実践者がおり、さらに一七〇〇万人（人口の一割）が「ヨーガに関心あり」と答えていた（Yoga Journal 1994: 47）。その後もヨーガ人口のめざましい増加は続き、二〇〇八年の一五八〇万人、二〇一二年の二〇四〇万人、そして二〇一六年には三六七〇万人と、実にアメリカ国民の九人に一人がヨーガを実践している計算となっている（Yoga Alliance 2016）。

二〇一六年に全米ヨーガ・アライアンス協会と『ヨーガ・ジャーナル』誌による大規模調査が実施された。そのおもな結果をまとめるとつぎのとおりである。

- ヨーガのクラスや関連商品への年間消費額は約一六〇億ドル（約一兆八〇〇〇億円）。
- ヨーガ実践者の約七二％が女性。
- 実践者の三七％が一八歳以下の子どもをもち、その子どもたちもヨーガを実践している。
- 三〇 - 四九歳までがヨーガ実践者全体の四三％を構成し、つぎに多いのが五〇歳以上で三八％となっている。
- 七四％の実践者は過去五年以上ヨーガを続けている。
- ヨーガをはじめた動機は、柔軟性（六一％）、ストレスの軽減（五六％）、および総合的な健康とフィットネス（それぞれ四九％）となっている。

（Yoga Alliance 2016）

この調査結果から明らかとなったのは、ヨーガがアメリカにおいて二兆円規模の巨大産業となっていること、ヨーガ文化はとくに三〇代以上の女性において定着していること、そして身体だけでなく、ストレス軽減という心の健康の維持・発展がヨーガをはじめるきっかけとなっていることである。

またイギリスにおいても、二〇〇四年当時、実に人口の約五％に相当する二五〇万人以上がヨーガを実践しているとの調査結果がある（Singleton and Byrne 2006: 1）。イギリスのスピリチュアリティの実態を調査したケンドール・プロジェクトにおいても、「毎週四〇万人以上の人たちがヨーガを実践している」と推計されており、ヨーガは団体数、参加者数がともにもっとも多いホリスティックな領域に属する活動とされている。これはキリスト教の多くの宗派より大規模な活動にあたる（Heelas and Woodhead 2005: 54）。

ヨーガの広がりは、グローバルな現象であり、アメリカやイギリスよりやや遅れて日本においても同様に浸透してきている。日本語版『ヨーガ・ジャーナル』誌がおこなった大規模調査の結果をまとめたい。「日本のヨガマーケット調査二〇一七」によれば、日本のヨーガ人口は、月に一回以上実践している人が約五九〇万人、年一回以上の実践者が七七〇万人と推計されている。男女比は、アメリカをはじめとする諸外国と同様に女性の割合が高く、六八・八％となっている。そして毎年新たに一〇〇万人ペースで増加していくことが予想されている（セブン&アイ出版編二〇一七）。

現代のヨーガは、アーサナの実践への特化にその特徴がある。宗教学者のデ・ミシェリスは、こうしたヨーガを「現代体操ヨーガ」と呼んでいる（De Michelis 2004）。実際、ヨーガの名のもとに、呼吸法、瞑想、マントラ（真言）の詠唱のみのクラスが提供されることはほとんどない。一般の人たちにとっても、「ヨーガをする」ことは「ヨーガ体操をする」ことと同じ意味合いで理解されていることだろう。現代ヨーガにかかわるもう一つの特徴は、とくに熱心にヨーガの実践に参加する人たちにとって、アーサナを組み合わせた体操法は「スピリチュアルな探求」として捉えられる場合が多い点にある（Nervin 2008）。

従来のインド学、仏教学などの文献学を中心とする研究分野では、こうした体操を強調するヨーガは「本物ではない」として軽視され、あまり研究対象として扱われることがなかった。しかし、特定の時代に興隆した身体技法がいかなる過程を経て、現代スピリチュアリティ文化の担い手として理解されるようになったのかを探ることは文化人類学、社会学、宗教学などの学問領域においてはきわめて大きな研究意義があるように思われる。実際、一九九〇年代後半以降これらに対する研究が徐々に増えてきている（Alter 2004; De Michelis 2004; Jain 2014; Singleton 2010; Singleton and Byrne 2006; Sjoman 1996; Strauss 2005; 伊藤 二〇〇六）。

そもそも現代ヨーガは、いつ、どのように発展したのだろうか。そしてアーサナという身体技法は、いかなる理由によって「スピリチュアルな実践」として体験されるのだろうか。本章では、現代ヨーガの歴史的変遷のうち、とくにスピリチュアリティ文化との関連に焦点をおいて考察していくことにする。

2　古典ヨーガからハタ・ヨーガへ

古典ヨーガの成立

「ヨーガ」とは、サンスクリット語で「軛（くびき）（牛馬の首の後ろにかける横木）をかける、結びつける」という動詞から派生した名詞であり、「結合」「統合」を意味する。ヨーガの起源は数千年前にさかのぼるとする説もあるが、紀元後四‐五世紀頃になると、パタンジャリが『ヨーガ・スートラ』を編纂した（Maehle 2006）。そこでは、さまざまな欲望や怒りや不安により私たちを揺り動かし、落ち着きなくさせる、「心のはたらき」を「止滅」することを最終目的とし、心を静めるための心的技法が重視されている。この経典に示された内容は「古典ヨーガ」と呼ばれている。

この心のはたらきを止滅させることは、人間が究極的な幸福に至る道とヨーガでは理解されている。一九五の短い章句からなる『ヨーガ・スートラ』の中核部分には、そこに至るための「アシュタンガ（八支則）」と呼ばれる八つの段階が示されている。その八つとはつぎのとおりである。

一　ヤマ（道徳律についての禁戒）
二　ニヤマ（浄化と学習にかかわる勧戒）
三　アーサナ（座法）
四　プラーナーヤーマ（呼吸法）
五　プラティヤーハーラ（感覚のコントロール）
六　ダーラナー（集中）
七　ディヤーナ（瞑想）
八　サマーディ（三昧、自己実現）

これらの段階は人びとが心のはたらきとの一体化を離れ、「本当の自分（真我）」を発見する（取り戻す）ための実践的ガイドの役割を果たしている。

このように、『ヨーガ・スートラ』のなかには、確かに八支則の三番目として「アーサナ」の語は登場する。しかし、それは瞑想のための「座法」の意味であり、今日の「体操法」の意味合いはほとんどない（佐保田 一九六六）。

一三世紀以降になると、「心のはたらきの止滅」をめざす準備としての身体技法（アーサナ、呼吸法、浄化法、食事法など）が発展し、「ハタ・ヨーガ」としてまとめられるようになった。ハタ・ヨーガは、古典ヨーガにおける八支則の第三、第四の段階、すなわちアーサナとプラーナーヤーマをとくに重視し、「ナーディー」と呼ばれるエネルギーの経路を浄化し、活性化する技法を発展させた。こうした修練は、それ以降の段階を達成するための準備となる。

ハタ・ヨーガと西洋体操との融合

現在、欧米や日本において、いわゆるヨーガと呼ばれるものは、一三世紀以降に精神生理学的な体系として発展したハタ・ヨーガを指すことが多い、と一般には理解されている。多くの異なったヨーガのスタイルがハタ・ヨーガに属し、そのなかには、後述するB・K・S・アイアンガーにより体系化されたアイアンガー・ヨーガやパタビ・ジョイスによって広められたアシュタンガ・ヴィンヤサ・ヨーガが含まれる。そのほか、パワーヨーガ、ホットヨーガ（気温三八度、湿度六〇％のなかでおこなうビクラム・チョードリーが考案したもの）などもこの分類に位置づけられている。これらのすべては、アーサナに特化した身体実践である。

しかしながら、一六世紀ごろに完成したとされる『ハタ・ヨーガ・プラディーピカー』経典に具体的に記載されているアーサナは座法も含めて一五種類、『ゲーランダ・サンヒター』（一六―一七世紀頃成立）においても三二種類にすぎない。いずれの経典においても、現代ヨーガでもっとも普及しているアーサナ（頭立ちのポーズ、肩立ちのポーズ、上向きの弓のポーズなど）についての記述は一切ない（Sjoman 1996）。

実は、現在実践されているアーサナの大半は一九世紀後半から二〇世紀前半にかけて西洋で発展した身体文化を強調する運動に由来するという有力な説がある。たとえば、ドイツ人で世界的に有名なボディービルダー、ユージン・サンドゥー（一八六七―一九二五）、アメリカ人で「調和的体操」と呼ばれるシステムを発展させたジェネヴィーヴィ・ステビンス（一八五七―一九一五）などがその具体例となる。この身体文化は、キリスト教の伝導活動であるYMCAによって、またイギリス陸軍によってインドに輸出された。

その後、西洋式身体技法はインドの伝統武術や曲芸と融合し、インド独自の体系として「伝統的なハタ・ヨーガ」の名のもとにまとめられることになる。これが現代のアーサナの起源である。西洋式身体文化のもとで生まれ、インドでアレンジされた体操ヨーガは、とくに一九九〇年代後半以降にアメリカをはじめとする世界各国で爆発的に広がり、スピリチュアリティを喚起する「インドの伝統的な身体技法」として受容されるようになる。つまり、今日世界的に流行しているヨーガと『ヨーガ・スートラ』に代表される古典ヨーガや中世以降に発達したハタ・ヨーガとの結びつきはきわめて弱い。イギリスの宗教学者マーク・シングルトンのことばを使えば、現代ヨーガと古典ヨーガにおける「yoga」とは同音異義語であると言えるだろう（Singleton 2010: 15）。

3 現代ヨーガのスピリチュアル化

ヨーガの再発見と西洋体操の導入

先述したように、西洋体操とインドの伝統武術や曲芸が融合し、インド独自の体系として伝統的なハタ・ヨーガの名のもとにまとめられたのは二〇世紀前半のことである。こうして確立した現代ヨーガがスピリチュアリティ文化の一翼を担うに至る過程には、二つの段階がある。

第一段階は、一九二〇－三〇年代頃におもに二人の人物によっておこなわれた。その一人は、一九世紀後半以降のインドを代表する聖者、ヴィヴェーカーナンダ（一八六三－一九〇二）である。彼の存在は、一八九三年にシカゴで開催された世界宗教会議での講演を契機として、西洋世界で広く知られるようになる。

ヴィヴェーカーナンダ

ヴィヴェーカーナンダは、『ラージャ・ヨーガ』（一八九六）において「心の科学」としてのヨーガを提唱した。「ヨーガの王道」を意味するラージャ・ヨーガは古典ヨーガである『ヨーガ・スートラ』を真理探究の基盤としており、瞑想を重視するアプローチを指す。デ・ミシェリスは、現在の心理主義的、個人主義的、科学的なヨーガの起源の一つはここにあり、インドにおける「ヨーガ」の復興に多大な寄与をしたと論じている（De Michelis 2004: ch.3-5）。

彼はまた『カルマ・ヨーガ』『ジュニャーナ・ヨーガ』『バクティ・ヨーガ』などの一連の著作を刊行し、行為のヨーガ（社会的行為への専心）、智慧のヨーガ（真我の探究）、献身のヨーガ（神への帰依）を通じて解放に至る道についても説いている。このようにヴィヴェーカーナンダは、私たちの本質であるスピリチュアルな自己を実現するための手段としてのヨーガに着目したのである。確かに、彼は瞑想や社会活動や真我の探究、神への帰依の重要性を強調した。しかしながら、ヨーガの名のもとにアーサナや呼吸法を強調したわけではなく、ヨーガ体操を彼自身が実践していたわけでもない。それどころか、放浪苦行者や曲芸師と結びついたヨーガの否定的なイメージを払拭するために、身体的側面を排除し精神的要素に特化したヨーガを確立しようとしたのである。彼にとってのヨーガは、インドの過去の歴史と同じように、日本語の「道」に近い意味合いをもつ（佐保田 一九六六）。換言すれば、ヴィヴェーカーナンダの貢献は、インド思想・文化における「ヨーガ」の意義を再発見し、現代によみがえらせ、人間が真理に至るいくつかの主要な道を指し示したことにある。

ヨーガのスピリチュアル化へのもう一人の貢献は「近代ヨーガの父」と呼ばれるティルマライ・クリシュナマチャリア（一八八八－一九八九）によってなされた。彼の存在は、今日の体操的側面を強調するヨーガの確立に多大な影響を与えている。

彼は九世紀に存在したとされる伝説的ヨーギ（ヨーガ行者）、ナタムニ尊者の子孫として五歳の頃に父親から『ヨーガ・スートラ』を学んだとされている。その後、大学にてインド六派哲学（ヴェーダーンタ、ヨーガ、サーンキャ、ニヤーヤ、ヴァイシェーシカ、ミーマーンサー）のすべてにおいて博士号相当の資格を取得した。さらに、当時チベットにいたラーマモーハン・ブラフマチャーリのもとで七年半にわたる修行をし、三〇〇〇種類ほどのアーサナを習得したという（Mohan 2010）。

修行を終えたクリシュナマチャリアは、在家に向けたヨーガの普及をめざし、各地でアーサナのデモンストレーションをし、ハタ・ヨーガがインドで脚光を浴びる下地を作る。一九三〇年代には、マイソール宮殿の王家による支援を受け、ヨーガ専用の施設を担当する。この時期、同じ宮殿内で提供されていた西洋体操のクラスやインド武術の内容を積極的に自らのクラスに採用し、それをインドの伝統ヨーガであるハタ・ヨーガの技法として生徒達に実践させた。こうして西洋の身体技法、インドの伝統的武術はハタ・ヨーガとして生まれ変わったのである。

彼はまた、その理論的基盤としてヴィヴェーカーナンダやパラマハンサ・ヨガナンダをはじめとするヒンドゥー教復興運動の思想および『ヨーガ・スートラ』を採用した。つまり、クリシュナマチャリアによって西洋式体操法がヨーガに仕立て上げられたのである。彼はまた、ヨーガによる心身の不調を治癒させるセラピー的側面を強調するアプローチも後年発達させている（Desikachar 2005）。ここに現代ヨーガの源流をはっきりと見出すことができる。ただしクリシュナマチャリアは、さまざまな身体技法をヨーガの実践に導入したが、身体実践そのものをスピリチュアルな探求と捉えたわけではない。それらはあくまで身体を浄化し、心のはたらきを静め、瞑想を深めるための準備にすぎなかったのである。

西洋人による新たな意味付与

現代ヨーガがスピリチュアル化する第二の段階は、一九六〇－七〇年代にかけておこなわれた。この時期、既存の社会・政治体制に異議申し立てをする対抗文化が広まり、その影響を受けたヒッピー世代の若者たちの一部がインドへと向かう。その巡礼地のなかにはヨーガ道場も含まれていた（北インド・リシケーシュにあるマハリシ・マヘーシュ・ヨーギーのアシュラムやシバナンダ・アシュラムほか）。ビートルズが一九六八年にインドに赴きマハリシのアシュラムに滞在したことはこの時代背景を理解する象徴的な出来事と言えるだろう。

またアメリカ移民法の改正に影響を受け、一九五〇年代後半以降インドから多くの移民がアメリカに滞在した。そのなかにはインド人の宗教家も含まれていた（スワミ・サッチダーナンダほか）。この頃には、体操ヨーガも瞑想ヨーガもマントラ・ヨーガもすべて「ヨーガ」の一部として定着しており、ヨーガのなかに西洋身体文化が含まれているという認識も体操ヨーガとそれ以外のヨーガを区分しようとする発想もほとんどなかった。七〇年代以後のニューエイジ世代も含め、多くの人びとがヨーガ体操を「スピリチュアルな実践」として読み取る文脈が整っていくことになる。

ヨーガを供給する側も西洋人のニーズに対応する形でこれまで以上にヨーガ体操がスピリチュアルな実践であることを強調しはじめた。現代ヨーガに多大な影響を与えたアイアンガー・ヨーガ、アシュタンガ・ヨーガはともに、欧米人と接触する一九六〇年代以降になってはじめてスピリチュアルな意味づけがなされた点が特徴的である。

たとえば、『TIME』誌の「二〇世紀におけるもっとも影響力のある一〇〇人」の一人に選出されたアイアンガー（一九一八－二〇一四）は、一九一三年、彼が一六歳のときにクリシュナマチャリアからヨーガを習いはじめた。その後、各地でのヨーガのデモンストレーションの際に難易度の高いアーサナを実演するようになった。そして一九三七年、彼が一九歳のとき南インドのマイソールから西インドのプネーにヨーガを普及させるために派遣され、そのまま独立し、二〇一四年に亡くなるまでそこで暮らした。

現代ヨーガのスピリチュアル化という文脈において注目すべきは、アイアンガーがスピリチュアリティへ関心を示した時期である。アイアンガーは自らが一〇代であった一九三〇年代にアーサナ

B.K.S. アイアンガー（撮影：Mutt Lunker）

を習いはじめたわけだが、この世界的に有名なヨーギは、「一九五〇年代まで私は純粋に自分の健康のためにヨーガを実践していた。スピリチュアルな事柄に関心をもったのは一九六〇年代以降のことにすぎない」と回想している（ドキュメンタリーフィルム「Enlighten Up!」二〇〇八年）。つまり、彼がスピリチュアリティとヨーガを結びつけたのはヨーガを実践しはじめて実に三〇年後、彼が五〇歳近くになってからのことなのである。つまり、現代ヨーガの普及に多大な影響力をもつアイアンガー自身、長年ヨーガ体操をスピリチュアルな実践として捉えていたわけではなかったのである。言い換えるなら、アーサナの実践自体をスピリチュアルな探求として捉える見方は、インドにおけるヨーガの伝統に内在していたわけではないのである。

4　アシュタンガ・ヴィンヤサ・ヨーガにおけるスピリチュアル化の実際

アシュタンガ・ヴィンヤサ・ヨーガの誕生

アシュタンガ・ヴィンヤサ・ヨーガ（以下、アシュタンガ・ヨーガ）の展開を事例として、現代ヨーガのスピリチュアル化の特徴をより詳しく考察する。

アシュタンガ・ヨーガは、こちらもクリシュナマチャリアの主要な弟子の一人であるパタビ・ジョイス（一九一五−二〇〇九）により確立されたものである。このヨーガは、一九九〇年代後半以降の欧米や日本などで爆発的な広がりを見せている。現在、多くの実践者にとってもっとも「スピリチュアルな探求」と考えられているヨーガの流派の一つと言ってもよいだろう。

パタビ・ジョイスは一九一五年、南インド・カルナタカ州ハッサン郡に生まれた。ジョイスとヨーガとの出会いは、一九二七年、彼が一二歳のとき、地元の中学にておこなわれたヨーガのデモンストレーションに魅了されたことである。それはクリシュナマチャリアによるものだった。それから二年間、ジョイスは彼のもとでアーサナを習得した。

その後ジョイスは、サンスクリット・カレッジに通うため南インドのマイソールへ向かう。そこでクリシュナマチャリアとの偶然の再会があり、彼のヨーガ・クラスのアシスタントをする。ジョイスの場合もアイアンガーと同様に、一〇代でヨーガと出会い、「ヨーガ＝アーサナ」としての出会いとその後の実践という経験をしている。

ジョイスの場合、こうした体操法と同時にインド哲学・思想の探究もしていたことは特徴的である。一九三四年から一九五六年まで大学にとどまり、ヴェーダを研究し、のちにサンスクリットを修め、アドヴァイタ・ヴェーダーンタ（不二一元論）の分野で教授の地位を得る。ジョイスは大学を定年退職する一九七三年まで研究職に就いていた。

大学で研究していた時期と重なるが、ジョイスは一九四八年（三三歳のとき）に自宅にてアシュタンガ・ヨーガ・リサーチ・インスティテュートを設立する。大学を退職した五八歳以後には、自らの

パタビ・ジョイス
（撮影：Magnolia Zuniga）

道場でヨーガの指導に専念した。一九六二年には、多くのアーサナの体系的な鍛錬手順をまとめた『ヨーガ・マーラ』を出版する（英語版は二〇〇二年刊行）。この本では、アシュタンガ（八支則）、すなわち前述した「心のはたらきを止滅する」最終目的に至る八つの段階のうちの前半四つに焦点が絞られている。その記述の大半は第三段階のアーサナについてであり、後半部にある集中、瞑想などに対する記述は一切ない。この点でも、彼のヨーガがアーサナに特化したものであることは明らかであろう。

外国人との交流がはじまったのは一九六〇年代以降である。一九六四年頃、初の外国人訪問者であるベルギー人ヴァン・リズベスが彼のもとに二カ月間滞在し、プライマリー・シリーズとインターミディエイト・シリーズと呼ばれるアシュタンガ・ヨーガにおける初級、中級のアーサナを学ぶ。これを機に、ジョイスの名前は、徐々に欧米で知られるようになっていった。

一九七三年には、パタビ・ジョイスの息子であるマンジュ・ジョイスによるアーサナのデモンストレーションがインドのいくつかの都市でおこなわれ、それを観ていたアメリカ人が彼の道場に滞在したとの記録がある。一九七〇年代後半になると、欧米からの訪問者が増え、パタビ・ジョイスの一九七五年のアメリカ訪問もあり、欧米でのアシュタンガ・ヨーガの実践者は徐々に増えていった（Donahaye and Stern 2010）。

西洋人によるアーサナ実践への新たなまなざし

さて、ここで体操法に特化したアシュタンガ・ヨーガがいかにしてスピリチュアリティの探求として位置づけられるに至ったかを考える。近代ヨーガの父・クリシュナマチャリアの弟子であるジョイスはアイアンガーと同様、ヨーガ体操を元々スピリチュアリティの探求としては位置づけていない。ジョイスにとって一連のアーサナは八支則の後半である集中や瞑想のための準備であり、アーサナ自体にスピリチュアルな実践としての意義を見出そうとしていたわけではない。アーサナに対するスピリチュアルな探求としての積極的な意味づけがなされるのは、アシュタンガ・ヨーガが西洋に伝播した後のことである。

アシュタンガ・ヨーガを西洋世界に広めたきわめて影響力の大きい弟子の一人にアメリカ人のヨーギ、デイビッド・スウェンソン（一九五六-）がいる。彼は呼吸と連動させた一連のアーサナを「スピリチュアルな実践」として積極的に評価する。アーサナの実践自体が「いま、ここ」にあるために、人生のエッセンスを学ぶための意義ある機会と捉えるのである。

少し長いが、スウェンソンの著書のなかでの彼のヨーガ実践に対するメッセージを紹介する。

毎回の練習セッションがひとつの旅です。気づきとともに動くよう努め、その経験を楽しみましょう。花が開花するかのごとく、その実践が花開くようにしましょう。急ぐことで得るものは何もありません。ヨーガは時間とともに育ちます。ある日は、安らかで、マインドは平穏、そして肉体は軽く敏感です。別の日には、マインドは荒々しく動き回り、からだは湿ったセメントのように感じられることでしょう。深く呼吸し、そうした変化に巻き込まれないようにする必要があります。アーサナは目的ではありません。アーサナは、より深い内面の覚醒に近づくための一つの手段なのです。あなたの個人的必要にもっともふさわしい形の実践を生みだし、それをするのが楽しみなようにしましょう。ヨーガはストレスの多い現代社会に対するある種の避難所であり、鎮痛剤です。毎回の練習において、あなたの現在の理解が洗練され、成長しつづけられるような仕方を見つけましょう。アーサナからアーサナへと単純に移行するのでなく、内側深くから動きを感じましょう。呼吸に耳を傾けましょう。そよ風に合わせて飛ぶ鳥のように、呼吸に同調できていますか。マインドはどこにありますか。あなたが苦手にしているポーズに近づいて来た時ですら、集中を保ち、平静なままでいられますか。あなた自身を楽しみましょう。私は練習をして後悔したことは一度もありません。ただの一度もいつもの練習を終えて「こんなことはしなければよかった」と思ったことはありません。しかし、練習をせず、後で「すればよかった」と思ったことなら何度でもあります。練習を楽しみにしましょう。ほんの少し時間をとって、ヨーガとともにありましょう。一日の残りがよりすばらしいものとなるはずです。ヨーガは私たちの最奥にある魂への眺めのよい旅です。ふさわしいと感じる最大限、あるいは最小限の練習をしましょう。

（Swenson 1999: 7）

このスウェンソンのメッセージで明らかなように、彼はアーサナの上達を最終目的とは捉えていない。アーサナの鍛錬は、それを通じて生じるからだと心（マインド）の変化に巻き込まれないようにする手段なのである。言い換えれば、気づきによってマインドや身体と一体化せずに、ありのままに、ただ見守ることが肝心なのである。これはすなわち、アーサナをマインドフルネス（瞑想）として実践するアプローチとして理解することもできる。

本書第一章では、スピリチュアリティ文化のなかで「気づき」がキーワードとしてしばしば取り上げられることを指摘した。スウェンソンにとって、ヨーガの鍛錬は、西洋で展開したスピリチュアリティ文化のエッセンスを含む。彼にとってのヨーガとは、からだに生じる変化を入口として、マインドを手放し、「いま、ここ」にあることだと言えるだろう。

現代ヨーガと古典ヨーガの融合

こうした気づきの重視は、ある意味、『ヨーガ・スートラ』に基づく古典ヨーガが最終目的とする「心のはたらきを止滅する」ことにつながっている。中世に発達したハタ・ヨーガ、そして西洋体操やインド武術を取り入れて二〇世紀前半に確立した現代ヨーガでは、ヨーガ体操の鍛錬は、瞑想ヨーガへの準備であり、その土台を築くためのものであった。これに対して、スウェンソンが掲げるヨーガは、アーサナ自体を主目的とせず、それはあくまで「より深い内面の覚醒に近づくための一つの手段」であり、「私たちの最奥にある魂への眺めのよい旅」だというのである。

彼のメッセージには、ヨーガ体操の新しい目的、すなわち「気づき」を高めていくことが語られている。同時に、「ヨーガはストレスの多い現代社会に対するある種の避難所であり、鎮痛剤」だとし、「練習セッションを楽しみに」しつつ、「花が開花するかのごとく、その実践が花開くようにしましょう」と提唱している。ヨーガ体操を行為の結果ではなく、あるいは行為自体を「苦行」ではなく、ストレス解放の一手段として楽しみながら実践することは、インドの伝統的修行法というより現代スピリチュアリティ文化の特徴を明確に示している。

以上でまとめたスウェンソンのメッセージは彼の師であるパタビ・ジョイスから受け継いだものではない点は強調しておく必要がある。以下、筆者自身がスウェンソンにおこなった聞き取り調査から引用する。

伊藤　ご著書を拝見しましたが、アーサナを通して気づきや覚醒を重視する姿勢は独自のものですか。それとも師の影響でしょうか？

デイビッド・スウェンソン　グルジ（＝パタビ・ジョイス）は英語がほとんどうまく話せません。英語圏の人たちは自分自身でアシュタンガ・ヨーガを理解する必要がありました。私も自分なりの理解を確立していったのです。

覚醒や気づきの重視は、アシュタンガを一九七三年にはじめる以前、ヨーガと出会った一九六九年からの姿勢です。兄と一緒に野外で練習をしていました。そうすると当然ながら、外界（風、花のかおり、太陽など）とのかかわり、自分と自然との結びつきをより意識するようになるものです。気づきの重視はそんななかで生まれたのです。

（二〇〇七年九月、名古屋にて）

インタビューのなかでスウェンソンがはっきりと答えているとおり、ヨーガへの意味づけは彼自身がおこなったものである。対抗文化が広がった一九六〇年代のアメリカで育ち、ヒッピー文化の影響を受けた彼にとってヨーガとスピリチュアリティ文化との接合はさほど困難なことではなかったと推測される。彼はアーサナという行為を気づきのための道具として解釈したのだった。ここにアーサナに特化したヨーガが欧米の対抗文化に影響を受けた世代と出会い、新たな局面に入っていったことが確認されたのである。

アシュタンガ・ヨーガの参加者たちは、アーサナを練習し、その経験に対する積極的な意味解釈をすることにより、当事者のヨーガ実践を意義あるものにしている。その際、西洋人のヨーギたちが提唱した「スピリチュアル」「スピリチュアリティ」に関連するキーワード（たとえば、「ありのままの自分と向き合う」「気づきを高める」など）と結びつけて自身の体験、目標を理解する場合がきわめて多いのである。

5　ヨーガ実践者の世界観の変容

それでは、現代ヨーガを通じてのスピリチュアリティと関連する体験とはいかなるものなのか。アシュタンガ・ヨーガの日本での実践者の体験を紹介する。二〇一二年時点において、日本人のアシュタンガ・ヨーガ実践者によるインターネット上のブログは少なくとも一〇〇以上あり、そこでは彼／彼女らのヨーガ実践を通じての体験や日常生活の関心が記されている。ヨーガ実践者の世界観の変化を示す典型的な事例を紹介したい。

自然とのつながりの発見

現在自宅でヨーガを練習するＧＥＮさん（三〇歳、女性）は、以前から通っていたスポーツジムでのヨーガのプログラムに一年前、参加してその魅力を知る。「内容はフィットネスヨガといって太極拳やピラティス（体幹の深層筋を鍛える体操法）などがミックスされており、本格的なヨガとはほど遠いもの」だという。しかし、彼女がヨーガをしてからの変化は身体的柔軟性が増しただけではなかったようだ。

からだをゆっくり伸ばして骨盤調整の運動をするうちに、ヨガの気持ちよさと楽しさに興味をもつようになったのです。それから、ヨガについて本を読んだりネットで調べたりしていくうちに、ヨガのリズム、呼吸、集中力などを日々の暮らしや人生観、そして心身のなかに取り入れることでしなやかさとバランスのよさ、そして「シンプルを愛する心」になれる運動なんだ……ということを知りました。ヨガをするようになって、少しずつではありますが、自分を変化させていくのが楽しくなりました。それはカラダがやわらかくなってきたというフィジカルな面だけではありません。これまで気にも留めなかった風や雨の音に耳を澄ませられるようになったり、意識を集中させることを意識すること（変な表現ですね）、無の心で呼吸をすることなど。目下、週三のフィットネスクラブのクラスのプログラムと、自宅で毎日自己レン中（原文ママ）です。まだまだヨガについて学びたいことはたくさんあります。

「私は新米ヨギーです」『ＧＥＮのＬＩＦＥ ＳＩＺＥ』より

新聞・雑誌・テレビでしばしば紹介されるヨーガに対して、健康やダイエットへの関心から興味をもつ人は少なくない。そうしたなかで、スポーツジムでのプログラムは、多くの人たちがヨーガを気軽に体験できる機会として大きな役割を果たしている。ところが、気軽にはじめたヨーガの実践とともに、その背景となるインド哲学、あるいは自然との調和を意識したライフスタイルに関心をもつ人たちも多い。また、ヨーガによってからだや呼吸を意識することは、自らの感覚を研ぎ澄まし、結果的に「これまで気にも留めなかった風や雨の音に耳を澄ませられるようになった」という自然とのつながりを感じる場合もある。これはヨーガがもたらしたスピリチュアルな体験と捉えてよいだろう。

自己受容の目覚め

別のヨーガ実践者である、hatti さん（三一歳、女性）のブログも紹介しよう。ヨーガの実践がもたらすものとして、自然とのつながりを感じることのほかに、自分自身を大切にすることも挙げられる。スピリチュアリティ文化全般においてしばしば強調される、「ありのままの自分」を受容する態度はヨーガの実践においても習得されるようだ。

まずヨガに出会って、随分世界観が変わりましたねえ……。多分いい方に（笑）。興味の対象が変わったんですね。

一番変化したのは、自分を大切に思えるようになったことかな。その「自分」っていうのは、肉体的な面でも精神的な面でも、両方です。

肉体的な方では、ヨガによって毎日自分のからだと向き合うようになったから、前より自分のからだをリアルに感じられて愛しくなったこと。

毎日会社と家の往復と飲み会みたいな生活がずっと続いていて、会社では仕事してればいいし、飲み会ではただ飲み食いしているだけ、家では寝ているだけ。会社に入ってからはほとんど運動してなかったし。あの時はしょうがなかったとはいえ、今振り返ると泣けてきますね。もったいなかったとも思うよ。嗚呼二〇代。

ヨガっぽい表現だと、「ココロとからだがバラバラ」でした。

でもそれが、今はからだにいいものばかり探すようになって。

心は、強くなったような気がします。前みたいにクヨクヨしなくなった、というかネガティブなことを前ほど考えなくなったかなー、と思う。


「ヨガをして変わったこと」『のほほんヨガ雑記』より

ヨーガの実践によって身体感覚に目覚めると、以前よりも精神、肉体の両面で「自分を大切に思える」と感じるようである。現在三〇代のhattiさんは、自分が二〇代だった頃の心とからだのつながりを意識しなかった状態を振り返り反省する。ヨーガの実践は、彼女の価値観やライフスタイルに劇的な変化を瞬時にもたらしているわけではないかもしれない。しかし、日々の実践のなかで心とからだのつながりを感じる行為は、少しずつだが着実に自己変容をもたらしているように思える。

現在志向で感性重視な価値観への転換

「自分を大切に思えるようになった」というhattiさんは、別の日のブログにおいてヨーガを通じて「自分を責めないこと」を学んだと述べている。ヨーガの実践を通じて現在志向で自己受容を強調するものの見方、感じ方が優位になっていったようである。


ヨガをしてから、いろいろ自分のからだに変化が起こってきたのを感じるのだが……。

まず一番大きかったのが、別人のように心穏やかになったこと。会社に入ってから、些細なことに、イライラ。ちょっとした仕事の行きちがいでキリキリとしがちだったのです。

いつも「次は○○しなくちゃ」とか「○○やってなかった、どうしよう」と余裕がなかったのです。誰も自分を責めていないのに、勝手に自分に高いハードルを課して、それが出来ないと自分を責めていた。

さて、ヨガは呼吸をエネルギーに変えて、自分の力を昇華していきますよね。呼吸をしながらアサナ（身体的ポーズ）をじっくりキープし、アサナを連続して重ねていくことでエネルギーが昇華され、新たな力が湧いてくる体験が出来ます。そんなときの自分のからだは軽く、思うように動いたりして不思議なの。それでいて、回りは見えているけど完全に自分の内側と向き合っている状態で、感じるのは自分の呼吸ばかりで。呼吸が新たな力を生み出していきます。

また、ヨガで苦手なアサナを取っている時、自分のからだが痙攣したり、突っ張ったり。辛いけど、ちゃんと物質的に、私が存在しているんだと感じられました。

それで、ようやく自分のからだが愛しいなあと思ったんですね。もっと大事にしないといけないと。じっくり自分とつき合うことで、過去理解できなかった、一瞬一瞬を楽しむという感覚がわかったような気がしたのでしたが、これは私にとって非常に大きいことでした。

「心の変化」『のほほんヨガ雑記』より

hattiさんの「次は○○しなくちゃ」とか「○○やってなかった、どうしよう」と自分に高いハードルを課して自分を責めてしまう態度は、まさに現代社会で主流となっている価値観の特徴である未来志向で広義の自己否定的な態度だと言える（伊藤 二〇〇三）。ヨーガの実践を通じて獲得した、「自分の内側と向き合い」「自分を愛しく思い」「一瞬一瞬を楽しむ」という姿勢は現在志向で自己の感性を重視する態度の典型であろう。こうした現代社会に広がるスピリチュアリティ文化の中心的メッセージをhattiさんは頭でなくヨーガの身体的実践を通して理解していったのである。

hattiさんの以上の変化は、自分の気に入った複数のヨーガ・スタジオやプログラムへの参加を通じて体得したものであり、きわめて個人的でスピリチュアルな実践と言えるだろう。hattiさんは、特定の集団に熱心に所属することがないため、彼女の探求行為は宗教的なイメージと結びつかないことも指摘しておきたい。

以上紹介した人たち以外でも、心とからだのつながりを感じるようになった、前向きな生き方をめざすようになった、自分にも他人にも寛容な態度を取れるようになったなど、いくつかの共通する変容が語られていた。これらはヨーガがめざす世界観をアーサナと呼吸によって体得したものなのである。

6 現代ヨーガを通じてのスピリチュアリティの創出

以上の考察をふまえ、ヨーガのアーサナを通じてのスピリチュアリティの創出に関連する諸要因をまとめていきたい。

まず、身体への気づきが喚起するスピリチュアリティに着目する必要がある。体系的な身体実践、呼吸法、あるいは動きと呼吸の連動によって身体感覚の変化、生理的・心理的な変化が生じる。自身の思考を介さない「いま、ここ」での身体の動きへの気づきの高まりを「スピリチュアルな体験」、そこに至る継続的な努力を「スピリチュアリティの探求」として理解する傾向は明らかに存在する(Nervin 2008: 122-125)。ヨーガはある意味、からだの鍛錬を通じて心の修練をする武道に通じるものがある。しかし同時に、アーサナという身体実践自体にスピリチュアリティの探求としての要因が内在しているわけではないことはすでに論じたとおりである。

また、心の静けさをもたらすように工夫されたヨーガ・スタジオやそのクラスの雰囲気といったヨーガ実践の環境がスピリチュアルな体験を喚起する側面も見逃すことはできない。たとえば、お香、マントラの詠唱、サンスクリット語によるアーサナ名、インド神話に登場するガネーシャの像、インドの伝統音楽やニューエイジ音楽、ヨーガ経典のクラス内での解説などは、その具体例と言えるだろう。こうしたヒーリングをもたらす環境は、インドの伝統よりも現代スピリチュアリティ文化のなかでの多くの活動と共通点をもつ。

以上に加え、「ヨーガは五〇〇〇年の歴史がある」「『ヨーガ・スートラ』経典のなかでパタンジャリもアーサナについて言及している」などといった言説もスピリチュアリティの創出に結びついていると思われる。インドの伝統との接合による歴史観、すなわち、体操がヨーガであり、そのヨーガは長い歴史をもつことの確認によって、ほかのスピリチュアリティの諸活動とは一線を画する実践形態となるのである。ここにヴィヴェーカーナンダやクリシュナマチャリアによるヨーガの再発見、歴史性の創造の大きな意義を見出すことができる。

さらに、ヨーガをスピリチュアルな実践とする解釈枠組みもきわめて重要な要因として挙げられる。現代ヨーガを供給する側（指導者、インストラクター）のみでなく、需要者側も参加者同士の会話や体験談を載せた雑誌記事やインターネット上のブログ記事などを通じて、スピリチュアリティの創出に積極的に関与している。前述したスウェンソンのワークショップをはじめ、きわめて多くのヨーガ・クラスやワークショップ、リトリートにおいて「自分自身になる」「ありのままの自分を受け入れる」「本当の自分にふれる」「自己実現」「自己発見」「気づきを高める」「内なる静けさ」などのスピリチュアリティ文化に共通するキーワードが用いられる。こうした解釈枠組みは、当事者がヨーガをスピリチュアルな実践として認識し、スピリチュアルな体験として語る素材を提供しているのである。

異なる時代や社会状況において、特定の信念・実践体系に対する別の解釈が生み出されることはめずらしくない。現代ヨーガの場合には、その身体技法の起源が西洋の身体文化にあり、インド思想との融合自体が歴史的所産であったこと、またスピリチュアリティに関連する意味づけはインド人のみでなく、対抗文化に影響を受けた西洋人によってもおこなわれていることは特徴的である。ヨーガ体操自体は、元々明確に言語化されたメッセージがない分、当事者たちの文化状況（二〇世紀初頭のインド、一九六〇年代以降の欧米での対抗文化・ニューエイジなど）の影響を受けた解釈が創出される傾向が強かったように思われる。外形的にはまったく同じヨーガの身体実践に対する意味づけが時と場所によって大きく異なること、そしてその相違を生み出す社会・文化的背景には現代スピリチュアリティ文化の展開が密接に関連していることが明らかになったのである。

第三部

スピリチュアリティ文化の開かれた地平

第八章　ポジティブ心理学と現代スピリチュアリティ文化

1　心理学とスピリチュアリティ文化のかかわり

二一世紀に入って二〇年が経った現在、「宗教」を補完したり代替したりするものと当事者たちが理解し、実践するスピリチュアリティ文化は先進資本主義諸国の主流文化にますます深く浸透してきているように思われる。「ＳＢＮＲ（Spiritual but not Religious：スピリチュアルであるが、宗教的でない）」ということばがアメリカで用いられ、ＳＢＮＲとして自己規定する人びとの割合が増加してきていることにもそれは表れている。二〇一七年に実施された世論調査によれば、アメリカの人口の少なくとも一八％がこの枠組みに入ると考えられている（Parsons ed.2018: 1）。現代スピリチュアリティ文化においては、自己の存在をかけがえのないものとして崇敬する「自己の聖性」をとりわけ重視し、スピリチュアルな体験をする個人の感性や直感、「本当の自分」の探求などに力点が置かれる傾向があるとしばしば指摘されている（Heelas 2008, Heelas and Woodhead 2005）。二〇世紀後半には、一人ひとりの「内なる声」や真正性を強調する自由主義的ヒューマニズムが繁栄していたが（Harari 2014）、現代スピリチュアリティ文化発展の社会的背景はこうした思想の広がりが基盤となっていたと言えるだろう（詳しくは本書第九章）。

個人の創造性や自己実現にも密接に関連し、ＳＢＮＲを自らのアイデンティティとする人びとを中心に支持されている心理学の分野の一つにポジティブ心理学という領域がある。ポジティブ心理学では、伝統宗教や現代スピリチュアリティ文化で重視される美徳（感謝、慈悲、自制心、超越性、スピリチュアリティなど）が持続的幸福の基盤となると捉えている。そのため、この領域ではこうした感情や価値観を科学的技法により発展させるための調査や介入を試みている。

本章の目的は、アメリカ心理学協会の会長だったマーティン・セリグマンの呼びかけにより一九九八年に創始されたポジティブ心理学と現代スピリチュアリティ文化との関係について考察することである。以下では、ポジティブ心理学の広がりやその背景をふまえ、おもに美徳の理論と筆者自身がかかわった介入調査の事例をふまえつつ、現代スピリチュアリティ文化との関連を検討していきたい。

2　ポジティブ心理学の誕生と発展

ポジティブ心理学誕生のきっかけ

マーティン・セリグマンはアメリカ心理学協会の会長に選出された一九九八年、従来の心理学を拡張し、病理学や心理的障害といった人間のネガティブな側面と同様に、ウェルビーイングと幸福に焦点を当てるよう明確な呼びかけをした（Seligman 1999）。セリグマンのこの呼びかけに続く心理学的な潮流は、「ポジティブ心理学」と呼ばれている（この名称自体は一九五四年、アブラハム・マズローによる造語）。

そのきっかけとなったのは、セリグマンの五歳の娘、ニッキとの会話だったという。彼はアメリカ心理学協会の会長に選出されたばかりで、会長就任中に取り組むべき変革のテーマを模索していた。ある日、娘と一緒に庭で草刈りをしていたとき、セリグマンはニッキが花を宙に投げて、くすくすと笑っていたことに気が散っていらだち、そばにいた彼女にやめるようにと怒鳴った。ニッキはその場を離れたが、数分後に戻ってきた彼女は、つぎのように言ったという。

> お父さん、五歳の誕生日を迎える前までの私のこと覚えている？　三歳から五歳になるまで、私は文句ばかり言っていたわ。毎日、毎日。だから五歳のお誕生日のときに、これから文句は言わないって決めたの。文句を言わないでいるのは、今までいちばんたいへんなことだったわ。でも私がやめたんだから、お父さんもそんなふうに怒るのはやめて。（Seligman 2002 ＝2004: 39）

セリグマンは不機嫌な人間だと自覚していたが、娘のことばで、自分を変えようと心に決めたという。同時にこの会話を通じて得た心理学的な洞察がある。すなわち、ニッキが叱られるのではなく、早熟にして欠点を自ら修正したように、すべての人が人格の強み（character strengths：人徳）を育むように奨励されたらどうなるか、という既存の心理学が注意を払うことのなかった問題意識である。セリグマンは、全米の第一線で活躍する心理学者たちによるチームを招集し、精神疾患の治療から人間の繁栄に向けて心理学全体を再編成する計画を策定した。ポジティブ心理学は、一九五〇、六〇年代に展開したマズローやカール・ロジャーズらによる従来の心理学が扱うことのなかった自己実現、創造性、至高体験などといったテーマを扱う人間性心理学の流れを汲んでいる。しかし、ポジティブ心理学は経験的アプローチを採用しているという点で、それとは大きく異なると主張する（Seligman and Csikszentmihalyi 2000）。

ポジティブ心理学の研究対象

セリグマンのおもなキャリアは、過去三〇年以上にわたってうつ病やうつ状態の研究に従事したことから得られたものである。患者の多くは、つらい出来事に気をとられ、いつまでも不幸な状態が続いていたという。こうした状態が改善された人びとがかならずしも幸せになるわけではないことを彼は臨床現場で経験していた。先述したセリグマンの娘、ニッキとの会話からヒントを得て、それまでの心理学が、人間がもつネガティブな側面、すなわち病気や社会的問題行動を改善したり治したりすることに専念するあまり、人間のポジティブな側面についてはほとんど研究してこなかったことを彼は深く反省した（Seligman 2002）。なお、ここで言うポジティブとは、希望や勇気や感謝、鼓舞、楽しみ、充足感といったポジティブ感情を指し、世間に広く知られる「悪いことは考えず、前向きに生きよう」とするポジティブ思考（positive thinking）とは大きく異なる。

心理学の専門誌『アメリカン・サイコロジスト』二〇〇〇年一月号にはポジティブ心理学に関する特集が組まれている。その巻頭論文で、セリグマンとクレアモント大学のミハイ・チクセントミハイは、この専門分野が誕生した背景や主要な研究テーマをまとめている（Seligman and Csikszentmihalyi 2000）。この論文の一部を紹介する（日本ポジティブ心理学協会ホームページ）。

セリグマンらによれば、第二次世界大戦前、心理学は三つのはっきりした使命をもっていたという。それらは、①精神疾患を治すこと、②あらゆる人びとの生活を生産的で充実したものにすること、③有能な人を識別し育てることである。しかしながら、第二次世界大戦以後の心理学は、このうちの②と③の基本的使命はほとんど忘れ去られ、その大部分が一つめの使命である治療の科学になってしまったと指摘する。

心理学では、今日に至るまで、もっぱら病状だけに注目することが主流になってきた。そのため、人生を生きる価値があるものにするようなポジティブな特質に欠けた人間像が心理学的モデルになってしまったとセリグマンらは批判する。しかしながら、治療とは、壊れたものを治すことだけではなく、最良のものを育成することでもある。

ポジティブ心理学においては、「強み」や「徳性」はたいへん重要なキーワードとなっている。こうした人間のもつ強みや徳性の研究は当然ながら、きわめて広範囲に及ぶ。セリグマンとチクセントミハイが提唱するポジティブ心理学が対象とするのはつぎの領域である。

主観的レベルにおけるポジティブ心理学の領域とは、価値ある主観的な経験、すなわち、過去を対象とするウェルビーイング、充実感、満足感、未来を対象とする希望と楽観性、現在を対象とするフロー（flow）と幸福感などに関するものである。個人レベルの領域としては、ポジティブな個人的特性、すなわち、愛情や職業に関する能力、勇気、人間関係のスキル、美的センス、忍耐力、寛容さ、独創性、未来志向、スピリチュアリティ、有能さ、智恵などである。集団レベルでは、人びとをより善い市民に近づける市民的美徳や社会的慣習、すなわち、責任感、慈愛、利他的行為、礼儀正しさ、節度、寛容、労働倫理などに関するものである。

このように、ポジティブ心理学の研究テーマは多岐にわたり、個人の内面にかかわるものから個人を超えた集団レベルでの繁栄を対象とするものまで、実に幅広いものとなっている。

ポジティブ心理学がもたらした社会的影響

一九九八年の創設以来、ポジティブ心理学への関心は、欧米を中心に急速に高まり、テレビや新聞・雑誌などのメディアにおいても、ポジティブ心理学の特集や、ポジティブ心理学に言及した関連番組・記事は膨大な数にのぼる。セリグマンの社会的認知度の高さにもそれは反映されている。たとえば、セリグマンのＴＥＤトークはオンラインで一〇〇万回ほど視聴されている（"The new era of Positive Psychology", 2008）。彼はまた、英国の元首相デビッド・キャメロンやダライ・ラマ一四世を含む政府の首脳や宗教指導者に会い、「ラリー・キング・ナウ」などの人気番組にも出演している。

ポジティブ心理学の対象が一般の人たちであり、この分野から得られた知見が自らの生活に役立つことは、現代社会における幸福への関心と相まって、ポジティブ心理学の飛躍的な発展に密接に関連しているものと思われる。事実、二〇〇〇年代以降、タイトルに happy や happiness とつく書籍

ダライ・ラマ14世とマーティン・セリグマン
（写真：Getty Images）

が急増（二〇〇〇年頃の三〇〇冊から二〇一八年には二〇〇〇冊以上になる）している。また『ＴＩＭＥ』誌にて幸福を扱う特集が組まれるほか、ウェルビーイングに関連するセミナー、講座への申込も殺到しているという（Cabanas and Illouz 2019:2）。

ポジティブ心理学は、従来の自己啓発書と内容的に重なるところもあるが、自己啓発の多くにみられる過度の一般化（たとえば、多様な人間すべてに妥当するような「三つの法則」とか「七つの習慣」など）をせず、科学的なデータに基づく検証がされている点が大きな特徴となっている。

二一世紀に入って以降、欧米の多くの大学・大学院や民間組織でポジティブ心理学の授業が開講されている。タル・ベンシャハーによるハーバード大学での「ポジティブ心理学」と「リーダーシップの心理学」の講義は、実に全学生の二割が参加するという、同大学史上もっとも受講生を集めた講義の一つとなっている（Ben-Shahar 2007）。また、二〇一八年冬学期にイェール大学でのポジティブ心理学に基づく「幸福になる方法」と題する講義では、全学部生の四分の一が受講登録し、歴代最大の受講者数になっている（Shimer 2018, Jan 26）。

大学院の修士過程のプログラムも急速に整備され、二〇〇〇年代のアメリカではセリグマンが研

『TIME』誌の幸福を扱った特集号
（左：2005 年 1 月 17 日、右：2013 年 7 月 8 日号）

究所長をつとめるペンシルバニア大学ポジティブ心理学センター、チクセントミハイの所属するクレアモント大学心理学部などにポジティブ心理学のプログラムが誕生した。イギリスではイースト・ロンドン大学、バックス・ニュー大学にポジティブ心理学を専門とする修士課程がある。二〇〇七年には、国際ポジティブ心理学協会が設立され、二〇一九年の第六回世界大会では七〇カ国から一六〇〇人の代表が出席している。日本においても、二〇一一年に日本ポジティブ心理学協会、二〇一二年には日本ポジティブサイコロジー医学会が設立されている。またポジティブ心理学を専門とする学術雑誌（『Journal of Positive Psychology』、『Journal of Happiness Studies』）も刊行されている。

政府レベルや公的機関でも世界各国でポジティブ心理学の活用が進められている。たとえば、イギリスでは二〇〇〇年代後半以降、ケンブリッジ大学の研究者たちが中心となって国の「ウェルビーイング政策」への提言をしている。また、同国の教育省主導で小学校から高等学校にかけて「ポジティブ教育（ウェルビーイング教育）」が積極的に実践され、確実な成果を上げているという。アメリカにおいては、二〇〇九年からの二年間で八〇万人以上の米兵がポジティブ心理学のレジリエンス（逆境からの回復）のトレーニング・プログラムを受講している（Seligman 2011=2014: 238）。

ポジティブ心理学は、かならずしもそれ自体が現代スピリチュアリティ文化の一部というわけではない。しかし、物質的な豊かさや便利さよりも、心の豊かさへの関心を高めているという点において、ポジティブ心理学の発展は新しいスピリチュアリティの主流文化化を促進する原動力の一つであり、基盤となっていることはまちがいないだろう。以下では、ポジティブ心理学の研究や介入調査において、現代スピリチュアリティ文化の動向と密接に関連する領域を取り上げたい。

3　ポジティブ心理学における美徳研究

ウェルビーイング理論とその主要概念

セリグマンの当初使用していた幸福（happiness）は、ギリシャ語の「ヘドニア（hedonia）」に近く、快楽志向の活動から得られる幸福の側面を指すという印象をもたれる傾向にあった。これに対して、のちにセリグマンが強調したウェルビーイングは、アリストテレスの「ユーダイモニア（eudaimonia）」を念頭に置き、人間としての私たちの可能性の実現を指す。セリグマンは、短期的なポジティブ感情にすぎないと考える幸福から、徐々に美徳（virtue）の強化に力点を置くようになる（以下、ユーダイモニア的幸福は、「持続的幸福」または「ウェルビーイング」として表記）。

一九九八年の創設当初、セリグマンは「本物の幸せ」（authentic happiness）に至る道筋を描くことを目指していた（Seligman 2002）。しかし、彼はその方向性を修正し、幸福が以前考えていたような人間存在の唯一の目標ではないと主張するようになる（Seligman 2011, 2019）。そのため、happy でなく、flourish（繁栄、持続的幸福）や well-being という語を意図的に使用するようになる。

図1　セリグマンによるウェルビーイング理論

PERMA

P ＝ Positive Emotion（ポジティブ感情）

E ＝ Engagement（エンゲージメント、または行為に没入し、流れに乗っているフロー状態を生み出す活動への従事）

R ＝ Relationship（関係性）

M ＝ Meaning and Purpose（人生の意味や仕事の意義、および目的の追求）

A ＝ Achievement（何かを成し遂げること。ただし「達成のための達成」も含むため、かならずしも社会的成功はともなわなくてもよい）

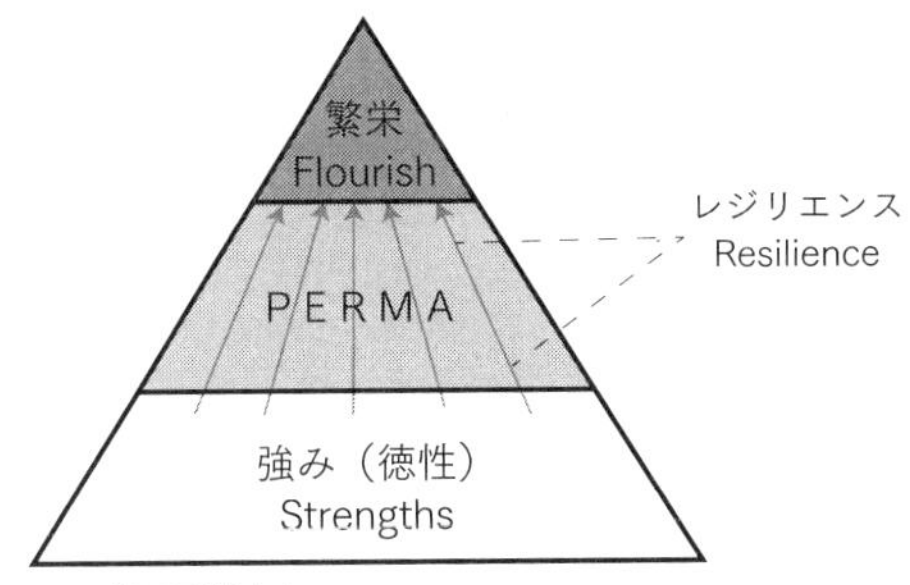

出所：日本ポジティブ心理学協会 HP

セリグマンをはじめとするポジティブ心理学者が美徳に力点を置くのは、それがウェルビーイングを向上させるための基盤になると考えるからである。セリグマンがPERMA（パーマ）と呼ぶウェルビーイング理論と五つの構成要素は図1のとおりである（Seligman 2011=2014: ch.1）。

徳性と美徳の内容

PERMAの各構成要素の根底にあるのが「人格の強み」である。徳性（あるいは美徳）は、宗教や哲学の主題であると同時に、健康や回復力、意義のある人生など、心の健康にも密接にかかわる（Seligman and Csikszentmihalyi 2000）。

ポジティブ心理学は、アリストテレスの倫理学から影響を受け、個人や共同体の繁栄に貢献すると考えられる人間の普遍的な徳性に着目する（Peterson 2006）。セリグマンとクリストファー・ピーターソンは、アリストテレスのみでなく、プラトン、トマス・アクィナス、聖アウグスティヌス、ブッダ、孔子、老子、『ウパニシャッド』『バガヴァッド・ギーター』『武士道』など二〇〇冊に及ぶ哲学書や教典を読み、そこで強調されている美徳について探究した。それを通じて、ユダヤ・キリスト教、イスラーム、仏教、ヒンドゥー教などのいずれの文化圏においてもきわめて貴重な人間的性質として扱われ、世界の哲学や倫理体系における普遍的な原則とされている徳性を確認した。その結果、明らかとなった六つの中心的な価値（美徳）と二四の人格の強みは表1のとおりである（Peterson and Seligman 2004）。

宗教とスピリチュアリティに密接に関連する美徳である「超越性」について検討しよう。超越性に共通するテーマは、「それぞれの強みを通して、個々人がより大きな宇宙とのつながりを構築することによって、各自の人生に意味が付与されること」である（Peterson 2006=2010: 188）。ほとんどすべてのポジティブな徳性は、個人の外に向かうという意味で社会的なものである。しかし、超越性に関する強みの場合、自己よりも大きな森羅万象の一部または全部を受容するために、他者それ自体を超えたものを志向する。超越性の分類における原型はスピリチュアリティである。これは、「宇宙、イデア、聖性、あるいは神と呼ぼうと何だろうと、常に人生の超越的（非物質的）な側面を信じ、そこに自らを委ねることに言及したもの」であるとする。それ以外の強みも同様に、審美眼は人を卓越性に、感謝は人を善に、希望は人を夢に描く未来に、ユーモアは恐怖や怒りではなく、喜びを生み出すような

表1　6つの中心的な価値（美徳）と24の人格の強み

知恵と知識	(1) 創造性 (2) 好奇心 (3) 向学心 (4) 柔軟性 (5) 大局観
勇気	(6) 誠実さ (7) 勇敢さ (8) 忍耐力 (9) 熱意
愛と人間性	(10) 親切心 (11) 愛情 (12) 感情的知性
正義	(13) 公平性 (14) リーダーシップ (15) チームワーク
節制	(16) 寛容さ (17) 謙虚さ (18) 思慮深さ (19) 自立心
超越性	(20) 審美眼 (21) 感謝 (22) 希望 (23) ユーモア (24) スピリチュアリティ

方向で人を混乱と矛盾に直接結びつけるため、この分類に含まれるとする（Peterson 2006=2010: 188-189）。

ポジティブ心理学における研究と介入に基づくセラピーの一つに、「強みのテスト（Values in Action：VIA）」と呼ばれるものがある。VIAに関する調査によって、先述した六つの中心的価値と二四の人格の強みのうち個々人がもつ強みの特定とその後の強化が実施されている（Peterson and Seligman 2004）。現在までで、世界一九〇カ国の約一一〇〇万人が質問紙への回答をしている。

こうしたポジティブ心理学による美徳の研究は、これまで宗教心理学が扱った領域と重なるところが大きい。結果として、宗教・スピリチュアリティとポジティブ心理学を関連づけた研究も数多くおこなわれてきている（Collicutt 2011, Emmos et.al. 2017, Falb and Pargament 2014, Schmitker and Emmos eds. 2017, Sticher and Saunders 2019）。次節では、美徳を養い幸福度を高める、ある意味でスピリチュアルな体験をもたらす可能性をもつ介入調査を検討したい。

4　ポジティブ心理学による介入調査の事例

「三つのよいことエクササイズ」の概要と調査手順

ポジティブ心理学の介入調査においてもっとも知られたものの一つに「三つのよいことエクササイズ（three good things）」と呼ばれるものがある（「よいこと日記」とも表記）。この実践では、毎晩、その日あったよかったこと（楽しかったこと、うれしかったことなど）を三つ思い出し、その出来事とそれがなぜ生じたかを書き留める。これを一週間続け、終了後には七日間の活動を振り返り簡単なまとめをするというものである。一日一〇分程度のエクササイズであるが、この一連の行為を通じて、個人の幸福度の向上が見られ、その効果は六カ月後まで持続するという成果報告もある（Seligman et. al 2005）。欧米や日本において、「三つのよいことエクササイズ」の異なった対象群を用いての検証、ほかの介入調査との有効性の比較など、いくつもの調査がおこなわれている（Sekizawa and Yoshitake 2015; 織田ほか二〇〇九、下田・平井二〇一七）。

これまでに実施された「三つのよいこと」関連の調査では、おもに量的調査による分析、評価がなされてきた。そのため、参加者がこのエクササイズを通じて、何をどのように感じ、考え、おこなったのか。また幸福度が向上した場合、いかなるポジティブ感情が増加し、当事者の意味世界に影響を与えたのかといった点については扱われてこなかった。そこで、筆者は精神看護を専門とする研究者（東京慈恵会医科大学医学部看護学科・山下真裕子）に研究協力する形で、「三つのよいことエクササイズ」

を用いた介入調査をし、参加者の自由回答やインタビューの書き起こしに対する質的調査をした。なお、本研究は科研費による研究課題「精神障害者のウェルビーイング理論に基づくセルフマネジメントプログラムの開発」（基盤研究（c）二〇二〇‐二〇二三）の一環としておこなったものである。

本研究の対象は、ＴＯＫＹＯ ＹＯＧＡ、およびジャパン・ヨガ主催のヨーガ・インストラクター養成講座に参加した人たちである。筆者は、これらの養成講座において「ヨーガ哲学」を担当（対面またはオンライン）したが、講座の課題の一つとして「三つのよいこと日記」の作成をおねがいした。参加協力をいただいたのは、二〇二〇年二月から九月までに東京、名古屋、福岡・八女、宮崎、沖縄で開催された六回の講座（名古屋にて二回）に参加した人たちのうちの三五名である。年齢層は二〇代から五〇代まで、性別は女性が九割であった。そのうち、七名には後日インタビューに協力いただき、このエクササイズを通しての生活態度やものの見方、考え方、感じ方の変化などについて聞き取りした（インタビューは山下が担当）。聞き取り内容はすべて書き起こし、「よいこと日記」での自由回答の内容とともに分析した。

「よいこと日記」がもたらす効能

まず一週間の「よいこと日記」でうれしかった出来事として挙げられているのは、仕事がうまくいったこと、友人や職場の同僚との良好な人間関係、自分の言動についてほめられたり感謝されたりしたこと、家族や子どもと過ごす時間、ペットとの散歩、食事がおいしかったこと、ヨーガのレッスン、旅行や趣味の時間など多岐にわたる。

「よいこと日記」をつける効能の一つは、日常生活のなかでのよかったことに焦点を当て、それを思い出そうとする作業自体にある。参加者の一人である岩井淳子さん（以下、すべて仮名）はつぎのように語ってくれた。

今まで普通に日記を書いていた時には、悪い点ばかりに焦点を当てて、反省ばかりしていたことに気づきました。よいことについて一日を振り返りながら、ダメダメと思っていた自分も何か明るい部分があって、気持ちも軽やかになっていくようになりました。（宮崎　二〇二〇・二）

通常、私たちが一日を振り返るときには、その日にあった失敗したことや嫌だったことに目が向きがちである。これまで日記をつけていた岩井さんも「悪い点ばかりに焦点を当てて、反省ばかりしていたこと」に気づいたという。これに対して、よかったことを三つ思い出すというのは、かなり新鮮な体験であったようである。

「よいこと日記」の第二の効能は、このエクササイズを通して、日常の出来事を普段より注意深く見つめ、問題点ではなく、よかったことを見つけるように心がける習慣化にある。佐々木あやかさんはつぎのように日記の振り返りでまとめてくれた。

最初の二、三日はよかったこと一つ、二つは簡単に頭に浮かんで、すらすら書けるのに三つ目がなかなか浮かばなくて……一生懸命よかったことを探そうとしていた感じがしたけれど、日を追うごとに日常のなかで自然とよいことを意識して見つけようとしているのか一日を思い返したときすぐに楽しかったこと、うれしかったこと、ほっこりしたことを思い出せるようになってきている気がします。

（名古屋　二〇二〇・五）

一日のおわりによかった出来事を記録するため、日中にそれを見つけようとしているのである。佐々木さんの場合、「日を追うごとに日常のなかで自然とよいことを意識して見つけようとしている」という視点の転換が、幸福度の向上に寄与していることがうかがえる。

「三つのよいことエクササイズ」をする第三の効能は、日常生活のなかでの注意を向ける対象がネガティブな出来事からポジティブな出来事へ転じ、夜に日記をつけることがよかった出来事を味わう二度目の機会となることである。つまり、就寝前に一日のなかでよかった出来事を思い出して日記に書くというのは、よかった出来事の再体験に結びつく。こうした行為は、日常生活を振り返り、客観視し、内省的になって穏やかに生活することにつながっていくようである。田中真美さんはつぎのように振り返る。

はじめる前は一日三つもいいことが挙げられるか不安でした。実際一週間その日のいいことを思い返してみると、普段であれば「今日あったよいこと」として思い出すこともなかっただろう小さなことも思い出されて、夜にまた「よかったな」と幸せな気分を噛み締めることができました。

（名古屋　二〇二〇・七）

田中さんの語る「夜にまた『よかったな』と幸せな気分を噛み締める」というのは、まさにポジティビティについて実感をともなって再体験することにあたると言えるだろう。

「よいこと日記」をつける第四の効能は、日常生活においてポジティブな出来事を意図的にしようとする、行動変容を促すことにある。安藤美沙さんはこの点についてつぎのように述べている。

はじめは特別ないいことばかりを探していた。「誰かのために何かをした」「ここに行った」など特別なことを探していたために、家でダラダラしていた日に書くことを思い出せなかった日があった。しかし、この日記を書くことをおぼえていると、日常生活のなかで小さなことでもプラスになる何かを作るために行動しようと思うようになった。感謝の気持ちを軽くでも伝えることや、家族との時間を大切にすること。たわいもない日常のなかで……とてもポジティブに考えられるようになったと思った。

（沖縄　二〇二〇・九）

安藤さんが語ってくれたように、夜に日記をつけることを見据えて、「小さなことでもプラスになる何かを作るために行動しよう」とすることは、このエクササイズの大きな効能の一つと考えてよいだろう。

ポジティブな体験を書くことによる実際の感情の変化についてはどうだろうか。

内容はどうでもいいようなことばかりですが、ことばにすると、まったりとして穏やかな気持ちになりました。（宮崎　二〇二〇・二）

寝る前によいことを思い出す作業は、気持ちよかったです。朝から機嫌よくいられたのは、日記のおかげだと思います。素直な気持ちで書くことができました。（名古屋　二〇二〇・六）

ほかの調査協力者たちも同様に、「よいこと日記」をつけることによって、穏やかだったり、素直な気持ちになったことを報告している。さらに、書きつづった日記を読み直すことによる効果も確認できた。山崎恵さんは、「（これまでに）書いたよいこと日記を読んでいると少し和らぎました。今改めて読み返したら忘れていることが多くて書いていてよかったなと思いました。幸せの再体験ができるってよいですね。今後も時期を決めてやってみようと思います」（宮崎　二〇二〇・二）と語ってくれた。

日常への新たなまなざしと感謝

それではこのエクササイズを通して、実践者はどのような気づきを得るのだろうか。具体的なことばを紹介する。

普段から幸せに囲まれているのだと感じました。　（名古屋二〇二〇・六）

ただただ毎日をとおり過ぎるだけで忘れるポジティビティが意外と毎日、存在していると気づくことができました。　（八女　二〇二〇・六）

日々の生活のなかにささやかな幸せもたくさんまぎれていて、それを少しだけど上手に見つけることができるように変われているように感じています!!　（名古屋　二〇二〇・五）

日々の何気ない出来事を日記に記入していると、毎日小さな喜びを見逃していたのかなと思いました。小さなことでも嬉しかった、楽しかった、幸せだと感じた、この感情をもっと大切にしたいと思います。毎日かならずよいことがあることにも気づけたので、よかったです。　（沖縄　二〇二〇・九）

この四人を含む多くの人たちに共通していたのは、これまで自覚することのあまりなかった日常生活に潜む喜びの源泉への気づきである。言い換えれば、幸福は私たちの体験する出来事自体ではなく、日常に目を向け、「普段から囲まれている幸せ」「意外と毎日存在しているポジティビティ」「日常生活にたくさんまぎれているささやかな幸せ」「毎日かならずあるよいこと」をいかに体験できるかにある。

幸せの源泉は日々の生活のなかにすでにあることを同様に認識した八木瞳さんは、つぎのように語る。

一週間、やっぱり私のよかったと思うことは小さな出来事。それでも私は毎日幸せで過ごせていた。これからも小さなよかったことを感じて毎日穏やかに暮らしていきたいと思った。

（八女　二〇二〇・六）

八木さんの気づきは、仏教やヨーガでいう「知足」（本当に必要な程度で満足することが自他の幸福の根本であるという知恵）と重なるところがあるようにも思われる。彼女を含む調査協力者の多くが理解した内容は、特定の宗教やスピリチュアリティの教えを通じて得たものではない。日常のありふれた小さな出来事に注意を向け、実はそこにこそ幸せの源泉があったと自発的に気づくことが、「よいこと日記」のもたらす効果と言えるだろう。

それでは、前節で考察した美徳とのかかわりについては何があるのだろうか。調査協力者たちが「三つのよいこととエクササイズ」を実践し、七日間の日記の内容を振り返ってもっとも多く語っているのは、他者とのつながりをいつも以上に認識し、周りの人びとへの感謝の気持ちが芽生えたことであった。

日々、たくさんの方々とかかわれることの感謝が芽生えたし、たくさんの方々に支えられているなと感じました。

（名古屋　二〇二〇・七）

毎日よいことを発見することで、むずかしかった自分と向き合うことができ、あらゆることに感謝の気持ちをもてた。
（名古屋　二〇二〇・七）

（日記を）最後に読み直してみると、ほとんどは相手がいての喜びや嬉しさだということに気づきました。いろんな人からたくさんの感謝や喜びをいただいているんだなぁとつくづく感じました。
（八女　二〇二〇・六）

このように、「たくさんの方々とかかわれることとの感謝」「あらゆることに感謝の気持ちがもてた」「いろんな人からたくさんの感謝や喜びをいただいている」といった、「感謝」のことばを頻繁に用いていたのである。

感謝する対象は身近な人たちになる場合がほとんどである。家族への感謝を語る山本菜月さんのことばを紹介しよう。

親のことをすごく思うようになりました。親の気持ちっていうか。どういう感じで言ったらいいのかわからないんですけど、「親も、こういうふうになってほしい」っていうか……。「人を幸せにしてあげたい」っていうか。自分がハッピーになったんでそういう幸せなことを書くことによって、幸せな気持ちになったんで、「次は親に、こういう気持ちを、感謝を伝えたい」というか、「喜ばせたい」というか。育ててきてくれた人に対して、「もっと感謝の気持ちをちゃんと伝えよう」

とか、「周りをすごく大切にしよう」っていうふうには思いました。やっぱり人と人がつながって幸せを感じることが多かったので「周りの人とか家族とか、もっと大切にしたいな」っていうふうには思いました。

（オンライン・インタビュー　二〇二〇・一二）

山本さんは、自分が幸せな状態になったことにより、その気持ちをこれまでお世話になった親にも味わってもらいたいと感じるようになったという。また自分が満ち足りることにより、人と人とのつながりがあって幸せを感じることを再確認しているようである。

小島桃子さんは、ほかの人たちと同じく、「感謝」をキーワードとしつつ、日常の出来事へのまなざしと喜びの源泉について、つぎのようにまとめてくれている。

自分は食べ物を食べること、家族と一緒に何かすること、家事育児がスムーズにいくこと、眠れたことなどに喜びを感じることが多いなと感じた。それが満たされないとイライラしたり、落ち込んだりするのだとわかった。

欲しいものが手に入ったり、人より優れていたり、人にないものをもっていたり、大金持ちだったりなどの喜びはこのなかに一つもなく、毎日繰り返されること、三食ご飯が食べられたり、家族がそばにいたりなどが持続されると、幸せも持続されていくのかなと感じる。目の前の日常をもっと大切に、毎日を大切に生きようと思う。

（宮崎　二〇二〇・一二）

小島さんは「よいこと日記」を通じて、「欲しいものが手に入ったり、人より優れていたり、人にないものをもっていたり、大金持ちだったりなど」から実際の喜びが得られるのではないこと、そして毎日繰り返されることのなかに喜びの源泉があることを自覚するに至ったのである。「いま、ここ」にある日常を大切にして生きることは、長年、世界各地の宗教伝統において強調されてきた美徳である。このメッセージを小島さんは「三つのよいことエクササイズ」を通して深く理解したことになる。

ポジティブ感情を長年研究してきたバーバラ・フレドリクソンは、私たちが日常味わうポジティブ感情（感謝、喜び、愉快、勇気、安らぎなど）とネガティブ感情（怒り、憎しみ、恐怖など）の頻度において、前者の比率が三対一を上回る場合、人生は繁栄（持続的幸福）に向かうとする実証的研究成果を報告している（Fredrickson 2009）。彼女が挙げているポジティブ感情は、ポジティブなことについて考える思考様式ではなく、繊細でかき消されてしまうエネルギーの質のようなものである。それに対するネガティブ感情は人間が生存し、よりよく生きるために必要不可欠なものを含むが（たとえば、外敵への恐怖、不正義に対する憤りなど）、反すうする（繰り返し立ち表われる）という性質をもつ。そのため、このネガティビティに支配される頻度が高くなることがいろいろな問題を生じさせていると論じている。

個人の幸福度を向上させるためには、日常において味わうポジティビティの頻度を高め、同時に不必要なネガティビティを減らしていくことが肝要となる。「三つのよいことエクササイズ」は、人びとのポジティビティを高め、ネガティビティを低減する有力な方法であると言えるだろう。また伝統宗教や道徳、教育、あるいはスピリチュアルな教えによることなく、このエクササイズは人を善に結びつける「感謝」というスピリチュアリティに関連する美徳を高める実践であることが明らかとなったのである。

5　科学性をまとったスピリチュアリティ文化の発展

二一世紀に入ってポジティブ心理学は華々しく興隆し、セリグマンと彼の同僚たちは、何百万人もの消費者に希望や楽観主義、感謝、そしておそらくは幸福を与える何かを非常に明快に伝えている。しかし、果たしてすべての人びとがウェルビーイングを向上させる対象となるか、またポジティブ心理学が暗黙のうちに前提としている人間観はいかなるものなのかは十分検討する必要がある。これまでに指摘された主要な問題点の多くは、ポジティブ心理学が現代社会に蔓延する不平等性を前提とした個人主義的な価値規範を特徴とすることとかかわる。

事実、本章で扱った美徳の育成は、ある人たちにとってはほかの者よりもはるかに簡単なものであり、そのちがいは運によるところが大きい。たとえば、セリグマンらによる普遍的美徳のリストの最初の項目である知恵と知識の習得は、遺伝的要因に強く影響を受ける。それはまた、教育を大切にし、子どものためにそれに投資する時間とお金をもっている親を必要とする。そして、質の高い教師や学校などの刺激的な環境も当然必要となるだろう。これらすべての前提条件は社会的に不平等に分配されている。ほかの美徳も事情は同じである。本章四節で扱った「よいこと日記」の実践とその成果についても、ヨーガ・インストラクター養成講座を受けることができる精神的、経済的、時間的に余裕がある人びとにおいて得られた、社会全体で見たときにはきわめて限定的な知見ではないかという批判が可能である。特定の美徳を実現するには、多くの場合、生まれと育ちの幸運に恵まれていることが必要になると言えるだろう（Smith 2018）。しかし、セリグマンらの掲げる持続的幸福には、これらの明らかな不公正に対する言及がほとんどない。

エドガー・カバナらは、ポジティブ心理学が個人主義という西洋的で自民族中心主義の信条を促進させたとして批判している（Cabana and Illouz 2019: ch.2）。ポジティブ心理学の核心にあるのは、人びとが置かれた社会的諸状況に関係なく、個人が決意とやる気を示すことによって、また私たち自身の努力によって幸福を達成できるという楽観主義なのである。

これと関連して、ポジティブ心理学が美徳を促進するためのプログラムの目的についても批判がある。アリストテレスとポジティブ心理学とでは、美徳に対する捉え方が大きく異なることが明らかだからである。たとえば、勇気ある人びとは、持続的幸福（ユーダイモニア）を望んでいるために、そのように行動するわけではないとアリストテレスは慎重に説いている。むしろ、その美徳を達成した後に、人びとは勇気のために勇気をもって行動するにすぎない（アリストテレス『ニコマコス倫理学』第三巻六章）。したがって、勇気という徳の実現が個人の快適さにつながらない場合もある。これに対して、ポジティブ心理学によって開発されたエクササイズを用いて、勇気を養う努力をしている人は、自分自身を改善し、それがもたらすと感じる個人的な利益のために、その訓練に従事しているのである。言い換えれば、ポジティブ心理学における美徳の促進は、個人の持続的幸福のための手段となっていると言えるだろう。同様の批判は、マインドフルネスの功利的特徴に対してもなされており、両者には共通する傾向があることがうかがえる。

以上でまとめたような、ポジティブ心理学が前提とし、また強化しようとする個人主義的な人間像を否定的に捉える見方がある。他方、ポジティブ心理学の理論に基づき個人の潜在的徳性を開花させようとする試みを肯定的に評価することも可能だろう。四節で扱った介入調査とその結果で示したように、ポジティブ心理学が提唱する「よいこと日記」の実践を通じて日常にあふれている幸福に気づき、他者とのつながりを自覚したり、感謝したりする美徳が養われているのも事実だからである。いずれの見方をするにせよ、「自己の聖性」を重視する現代スピリチュアリティ文化とポジティブ心理学との親和性がきわめて高いことは明らかである。

ポジティブ心理学は、価値中立的な専門科学の一つであるとはっきりと表明する。セリグマンらは、心理学的な研究調査に基づき、持続的な幸福の向上をめざす技法を提示する。しかし、ポジティブ心理学は、人びとの精神的健康だけでなく、道徳的およびスピリチュアルなウェルビーイングにも密接に関係する科学である。それは私たちがどのように生きるべきかという根源的な意味の問題にかかわっている。さらに、個人の選択、意思決定を重視する現代社会に適合的な規範的な側面をもつ。そこでは、セリグマンというカリスマ的なリーダーと熱狂的な支持者を擁し、感謝、寛容さ、超越性といった特定の価値を個人の持続的幸福のために促進しつつ、明るい未来を約束する。

ポジティブ心理学が持続的幸福の基盤と捉える人格の強みは、元来は世界の宗教伝統において重視され、美徳として言及されていたものである。しかし、現代社会では、こうした美徳は宗教という枠組みからあふれ出し、非宗教領域に浸透する。「スピリチュアルであるが宗教的でない」と自己規定する人たちをはじめ、一見宗教とはかかわりないと捉える人たちが、科学的技法により美徳を育成する。その中心的役割を果たすのが、現代スピリチュアリティ文化の担い手としてのポジティブ心理学なのである。一見世俗化した現代世界において、ポジティブ心理学は、超越的な次元を含む価値規範の形成に今後ともきわめて重要な役割を果たす可能性は高い。この一大ムーブメントが示す理想の人間像やそこに至る方法、またその問題点に着目することは、現代スピリチュアリティ文化の特徴を理解する大きな手がかりとなるように思われる。

第九章　人間崇拝の宗教としてのヒューマニズム
――ヒューマニストUKの活動を手がかりとして――

1　生命の尊さの意味基盤をもとめて

現代社会において、衝動的な怒りによる暴力事件、児童への虐待、あるいは自殺や自傷行為により人間の生命（いのち）が軽んじられる出来事が日常生活、またテレビや新聞のニュース報道を通じてしばしば目にされる。その原因は個人の生育環境や心理的属性、私たちの生きる社会の構造（たとえば、人びとのつながりの希薄さ）などさまざま考えられる。しかし、その原因の究明とともに重要となるのが、人間の生命を尊ぶ価値観を学校教育に取り入れ、徹底化させることであろう。

現代社会は都市化、情報化、さらにはグローバル化の進展により、人びとの価値観が多様化してきている。社会学者のピーター・バーガーによれば、価値観の多様化は、多くの人たちが共有する価値を相対化させてしまい、結果として生きる「意味の基盤」を弱体化させてしまうことにつながっているという（Berger 1967）。このように価値観が多様化・相対化した時代において、わたしたちが自らの、そして他者の生命を尊重すべきとする共通認識をどこに見出すことができるのだろうか。

本章では、人間の生命を重んじる価値観の基盤となる有力な思想・実践体系として「ヒューマニズム（humanism）」を取り上げる。このヒューマニズムの現代的特徴を示す具体例としてイギリスにある非営利団体、ヒューマニストUKの取り組みを概観する。またヒューマニズムこそが二〇世紀に繁栄した「宗教」であると論じる歴史学者ハラリの議論を紹介し、この思想・実践の現状と今後の課題についても考察したい。ヒューマニズム思想は、一見すると「自己を超えた何ものかとのつながり」を強調する現代スピリチュアリティ文化とは無関係なように見える。しかし、両者が自己の聖性をとりわけ重視し、「本当の自分」を実現しようとめざす点では共通するところがある。現代スピリチュアリティ文化が発展するための土台は、このヒューマニズムの現代世界への広がりが前提になっているように思われる。ヒューマニズムと現代スピリチュアリティ文化との関連を視野に入れつつ、議論を進めていきたい。

2　ヒューマニズムの誕生と発展

ヒューマニズムの語源

ヒューマニスト（humanist）という名詞が活字として最初に現れたのは、一五八九年のことである。イタリア語のumanistaから英訳されたこの語は、神学以外の学問の研究者、および古典言語や文化の研究を指すことばとして用いられた。現在でも使われる「教養」の語源として理解できるだろう。約二〇〇年後の一九世紀になると、「ヒューマニスト」という語は、教養分野の研究者のみでなく、こうした研究を含むカリキュラムが人間の性格や知性、また文化的・社会的な成長を促すと主張する人びとを意味するようになる。

ドイツ語の造語 humanismus から派生したヒューマニズム（humanism）という名詞が最初に使われたのは一八〇八年のことである。ヒューマニズムは明確に区別できる二つの意味をもっていた。一方で、ヨーロッパのルネサンス期に発展した古典研究の復興やそれに触発された思想的伝統、すなわち「教養」を指す。他方、いまだ体系だってはいないが、非宗教的、非神学的、非キリスト教的な人生態度に幅広く言及する語として使用されたのである。二〇世紀になると、後者の意味合いが強まり、ヒューマニズムはおもに神や宗教の代わりに、人間とその文化に価値を置く人生態度を示す語として用いられるようになる（Copson 2015）。

現代ヒューマニズムの特徴

ヒューマニズムの思想、信念は特定の個人によって生み出されたものではない。二〇世紀半ば以降、多くの思想、実践がまとまり、一貫性のある非宗教的世界観と人生態度を意味するものとなってきている。

ヒューマニストUK代表のアンドリュー・コプソンは、ヒューマニズム思想の根幹を支持する人びとの特徴をつぎのようにまとめている（Copson 2015）。

（一）現実（リアリティ）について

現実に関する真理を見出す唯一の道は、科学的方法を通じて可能となる。したがって、ヒューマニストは、超自然的ないかなる存在（神、幽霊、天使など）も信じていない。

（二）死について

私たちは唯一の人生を歩んでおり、死後の生は存在しない。自らの肉体が死ぬとき、友人の記憶のなかで、子ども達の人生のなかで、あるいは生涯にわたる功績として存続することはある。しかし、死が個人的存在の終焉を意味するという事実をヒューマニストは受け入れている。

（三）幸福の追求

道徳の目的は人類の幸福の実現であり、倫理的選択はその目的に沿ってしなければならない。ヒューマニストは、宗教の聖典やそのほかの権威に服従することなく、善悪を判断する方法は理性と人間的共感であり、この二つが道徳的基盤となることを信念としている。

（四）人生の意味

宇宙には究極的な意味や目的はない。したがって、ヒューマニストは、人間自らが個人として、あるいは共同体として、生きる意味と目的を構築すべきであると信じている。

コプソンがまとめた現代ヒューマニズムの世界観は、非宗教的、非神学的な特徴を明らかにもっと言えるだろう。宗教がしばしば信仰するような、超自然的あるいは超越的存在やその力についてのいかなる主張にも依拠することなく、理性、証拠、経験に基づく知識のみを評価するからである。ヒューマニズムは、自然主義的な形而上学に立脚し、すべての超自然的形態は神話であると捉える。理性なしで信仰をすること、あるいは聖なるものの起源に関して経典に基づき正当化することを拒否する。したがって、ヒューマニズムは信仰を行為の基礎とせず、真理を見出すのは人間にかかっていると信じるため、神の啓示や神秘主義、あるいは観察可能な証拠への論理的適用と相容れない、いかなる伝統にも反対する。

こうしたヒューマニズムは、特定の教義というよりは、一般的な人生哲学あるいは態度であり、さまざまな哲学体系を構成要素としている。またヒューマニズムは、人生への楽観的態度をもち、人間がよりよく充実した人生をおくり、世界がよりよいものとなっていくことを究極的な目的としている。この思想が強調するのは、個人の自由や責任、人間の尊厳、人びとへの共感や寛容さ、協調性である。

以上でまとめたヒューマニズムにおいて、伝統的な宗教とは明確に異なる理念を掲げていることは明らかである。それは同時に「宗教」と対置する形で自らの存在を規定する現代スピリチュアリティ文化と共通する点もある。宗教の聖典やそのほかの権威への服従をよしとしないこと、人間的な共感を大切にすること、特定の教義よりも日常の体験を重視することなど、現代スピリチュアリティ文化の大半の思想や活動と親和性が高い。またヒューマニズムが特徴とする科学の重視は、二一世紀になって発展したスピリチュアリティ文化の一潮流と重なるところがある。そこでは、マインドフルネスやヨーガが科学的エビデンスに基づいて実践され、大学や研究機関にその拠点のあることが一般的になってきたからである。ただし、宇宙には究極的な意味や目的はないという点では、おそらくほとんどのスピリチュアリティ文化と相容れないだろう。しかし、個々人が生きる意味を構築するべきということに関しては何ら矛盾するところがないように思われる。このようないくつかの観点から見てみると、現代ヒューマニズムの特徴は、現代スピリチュアリティ文化のもつ私たち一人ひとりを聖なる存在と捉える世界観と重なり合うところもあり、当該文化の価値基盤を提供しているものとして理解することも可能であろう。

3　イギリスでのヒューマニズム関連活動

現代ヒューマニズムは、具体的にどのような社会実践と結びついているのだろうか。ヒューマニズムに関連するイギリス最大の団体であるヒューマニストUK（以下、HUK）の活動を検討したい（以下、HUKホームページ参照）。

ヒューマニストUKの歴史

HUKの歴史は、一八八六年にアメリカ人のスタントン・コイトによってロンドン倫理協会が創立されたところにさかのぼる。その後、イギリスに存在していたいくつかの倫理関連協会と合併した。一九六七年になると、イギリス・ヒューマニスト協会（the British Humanist Association：BHA）が設立され、四〇年にわたってさまざまな活動をおこなう。

二〇一七年五月、BHAは「ヒューマニストUK」と名称変更した。協会はヒューマニズムの本質を伝えられるような新しいロゴを用い、完全に新しく、友好的でオープン、包括的でエネルギッシュ、そして現代的であり、人びととその人生物語をもっとも重要なものと位置づけて活動を展開している。

当協会の目的は、「理性と人間性に基づく倫理的生活を送ることを求める非宗教的な人びとのための活動」の促進である。具体的には、理性、経験、および世界に対する自然主義的見方に基づく教育、とくにヒューマニズムに関する知識や芸術・科学に関する研究の発展をめざしている。また差別の撤廃や人権の保護、社会においての調和的な協力を発展させるために、宗教的、非宗教的信念をもつ人びとの相互理解の促進を掲げている。

ＨＵＫは非営利団体であり、ロンドン中心部にオフィスがある。そのメンバーは一〇名程度の常勤スタッフ、および臨時のインターンやボランティアから構成されている。協会は約六万人の会員と賛同者からなり、現在七〇の関連団体と連携している。会員のなかには、『利己的な遺伝子』『神は妄想である――宗教との決別』などの著作で知られる進化生物学者のリチャード・ドーキンスをはじめ著名な人物も多く含まれている。

ヒューマニストUKのロゴマーク

ヒューマニストＵＫによる社会活動

イングランドとウェールズで二〇一二年におこなわれた大規模な世論調査によれば、人口の約四分の一にあたる一四一〇万人のイギリス人は、宗教をまったくもたないという結果であった。この数字は過去一〇年間で六四〇万人増加している（Guardian 2012）。ＨＵＫの活動は、こうした現代イギリスにおける伝統宗教への関心の低下と密接に結びついている。

バスの前に立つアリアン・シェリンとリチャード・ドーキンス（撮影：Zoe Margolis）

信仰をもたない人びとの増加は、誕生、結婚、死にかかわる儀式にも影響を与えることになる。イギリスの主要な葬儀会社である、フューネラルケア社により二〇一一年におこなわれた葬儀主催者への調査によれば、人口の一〇%を超える人たちの葬儀が「ヒューマニスト式」として分類できると回答している。キリスト教系の研究機関であるセオスにより二〇〇九年に実施されたアンケート調査ではその数字はより高くなっている。回答者の一七%が「神などへのいかなる言及もしない非宗教的葬儀」を望んでいると答えたのである。現代イギリスの多くの人びとにとって、宗教的な葬儀自体が居心地の悪いものになっていることを示す好例と言えるだろう。

ＨＵＫでは、このような世論を反映する形で、キリスト教のシンボルや聖書への言及を一切おこなわないヒューマニスト式葬儀を執りおこなっている。毎年八〇〇〇以上の葬儀がＨＵＫにより実施されている。当協会では、非宗教的葬儀のみでなく、毎年六〇〇〇から九〇〇〇の結婚式、五〇〇〇名以上の子どもへの名付けがＨＵＫ認定の儀礼執行者によりおこなわれている（Engelke 2015）。

当協会では、ヒューマニズム普及に関連したキャンペーンも数多く実施している。たとえば二〇〇八年には、コメディ作家のアリアン・シェリンが発案したイギリス初となる無神論のバス広告キャンペーンを公式に支援した。このキャンペーンでは、"There's probably no God. Now stop worrying and enjoy your life."（「おそらく神は存在しない。心配するのをやめ、人生を楽しもう。」）のスローガンを掲げたバスを走らせるための基金を募った。この標語は、キリスト教福音派の団体による「神を拒む者は地獄で永遠に苦しむことになる」との警告メッセージに対抗したものである。広告費五五〇〇ポンド（約八八万円）を集めるために、賛同者から一口五ポンド（約八〇〇円）で寄付を募ったところ、予想をはるかに上回る一五万三〇〇〇ポンド（約二四五〇万円）が集まった。二〇〇九年一月の四週間、英国全土の都市で運行する八〇〇台のバスとロンドンの地下鉄にこのスローガンを掲げ、一大キャンペーンを実施したのである（Guardian 2019）。

「宗教教育」へのヒューマニズムの導入

ＨＵＫは、学校教育のカリキュラムにある「宗教教育（Religious Education）」を改革し、「ヒューマニズム」を含むよう積極的な運動を展開している。

さまざまな形態の学校に通うすべての生徒達は、哲学的な根本問題を考察する機会を与えられるべきである、とＨＵＫは主張する。現代イギリスのような価値観の多様化した開かれた社会においては、「宗教教育」の内容がより包括的で、公平で、客観性をもち、バランスのとれた適切な科目となるべきだとしている。そのためには、ヒューマニズムなどの非宗教的世界観を含む他者の信念について学ぶ必要があると強調する。

最近の調査によれば、イギリスの若者たちの半数から三分の二は特定の宗教をもたないという。世

冊子「ヒューマニズム入門」の表紙

界の宗教とともに、若者たちの信念や価値観と一致するところの大きいヒューマニズムを等しくカリキュラムに組み込むことはきわめて重要となる。生徒達は多様な宗教とともに、非宗教的な世界観の出現と発展にかかわる歴史的、社会的文脈を学ぶ必要があるというのである。

　イングランドおよびウェールズの宗教教育評議会により組織された「宗教教育」科目調査委員会は、二〇一四年、ヒューマニズムのような非宗教的世界観を諸宗教の教義と同等に扱う必要があるとはじめて結論づけた。しかし、それと並行して進められている政府による義務教育段階の修了試験、および中等教育に付帯するシックス・フォーム課程でのＡレベル試験（大学入学に必要な資格試験）においては、ヒューマニズムを含む非宗教的世界観は「宗教教育」の内容からは除外されている。現在のところ、ヒューマニズムを「宗教教育」に含むかどうかの判断は各学校や地方当局に委ねられているのが実情である。

　ＨＵＫでは、学校教育に向けた多くのシラバス（クラス概要）と教材、教師のための指導マニュアルを提供している。「ヒューマニズム入門」という冊子は学生に無料配布され、表紙には「神なしでどのように生きるのか」と記されている。たとえば、「ヒューマニズム入門」は、①ヒューマニストが信じるもの、②ヒューマニズムの歴史、③ヒューマニストにおける道徳的価値の根源、④ヒューマニストによる道徳的ジレンマへの対処法、⑤ヒューマニストにとっての人生の意義と目的、⑥ヒューマニストによる諸活動の六項目から構成されている。

これ以外にも、ヒューマニズム関連の専門的内容に分けていくつかのクラスを用意している。いずれの場合においても、七〜一八歳までを五つの年齢層に分け、それぞれの段階でふさわしいテーマや題材、豊富な図表やイメージ画像、映像資料、プレゼンテーションの課題、クラス活動の進め方に至るまでの詳しい内容を提供している。

4　人間崇拝の宗教

これまで論じたように、現代ヒューマニズムは既存の宗教に対抗する非宗教的世界観を有し、積極的な社会活動をしている。このように、伝統的なキリスト教も、ヒューマニストたちも両者にとって、宗教と非宗教の対立関係が成立していると理解されているのである。

ところが、ヒューマニズムも実は新しいタイプの宗教であるとする有力な議論がある。世界的ベストセラー『サピエンス全史』『ホモ・デウス』の著者である歴史学者ハラリによるものだ。ハラリによれば、キリスト教とヒューマニズムの攻防は、宗教と非宗教ではなく、伝統宗教と新しい宗教との対立ということになる。彼の議論を概観しよう。

まずハラリは宗教を「超人間的な秩序の信奉に基づく、人間の規範と価値観の制度」（Harari 2014=2016: 10）と定義する。宗教であるためには、「超人間的な秩序」と「人間の規範と価値観の制度」という二つの要件を満たす必要がある。

たとえばサッカーには、多くの決まりごとや習慣、奇妙な儀式があり、「人間の規範と価値観の制度」

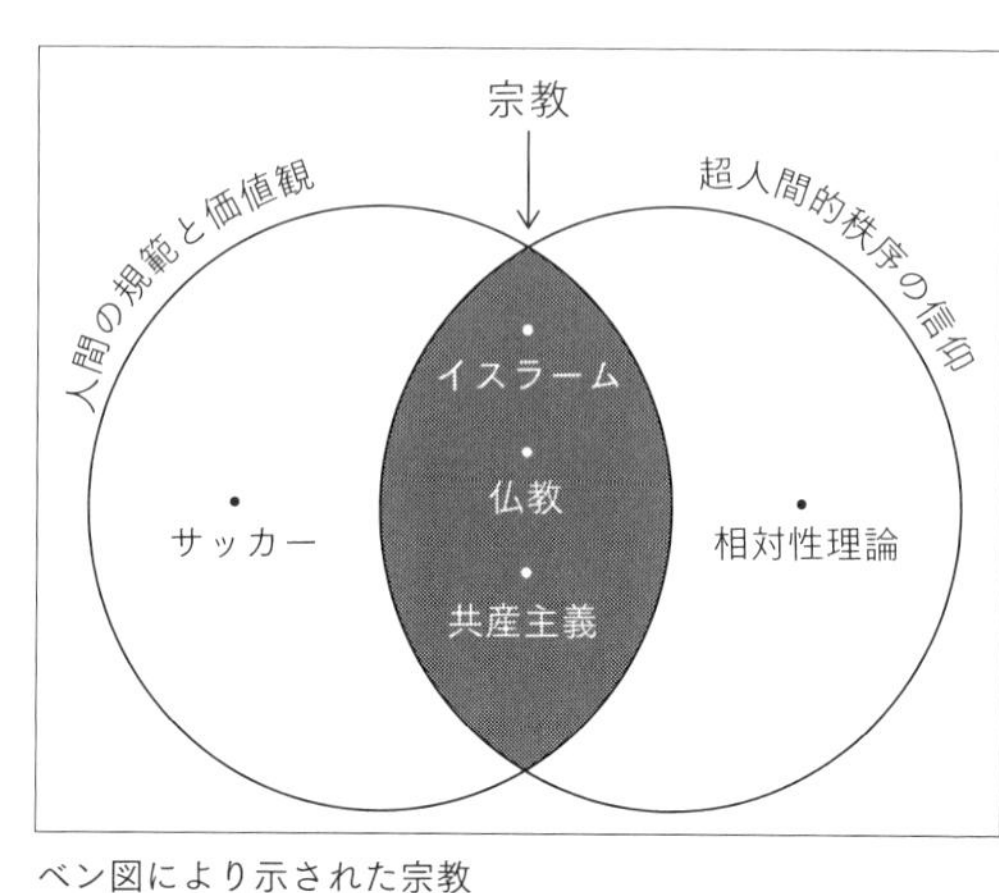

ベン図により示された宗教

となっている。しかし、それが人間自身の発明であることを誰もが承知している点で「超人間的な秩序」という条件を満たしていない。したがって、サッカーは宗教に含まれない。また、死者の霊や妖精の存在、生まれ変わりは、西洋人の多くが信じており、「超人間的な秩序」の要件を満たす。しかし、これらの信念は西洋社会において、道徳や行動の基準の源ではないため「人間の規範と価値観の制度」とは言えず、宗教とは呼べない。同様に、アインシュタインの相対性理論は「超人間的な秩序」を構成するが、「人間の規範と価値観の制度」となってはおらず宗教には含まれない。

この二つの要件を満たすものが宗教となる。ハラリによれば、二〇世紀以前には、人間の外部に存在する神への崇拝に焦点を合わせる「有神論の宗教」がヨーロッパにおいて支配的であった。しかし、このタイプの宗教は科学の発達にしたがって、次第に重要性を失っていく。科学が解き明かす現実（リアリティ）とキリスト教的世界観とに大きな矛盾が生じたことに原因がある。これに代わって発展してきたのが、自然法則に基づく宗教であり、そこでは人類は独特で神聖な性質をもつとして崇拝されている。ハラリはこれを「ヒューマニズム（人間至上主義）の宗教」と呼ぶ。伝統社会において、宇宙的意味が付与されるのは神によってであった。ところが近代は人間が力（科学）を手に入れた時代であり、聖なる個人の側が宇宙秩序に対して意味づけするという反転が生じている。つまり、現代は神の信仰から人間崇拝へと転換したのである。ハラリは、「人間性」の厳密な定義をめぐって分かれたヒューマニズムの三形態についてまとめている（Harari 2016=2018: ch.7）。

第一の社会主義的なヒューマニズムは、各個人ではなく、種全体を神聖なものと捉える。この形態において、不平等は人間の尊厳に対する最悪の冒涜であり、全人類の平等を希求する。社会主義、共産主義はこれに含まれる。二つめは進化論的なヒューマニズムである。これは人類を退化から守り、斬新的進化を促すことを至上目的としている。ナチス・ドイツによる優生思想はこのタイプに入る。

三つめは、リベラリズム（自由主義）に基づくヒューマニズムである。ここで言うリベラリズムとは、国家や集団などによる統制に対して、個人の価値や人格の尊厳を重んじ、人間の自由な思想・活動を可能な限り保障しようとする思想的立場を指す。この思想は、一七、一八世紀の市民革命の成立や資本主義の発展とともに発達した。他者への「寛容」が本来の意味には含まれ、その精神は生まれや性別、人種、民族、宗教が異なっても、平等に扱われるべきであるという社会の多様性を承認しようとする現代の価値観につながっている。ハラリによれば、リベラリズムにおいては、人間がもつ神聖性は全人類に共通するものであり、わたしたち一人ひとりに宿るとしている。個人の経験や直感といった「内なる声」を重視し、人権の尊重や、拷問や死刑制度の反対を唱える。拷問や死刑制度がヨーロッパできびしく非難されるのは、人間の神聖性の冒涜として捉えられるからだとハラリは論じる。

ヒューマニズムはまさに人間至上主義であり、二〇世紀を代表する「宗教」である。とくにそのなかの一分派である三つめのリベラリズムは、一九八九年に冷戦が終結された以後の現代社会でとりわけ支配的な宗教であるとハラリは捉えている。

5　二一世紀の生命観の課題と展望

本章では、ヒューマニズムの現代的特徴を概観したうえで、それが人間存在を聖なるものとして崇拝する、宗教的特質をもつことを論じた。こうしたヒューマニズム的世界観は、欧米諸国のみならず、日本においても、第二次世界対戦後の学校教育の根幹をなすものとして導入されている。また日本国憲法においても、個人の尊厳を基底にしたうえで、基本的人権の尊重、国民主権、平和主義が日本国憲法の三大原理とされている。したがって、現代ヒューマニズムは日本においても、その理念が憲法や学校教育に受容されていることはまちがいない。

しかし、イギリスでの事例が示すように、その世界観が多くの人たちに自覚的に理解、実践されているわけではかならずしもない。それゆえに、ヒューマニズムの理念や歴史、現代的諸問題への応用を学校教育において積極的に活用する動きが求められているのであろう。

第二次世界対戦以後、とりわけ冷戦終結後の現代世界において高まったヒューマニズムだが、二一世紀に入ると少しずつその影響力が低下してきているように見える。先進諸国において、政治思想が国粋主義的、全体主義的になっていく、いわゆる「右傾化」が進んでいると指摘される。そうしたなかで、基本的人権や言論の自由、あるいは個人のプライバシーが軽視される出来事が散見されるからである。

日本においても、ヨーロッパやアメリカにおいても、人権が蹂躙(じゅうりん)されたり、特定の民族が差別されたり、自分と異なった境遇にある人びとへの寛容さが欠如していたりするケースが増えてきている。

二〇世紀後半にとりわけ繁栄した、一人ひとりの「内なる声」や聖性や真正性を重視・強調する自由主義的ヒューマニズムは、二一世紀もさらに繁栄するのだろうか。あるいは、二〇世紀特有の宗教的遺産として過去の出来事として語られることになるのだろうか。

ハラリによれば、二一世紀の科学技術のさらなる発達により、人間を聖なるものとするヒューマニズム思想の基盤が根底から揺らぐことになるという。その理由は生命科学、遺伝子工学、人工知能の発達により、ヒューマニズム＝人間至上主義が前提とする神話が崩壊するからである。その神話とは、自由意思を有する意識をもった主体的個人という人間のイメージである。最先端の科学的成果によって、人間の自己決定は自由意思によるものとは言いがたく、人間の知性によってのみ創造できると信じられていた芸術活動が人工知能によっておこなわれるなど、従来の人間にまつわる信仰がつぎつぎと否定されている。その結果、人間存在の聖性イメージを保持することが困難になってきたと言えるだろう。

二一世紀のうちに、ヒューマニズムは「テクノ宗教（テクノ・ヒューマニズム、データ宗教の二つまたはそのうちの一つ）」に取って代わる可能性があるとハラリは分析する。テクノ・ヒューマニズムとは、ホモ・サピエンスを（生物工学や人体拡張などの）テクノロジーの活用によりホモ・デウス（神）へアップグレードすることを指す。ただし、ごく一部の富裕層がその権利を獲得するのみであり、残りの大多数の人間は社会的有用性をもたない「無用者階級」になってしまうと警告している。また「データ宗教」とは、全人類が単一のデータ処理として把握され、情報の自由な流れ自体に至上の価値が置かれ、情報処理能力、情報自体に意味があるという思想である。いずれの場合でも、自由主義的ヒューマニズムが掲げる、すべての人びとの生命を尊重するような世界観は薄れていくことになる（Harari 2016）。

ヒューマニズムは、人間の関心や価値基盤、運命を支配するような、倫理学、形而上学、認識論、政治学などのいくつもの学問からなる幅広いカテゴリーである。人類への究極的な信仰をもつヒューマニズムは、おもに理性と科学的方法に基づき、将来への楽観的なヴィジョンと勇気をもって私たちが直面する諸問題を解決する力と潜在能力を保持していると信じて疑わなかった。果たして、二〇世紀後半に発展した自由主義的ヒューマニズムという宗教は、今後もわたしたちが価値あるものと認め、保持していくことになるのだろうか。人類は独特で神聖な性質をもつとして崇拝されているヒューマニズム思想がもつリアリティが薄れることは、現代スピリチュアリティ文化の基盤が揺らぐことにつながるのだろうか。そのような事態が生じたとき、スピリチュアリティ文化の存在意義やその思想・実践は中長期的にどのように変化することになるのか。本章で考察した超人間的秩序にまで高められたヒューマニズムの世界観が、二一世紀の科学技術のさらなる発展のなかでどのように扱われているのか、そして聖なる個人の側が宇宙秩序に対して意味づけするという反転はこれからも続くのか。人間崇拝の宗教をめぐる言説の持続と変容を今後も見きわめていくことにしよう。

第一〇章　「自己」論へのアプローチ
――エックハルト・トールとネオ・アドヴァイタ・ムーブメント――

1　一九六〇年代以降の現代スピリチュアリティ文化

二一世紀に入って二〇年が経った現在、現代スピリチュアリティ文化は先進資本主義諸国の主流文化にますます深く浸透してきているように思われる。たとえば、一九九〇年代後半以降に起こった現代体操ヨーガの発展は現在に至るまで続いている。身体や呼吸に注意を向けるエクササイズにより、多くの人びとがスピリチュアルな体験をする機会となっている（Jain 2014）。また二〇〇〇年代以降に興隆したマインドフルネス・ムーブメントは、今日では医療、心理療法、教育などにも広がり、定着してきている（Hedstrom 2018）。従来はヨーガのアシュラム（道場）において、あるいは仏教の寺院において特定の修行の一環としておこなわれていた実践は、伝統文化を離れ、幅広い社会・文化領域で一般の人びとによりおこなわれてきている。

この新しい文化を牽引するスピリチュアル・ティーチャーの存在も主流文化において確実に認知度を増している。二〇〇〇年代以降の当該文化の潮流において、おそらくもっとも影響力をもつ人物はエックハルト・トール（一九四八-）だろう。トールの思想は「ネオ・アドヴァイタ（非二元）」と呼ばれる世界観を提示し、かならずしも平易ではない。それにもかかわらず、彼の著書である『パワー・オブ・ナウ』（一九九九年）は三〇〇万部以上、『ニュー・アース』（二〇〇五年）は五〇〇万部以上出版されている（ともに英語版）。彼の登場は、現代スピリチュアリティ文化のグローバル化を加速させている。たとえば、二〇〇八年三月から五月にかけて、トールと人気トークショーホスト、オプラ・ウィンフィリーとの対話がスカイプを通じて世界にライブ配信された。全一〇回にわたるイベントにおいて、第三週までに世界一六〇カ国、一一〇〇万人以上が番組を視聴し、またはダウンロードしている（Walker 2008）。このイベントの規模と広がりは、グローバル化する現代スピリチュアリティ文化を象徴する現象として理解できる。

それでは、この文化的潮流の中核をなす思想や活動は今日いかなる特徴をもつのだろうか。同じ「スピリチュアリティ」の名のもとに、その思想や実践形態は大きく変容してきている可能性がある。それは以前に流行したアメリカのニューエイジ、イギリスのマインド・ボディ・スピリット、日本の「精神世界」といかなる点で共通し、また異なるのだろうか。本章の目的は、二〇〇〇年代以降に興隆した現代スピリチュアリティ文化を代表する事例を取り上げ、この領域における文化資源の持続と変容の手がかりを探ることにある。具体的には、エックハルト・トール、および彼をはじめ多くの指導者たちにより構成されるネオ・アドヴァイタ・ムーブメントの特徴について、とくに「自己」とは何かについて考察する。「本当の自分」「自己実現」「自己の聖性」といったことばは、これまでのスピリチュアリティ文化を特徴づけるキーワードとなっていた。本章で取り上げる思想や活動は、自己をどのように扱っているのか。これらの最近の展開を概観することにより現代スピリチュアリティ文化の動向を読み解くこととしたい。

2　エックハルト・トールのプロフィールと活動

トールは一九四八年二月一六日、ドイツ・ドルトムント近郊のルーレンで生まれた。本名はウルリッヒ・レオナルド・トール（Ulrich Leonard Tolle）という。一三歳のとき、両親の離婚を機に、父親の仕事の関係でスペインに移住する。これ以後、公式な教育は受けず、自宅で哲学、文学、天文学などの書物を読む。一九歳のとき、イギリス・ロンドンへ移住し、ロンドン大学キングス・カレッジ、その後、ケンブリッジ大学大学院で学ぶ。

思春期以降、トールは絶えず精神的な問題（不安、恐れ、落胆など）を抱えていた。彼にとってきわめて大きな転機が訪れたのは、二九歳のときである。極度のうつ状態のなかで、トールの人生を一八〇度転換させる劇的な神秘体験をする。それは「思考」と「意識」が分離するスピリチュアルな変容であった（Tolle 1999=2002: 3-5）。彼はそれまで宗教やスピリチュアリティに関する書物をほとんど読んだことはなく、また特定の宗教実践をしていたわけでもない。突然、自らの身に生じた体験を理解し、ことばにするのに数年、人びとに教えられるようになるまでさらに数年かかったという。この経験の後、しばらくして大学院を退学する。エックハルト・トールと改名したのはちょうどこの頃である。その名は一三世紀ドイツのキリスト教神秘主義者、マイスター・エックハルトにちなんでいる。

エックハルト・トール
（撮影：Kyle Hoobin）

一九九五年、彼が四七歳のとき、「内なる衝動」がわき起こり、ロンドンからサンフランシスコへ、その後、カナダ・バンクーバーに移り住む。トールのはじめての著書である『パワー・オブ・ナウ』は、一九九七年に刊行され、この本の存在は口コミで広がっていった。二〇〇二年には、ニューヨークタイムズのベストセラー（上製本）リストの一位となる。二〇〇五年に刊行された三作目となる『ニュー・アース』もニューヨークタイムズのベストセラーリスト（ペーパーバック）のトップ一〇にしばしば入っている。いずれも、英語版はミリオンセラーとなり、世界三〇数カ国語にて翻訳出版されている。

二〇二〇年までのところ、トールが主宰するスピリチュアリティに関する拠点はなく、彼の書籍やDVDの販売、講演会を実施するための運営組織のみが存在している。トールは、インターネットTVにて公開スタジオ録画を年数回おこなうほか、世界各地で数百名から数千人規模の聴衆を集めて講演やリトリートをしている。そのなかには、現代スピリチュアリティ文化の拠点である、インド・リシケーシュ、ニューヨーク・オメガ・インスティチュート、スコットランド・フィンドホーンなどが含まれている。また、トールと同じくこの文化的潮流の代表的担い手である、ダライ・ラマ、ラム・ダス、ディーパック・チョプラ、『神との対話』の著者ニール・ドナルド・ウォルシュらとの対話もおこなわれている。

3　エックハルト・トールの思想

人間の苦の原因とスピリチュアルな目覚めについて

一九六〇年代以降、「宗教」を補完し、代替するものとしての「スピリチュアリティ」が多くの人びとにより注目されるようになったことはすでに述べた。トールも同様に、新しいスピリチュアリティは、「たいてい制度化された宗教の外で起こる」（Tolle 2005=2008:25）と捉え、この二つを区別する。彼は、「多くの人びとはすでにスピリチュアリティと宗教のちがいに気づいている」としたうえで、「信念体系――自分が絶対的真理だとみなす一連の考え方――は、どのようなものであれ、持ち主をスピリチュアルにはしない。それどころかその考え方（信念）と自分を同一化すればするほど、自分のなかのスピリチュアルな面から切り離されていく」（Tolle 2005=2008: 25）としている。つまり、トールにとっては、多くの宗教は信念体系と密接にかかわる対象となる。そして、本書のタイトル、『ニュー・アース（新しい地球）』が示すとおり、人間の意識には根源的変化の可能性があるとする。このように、宗教とスピリチュアリティのちがいや人間の可能性についてのトールの立場は、典型的な現代スピリチュアリティ文化のアプローチとして理解できる。

トールによれば、人間の抱える問題の根源にあるのは、思考の限界を認識せず、思考（信念）と自分を同一視することにある。人間の苦の原因は絶え間ない思考の流れであり、その主体はエゴという偽りの自己である。この主張は本書においても、トールのほかの著作においても繰り返し述べられている。

たいていの人は頭のなかの声——自分でも意図しない強迫的で絶え間ない思考の流れとそれに付随する感情——に完全に自分を同一化している。自分の心に取りつかれている状態、といってもいいだろう。（中略）すべての心の活動の核心は繰り返ししつこく反復される思考、感情、反応のパターンでできていて、人間はそこにもっとも強く自分を同一化している。それがエゴそのものである。

（Tolle 2005=2008: 71）

思考やその主体としてのエゴとの一体化とは反対に、「スピリチュアルな目覚めとは、自分が知覚し、体験し、考え、感じている対象はつきつめてみれば自分ではないし、つねに移ろう事物のなかに自分自身を発見することはできない、とはっきり見抜くことである」（Tolle 2005=2008: 90）とする。一九九〇年代までのニューエイジ的なスピリチュアリティにおいては、理性よりも直感を大切にする。あるいは、「いま、ここ」でのありのままの感性を重視するといった傾向が少なからずあった。しかし、トールは感情をエゴの別の側面だとし、また「自分が知覚し、体験し、考え、感じている対象はつきつめてみれば自分ではない」と語る点で従来のスピリチュアリティとは大きく異なると言える。

人間の本質＝意識について

それでは、人間の本質は何だろうか。人間の本質であり、さまざまな経験をしている主体をトールは「意識」と呼ぶ。トールが二九歳で体験したのは、この意識と自分の思考との分離であった。彼はまず、感覚的認識、思考（精神的イメージ）、感情の三つを経験の三要素とする。こうした経験と区別される経験者、すなわち「意識」についてつぎのように語る。

それでは経験しているのは誰なのか？　あなただ。あなたとは何者なのか？　意識である。意識とは何か？　この質問には答えられない。質問に答えた瞬間、対象をねじまげてモノ化することになる。意識とは伝統的なことばで言えばスピリット（霊）で、ことばの通常の意味で「知る」ことはできない。探しても無益だ。「知る」ということはすべて、二元性の領域――主体と客体、知るものと知られるものがある世界――の話だ。主体、私（I）、それなしには何も感じられることも認識されることも知られることも思考されることもない「知る者」は、永遠に知られないまま存在するしかない。「私」には形がないからだ。知ることの対象になり得るのは形だけだが、形のない次元がなければ形の次元も存在できない。形のない次元とは、世界が立ち現れては消える明るい空間である。その空間が生命であり、「私は在る」ということだ。そこには時間はない。「私は在る」も永遠で、時間を超越している。（Tolle 2005=2008: 261）

ニューエイジにおいて、自己の聖性はしばしば強調されてきた（Heelas 2008）。しかし、そこでの自己は身体的、精神的活動をする主体であり、聖性は一個人に付随する何かとして言及されてきたものである。前世との関連で自己が語られる際も、転生する魂は一個人に固有のものであり、ここでもある種の個別性は保有されているように思われる。さらに、ニューエイジや二一世紀以降でも継続する大衆的なスピリチュアリティ文化においては呪術的、疑似科学的な活動や実践が普及している。それらの活動をおこなうのも、たとえ世俗的な次元でなくても分離された個人が存在することが前提となっているからである。

これに対して、トールの言及している「意識」や「知る者」は、形のない、客体化されない何かであり、もはや個々人が保有する何かでもない。これはまさに八世紀インドの哲学者であるアディ・シャンカラが説いたアドヴァイタ・ヴェーダーンタ哲学（不二一元論）の自己論を継承したものと捉えることができる。本当のわたしである真我（アートマン）は、主体であり、対象となることはない。つまり、インドの聖典『ウパニシャッド』で語る、「ネティ、ネティ（neti, neti）」として、これでもない、これでもない、としか表現できない何かだ。トールが明らかにしたように、この意識は、わたしたちの身体や精神活動と結びつけられる何かではない。同時に、身体や精神活動という形の次元があるからこそ意識という形のない次元の存在が明らかになるとも言える。経験と経験者とは、二つに分けられない密接な関係をもつ。そのため、この哲学は、二元論ではなく、アドヴァイタ（二つではない、非二元）と呼ばれるのである。

こうした世界観を語るトールにおいて、人生の目的はニューエイジ・スピリチュアリティがしばしばテーマとしてきた個人的欲求の充足や人間関係の向上、あるいは社会的成功ではまったくない。これらとは逆に、「人生の真のあるいは第一義的な目的は、外の世界には見つからない。それはあなたが何をするかではなく、あなたが何者であるかに、つまりあなたの意識状態にかかわっている」（Tolle 2005=2008: 277）とする。

トールは、思考を超えた覚醒の醸成をスピリチュアルな目覚めと規定するが、このプロセスは恩寵

（act of grace）によって生じるものであり、私たちが何かを準備したり、促進したりできるものではないとしている。スピリチュアリティの目覚めは、論理的に、段階的に進めていくものではないのである。こうした理由により、トールは具体的な実践方法についてほとんど言及することをしない。

エックハルト・トールの評価

実際のトールの著作においては、現代人にわかりやすい多くのたとえ話や彼自身によるエピソードが盛り込まれている。同時に、『ニュー・アース』のなかでは、実に多くの思想が参照されている。具体的には、キリスト教（旧約聖書、新約聖書、マイスター・エックハルト、『奇跡のコース』）、仏教（ブッダ、マハーカッサパ、『チベット死者の書』、禅僧のエピソード、白隠、熊沢蕃山）、インド哲学・思想（『ウパニシャッド』『バガヴァッド・ギーター』、ラマナ・マハルシ、クリシュナムルティ、アドヴァイタ・ヴェーダーンタ）、中国思想（老子）、西洋の近現代思想・文学（デカルト、ニーチェ、サルトル、シェイクスピア、エマーソン、フロイト、アインシュタイン、スティーブン・ホーキング）など、さまざまな宗教・哲学思想が含まれている。

ニューエイジ関連に詳しいジャーナリストや批評家の一部からは、トールのメッセージには「目新しいところはない」との批判がある。アメリカの中間層に絶大な人気を誇るオプラ・ウィンフィリーの宣伝効果が大きいというのである。同様に、「現代的な新しいきれいなボトルに、古代からの叡知を詰め込んだもの」（Mckinley 2008）との論評もある。

このような彼の思想のオリジナリティや影響力をもつに至った理由はさておき、トールのメッセージは平易に語られているとはいえ、かなり難解なものである。また、現世での成功や快適な生活、あるいはスピリチュアルな次元での何らかの達成を約束する内容でもない。それにもかかわらず、トールの著作はミリオンセラーを記録し、また彼のメッセージは欧米や東アジア諸国においてスピリチュアリティに関心をもつ人たちに絶大な影響力をもつ。エックハルト・トールの思想と活動は、現代スピリチュアリティ文化の最新の動向を理解する手がかりとなることはまちがいない。

4　ネオ・アドヴァイタ・ムーブメントの展開

アドヴァイタ・ヴェーダーンタの系譜

ジョン・パーカーによるインタビューにおいて、トールは自らをラマナ・マハルシ、ジドゥ・クリシュナムルティの二人と深いつながりを感じ、彼らの教えを継続していると語っている（Parker 2009）。彼はさまざまなトピックを取り上げつつも、自らをアドヴァイタ・ヴェーダーンタ（「ジュニャーナ・ヨーガ」とも呼ばれる）の系譜に位置づける。

アドヴァイタ・ヴェーダーンタの源流は八世紀のインドの哲学者、アディ・シャンカラまでさかのぼることができる。『ウパニシャッド』にかかわるヴェーダ哲学を発展させたシャンカラは、絶対的なリアリティ（ブラフマン）は無限で、形のない、非二元の覚醒（non-dual awareness）であることを強調した。シャンカラによれば、個人の実存の基盤にはこの覚醒があり、絶対的なリアリティと分離できないことを説いた。

アドヴァイタの系譜を広げ、過去一〇〇年の展開に目を向けると、一九世紀末から二〇世紀初頭にかけてのスワミ・ヴィヴェーカーナンダやパラマハンサ・ヨガナンダも密接な関連がある。彼らに加え、クリシュナムルティ、ラジニーシ、サッチダーナンダらヒンドゥー教の聖者たちのメッセージは、一九五〇、六〇年代の欧米の対抗文化運動のなかで、「神秘的な東洋」として広められた。七〇年代以降、欧米でのアジア系宗教への関心はさらに高まり、これまで英語圏ではあまり知られていなかったマハルシの教えは、プンジャ（パパジとして知られる）や彼の弟子たちによって人気を博することになる。

この潮流にさらなる大きな変化が生じたのは一九九〇年代後半以降のことである。この頃になると、伝統的アドヴァイタの団体が認めているわけでも、特定の師から教えを受けたわけでないにもかかわらず、自らをアドヴァイタの系譜に置く教師たちが急増した。フィリップ・ルーカスは、ラマナ・マハルシの教えの西洋での浸透を「ラマナ効果（Ramana effect）」と呼んでいる（Lucas 2011）。伝統的なインドのアドヴァイタとの直接的な結びつきがないにもかかわらず、自らをアドヴァイタの系譜と位置づける非インド系の教師や団体を「ネオ・アドヴァイタ」と呼ぶことにする。

ネオ・アドヴァイタの教師たちは、二〇世紀を代表する三人のアドヴァイタのグル（精神的指導者）、すなわち、ラマナ・マハルシ（一八七九‐一九五〇）、ニサルガダッタ・マハラジ（一八九七‐一九八一）、ハリワンシュ・プンジャ（一九一三‐一九九七）のなかで、少なくとも一人にはかなりの程度の影響を受けている。ルーカスが北米においてインターネットサイトや出版物を注意深く検討したところ、アドヴァイタに関連する二〇〇以上の教師や団体が存在したという（二〇一三年一月時点）。この数は現在さらに増えていると思われる。ルーカスは北アメリカに限定して考察しているが、同じ

ハリワンシュ・プンジャ（パパジ）（提供：Ron Zeiler）

ニサルガダッタ・マハラジ（提供：Jitendra Arya）

ラマナ・マハルシ（提供：G. G. Welling）

ような現象はアメリカほどの規模でないとしてもイギリス、フランス、日本など数多くの国においても展開している。

ネオ・アドヴァイタの教師たちの大半は、サットサン（教えを説くミーティング）やリトリートを開催し、多くの参加者を集めている。メディアの発達により、アドヴァイタ（非二元）に関するホームページ、ブログ記事、セミナーやワークショップ情報がインターネットを通じて多くの国の人びとの間で共有され、拡散している。ネオ・アドヴァイタの著名な存在として、トールのほかに、ガンガジ、ルパート・スパイラ、トニー・パーソンズ、アディアシャンティなどがいる。

ネオ・アドヴァイタの特徴

ネオ・アドヴァイタの基本となる実践は、「わたしは誰か」という問いを通じての自己探求である。つまり、「私」や「自我（エゴ）」の非存在を直接認識することである。この点においては、伝統的なアドヴァイタにおける、アートマン（自己の本質）とブラフマン（形のない自己）とは同一だとする認識と一致する。

ところが、ネオ・アドヴァイタの教師たちは、伝統的なアドヴァイタとは異なり、自己実現に至るプロセスにおいて、その準備となるような日々の実習はそもそも必要なく、長期間にわたって宗教的経典やサンスクリット語を学習したり、伝統的なサットサン（マントラの詠唱、経典の読経など）の形式を守ったりする必要もないとする。必要なのはただ「わたしは誰か」という自己探求による洞察のみだとする（Lucas 2014）。つまり、マハルシやマハラジの教えに言及しつつも、同時に、インドで実践されていたアドヴァイタの伝統的な教えや儀礼、実践方法を踏襲することへの関心が著しく乏しいというのが特筆すべき点である。

彼らの教えや方法はより折衷的であり、スーフィズム、禅仏教、トランスパーソナル心理学といった領域に踏み込むこともしばしばである。また参加者たちも、特定のアドヴァイタの教師に師事するというより、何人もの教師たちの動画を視聴したり、リトリートに参加したりするのが一般的である。このような脱伝統化、脱文脈化した形態のネオ・アドヴァイタは、現代スピリチュアリティ文化において重要な位置を占めている。

こうしたムーブメントについて、アーサー・ベラスラスは「即時主義（immediatism）」と呼び、ヒンドゥー教の伝統からそれほど影響を受けないものを含む、より大きな宗教文化の潮流に位置づけようとする。彼は即時主義をつぎのように説明する。

> 即時主義とは、リアリティへの自発的で直接的な、媒介なしでのスピリチュアルな洞察が「悟り」をもたらす（通常、事前のトレーニングがほとんど、またはまったくない）という宗教的確信を指す。（中

略）換言すれば、即時主義は、人びとは特定の手段を用いることなく、瞑想や長年の指導者のもとでの実践をせず、自発的に目覚めるという主張である。（Versluis 2014: 2）

ベラスラスによれば、何年にもわたる修行など必要ないとする即時主義は、宗教がもたらす果実は望むが、義務や拘束は求めない典型的なアメリカ人たちのスピリチュアル志向と親和性が高いとする。こうした即時主義的傾向は一九六〇年代のアラン・ワッツやティモシー・レアリーにおいても、またそれに続くニューエイジ・ムーブメントにおいても認められたという。しかし、もっとも明確にそれが見られるようになったのは、エックハルト・トールらのスピリチュアル・ティーチャーたちによるものだとしている。

ファンダメンタリズムとしてのネオ・アドヴァイタ

ネオ・アドヴァイタ、あるいは即時主義に基づくムーブメントは、手っ取り早いスピリチュアルな目覚めを約束する、現代人に適合的な潮流なのだろうか。そうした面は少なからずあるように思われる。同時に、アドヴァイタの世界観の本質をつきつめ、インドの宗教や文化的伝統の要素を削ぎ落とした結果がネオ・アドヴァイタだという面も見逃してはならない。

たとえば、ネオ・アドヴァイタのなかでも急進的なパーソンズは、一切の修行は無意味で、個々人の人生に意味も目的もないとする。このような立場から伝統的アドヴァイタを痛烈に批判している（Parsons 1995）。パーソンズによれば、特定の実践や型どおりの儀礼、経典研究は、スピリチュアルな実現を最終的に約束するという教義システムの一部となっている。しかし、これらのシステムは根本的な誤解に基づいているとパーソンズは言う。なぜなら、分離した個人が悟りを開くというのは、アドヴァイタの世界観を根底から否定していることになるからである。こうした実践は、分離した自己という幻想を助長することにつながるからでもある。

実際、ネオ・アドヴァイタにおいては、特定の教師たちは伝統的なインドのグルたちのような崇敬の対象とはなっていない。またネオ・アドヴァイタのグループ内でヒエラルキーがきわめて弱いのも特徴である。これも現代人の価値規範に合致するからと言えるだろう。同時に、たとえアドヴァイタの教師であっても、分離した自己という点では変わりなく、そこにそれほど価値が置かれないことの表れとも捉えることができる。いずれにせよ、脱階層化というのもネオ・アドヴァイタの大きな特徴の一つである。

伝統的アドヴァイタからネオ・アドヴァイタへの批判の一つとして、覚醒の絶対的レベルと相対的レベルとの区別をしないことが挙げられる。スピリチュアルな日常的実践を重視せず、身体的、感情的、心理的、およびスピリチュアルな次元での自己のバランスのとれた成長を軽視しているからである（Lucas 2014）。この批判は裏を返せば、スピリチュアルな成長を時間の経過とともに段階的に捉えるアプローチを否定するネオ・アドヴァイタの明確な主張でもある。以上のような特徴をもつネオ・アドヴァイタは、現代人に適合的な面をもちつつも、伝統的なアドヴァイタよりも、本質に踏み込んだ「アドヴァイタ・ファンダメンタリズム（原理主義）」として理解できる側面があることは見過ごしてはならない。

ネオ・アドヴァイタと伝統的宗教文化の関係

これまでまとめたように、ネオ・アドヴァイタを含む現代スピリチュアリティ文化は、グローバル化によって脱土着性を強めている。その結果、特定の国に固有のスピリチュアリティ文化を見出すのはきわめて困難である。これはネオ・アドヴァイタの大きな特徴の一つと言える。エックハルト・トールをはじめとする著名なネオ・アドヴァイタの教師たちの著作は、世界の多くの言語で翻訳されている。彼らのメッセージは、インターネットの動画やブログ記事で配信されており、サットサンやリトリートは北米、ヨーロッパ各国、日本においても開催されている。特定の地域に固有の文化資源の土着性が取り除かれ、グローバル化した世界に浮遊して新たに形成されたのが現代スピリチュアリティ文化である。この無国籍性こそがネオ・アドヴァイタを含む当該文化の特徴と言えるだろう。

事実、欧米と日本を含む東アジア諸国でネオ・アドヴァイタに関するちがいはほとんどない。たとえば、日本人の著名な非二元の教師の一人、溝口あゆかは、東京とロンドンで一年の半分ずつを過ごす（日本では「ネオ・アドヴァイタ」ではなく、「非二元」として語られることが多い）。彼女は、イングランド人の教師であるルパート・スパイラを自らの先生としつつ、『奇跡のコース』で、マハルシやトール、アディアシャンティらについて語る。彼女は非二元に基づき、「私」はないとしつつも、その理解を深めるための個人の心の問題（葛藤やトラウマ）については心理学的セラピーを有効活用する必要性を説く。以前はトランスパーソナル心理学に基づくセラピーをおこなっていた彼女だが、現在はより実践的効能があるとして『ニュー・アース』で示された思考やエゴ（自我）や気づきについてのメッセージに基づく心理学講座を主宰している（溝口「オープン・アウェアネス・ダイアローグ」https://ayukablog.

wordpress.com)。このように、彼女の参照する思想や実践の拠り所は、欧米のネオ・アドヴァイタと多くの共通点がある。

日本でネオ・アドヴァイタを含む現代スピリチュアリティ文化において注目すべき点は、メッセージ自体ではなく、伝統的な宗教文化との関係にある。具体的には、日本においては、ネオ・アドヴァイタのメッセージにふれることにより、自国の宗教伝統のなかに存在していた叡知を再発見するという傾向が見出される。たとえば前出の溝口は、仏典を以前から詳しく学んでいたわけではないが、『般若心経』の「色即是空、空即是色」はまさに非二元の教えにほかならないことに気づいたという。多くの日本人にとって、仏教はお彼岸やお盆などの年中行事、葬式・法事といった儀礼のなかに埋め込まれている。仏教の寺院はどの町にもある身近な存在である。『般若心経』は、日本においてもっとも馴染みのある仏教教典の一つである。それでも大半の日本人にとって、ブッダや仏教教典のメッセージにふれることはそれほど多くはない。つまり、溝口や彼女の支持者たちは、ネオ・アドヴァイタがきっかけとなって、仏教のメッセージにふれ、すでにあった自国の宗教伝統を再発見する機会となっているのである。言い換えれば、ネオ・アドヴァイタを含む現代スピリチュアリティ文化にふれることは、近代化以降の日本において長らく断絶された、日本の基層文化にある宗教的世界観に再接続する契機となっていると言える。

自国の宗教伝統のなかに存在していた叡知を再発見するのは、ネオ・アドヴァイタの教師や支持者だけではない。非二元の発展は、空洞化した日本の仏教やその僧侶の一部にも影響を与えている。たとえば、日本の禅寺で修行し、その後アメリカのヴァレー禅堂で活動した山下良道は、一九八〇年代後半のアメリカでティク・ナット・ハンの「マインドフルネス」にふれ、大きな衝撃を受けたという。それがきっかけとなり、自身と仏教との関係を見直すために二〇〇一年にミャンマーにて比丘（出家した修行僧）となり、上座部仏教のパオ式瞑想を修得する。日本に帰国後、山下は「真理は一つ」を意味する一法庵を鎌倉で主催する。この真理は、ネオ・アドヴァイタのアプローチと重なる。山下は、トールの「意識」と同じく、形のない、個我を超えた対象を「青空としてのわたし」と呼ぶ。彼は、インド思想、欧米のスピリチュアリティ文化、テーラワーダ仏教にふれることによって、禅を含む大乗仏教のメッセージがはじめて理解できたと語る。山下は、彼が主宰する一法庵において、禅やティク・ナット・ハンやダライ・ラマといった仏教だけでなく、マハラジやトールなどにしばしば言及した講話をしている（山下二〇一四、藤田・山下二〇一三）。

トール自身、思考と意識が分離した目覚めの体験の後で、『聖書』を真に理解できたと語っている。ドイツ人のトールにとって伝統的な宗教文化との再接続がなされたという点では、溝口や山下の経験と重なるところがある。しかし、トールを除くほとんどの西洋のアドヴァイタの教師たちはキリスト教の教えをサットサンでふれることはない。そもそも禅仏教はベラスラスのいう「即時主義」を特徴とするところがある。つまり、ネオ・アドヴァイタと禅とは親和性があると言えるだろう。また日本においての禅は制度化されているとはいえ、主流文化の一つである。このことを考えると、日本人にとってネオ・アドヴァイタとの接続やそれを通じての伝統的宗教文化の再発見は、キリスト教文化圏でのそれとは大きく異なることは明らかであるように思われる。各宗教文化圏において、ネオ・アドヴァイタを支持する人びとが自国の伝統的な宗教文化とどのように接続するかを究明することは、現代スピリチュアリティ文化研究の課題の一つとして挙げられるだろう。

5　「自己の聖性」神話の終焉？

本章では、二〇〇〇年代以降の現代スピリチュアリティ文化において、もっとも影響力をもつスピリチュアル・ティーチャーであるエックハルト・トールと彼を含むネオ・アドヴァイタ・ムーブメントを取り上げ、その特徴を考察した。そこからは、これまでの当該文化の流れを維持、発展させている面がいくつか見られた。まず、宗教の教義への固執はスピリチュアルな覚醒の障害になるといった宗教と対置するスピリチュアリティの重要性の強調はこれまでどおり維持されていた。また、二一世紀のインターネットの発展の恩恵を受けて、師弟関係やグループ内のヒエラルキーをもたないゆるやかなネットワークは世界的規模で広がり、この文化に関する知識や活動が共有されていた。さらに、ニューエイジのなかに見られた現世利益を求める呪術的、疑似科学的な諸活動（この傾向の活動は、いまも根強く存在する）と一線を画す、伝統宗教の叡知にも積極的に言及するトールのような思想が現代スピリチュアリティ文化のなかで確固たる地位を占め、発展してきていることも明らかとなった。

こうした現代スピリチュアリティ文化の持続や発展とともに、世界的規模で展開するネオ・アドヴァイタ・ムーブメントは、自己の聖性を否定するという点で、従来の当該文化の特徴とは明らかな断絶がある。同時に、スピリチュアルな目覚めのための修行や経典研究などを軽視するという点で、伝統的なアドヴァイタを含むヒンドゥー教系の宗教とも根本的に異なる。二〇〇〇年代以降に顕在化したネオ・アドヴァイタは、自己の聖性を否定する世界観を掲げ、脱階層化したゆるやかなネットワークのなかで脱文脈化、脱伝統化した探求をするのが特徴となっているのである。

歴史学者のハラリは、二〇世紀に繁栄した宗教として「ヒューマニズム（人間至上主義）」を挙げている（Harari 2014, 2016）。彼によれば、現代ヒューマニズムは、「超人間的な秩序」を提示し、それにより「人間の規範と価値観の制度」を正当化しているという点で、思想体系というよりも宗教として理解できるとする。このヒューマニズムとは、人間がもつ神聖性は全人類に共通し、一人ひとりに宿るとする世界観である。ここでは個人の経験や直感といった「内なる声」が重視される。ハラリによれば、二〇世紀は「有神論の宗教」から「人間崇拝の宗教」への転換が生じた時期となる。たとえば無神論を標榜するヒューマニズムであっても、人間に絶大な聖性を付与する異なった形態の宗教ということになる。二〇世紀後半にとりわけ繁栄したのは、一人ひとりの「内なる声」や聖性、真正性を重視・強調する自由主義的ヒューマニズムであるとハラリは指摘する。一九六〇年代以降、自己の聖性を強調する一連の思想や実践として興隆した現代スピリチュアリティ文化というのは、実のところ自由主義的ヒューマニズムという、二〇世紀後半に繁栄した宗教の一形態ということになる。

しかしながら、今回取り上げたトールをはじめとするネオ・アドヴァイタの思想は、ハラリの論じる自由主義的ヒューマニズムの枠組みでは理解しづらいものである。なぜなら、聖性の主体とされる一般的な意味での「自己（私）」を否定するからである。ハラリによれば、二一世紀の科学技術のさらなる発達により、人間を聖なるものとするヒューマニズム思想の基盤が根底から揺らぐことになるという。それは生命科学、遺伝子工学、人工知能の発達により、ヒューマニズムが前提とする神話が崩壊するからである。その神話とは、自由意思をもった主体的個人という人間のイメージである。たとえば、最先端の生命科学や脳科学の研究成果によって、「人間は分割不能の個人ではなく、分割可能な存在である。つまり、人間は多くの異なるアルゴリズム〔計算や問題解決の処理手順〕の集合で、単一の内なる声や単一の自己などというものはない」ことが明らかとなってきている（Harari 2016: 161）。結果として、人間存在の聖性イメージを保持することが困難になってきている、というのがハラリの論点である。

ハラリが主張する二一世紀に入っておこりつつあるヒューマニズムという人間至上主義の神話の崩壊と時を同じくして、ネオ・アドヴァイタに見られた自己の聖性を否定する世界観が注目されるようになった。これは、ヒューマニズムに根ざす二〇世紀型の宗教の終焉を予兆する動向なのだろうか。ただし、ネオ・アドヴァイタの教師たちは、分割可能な個別の自己の存在やその聖性を否定しているが、ある種の仏教のようなニヒリズム（空性）を説いているわけではない点は強調しておく必要がある。個人の属性には還元できない、形のない、けっして知られることのない「知る者」（意識、気づき）の存在を認め、その聖性を重視しているからである。つまり、現代の科学的テクノロジーの知見を取り入れつつも、先端科学でもけっして知られることのない、アルゴリズムの背後にあるもの（＝意識）への聖性の付与をしているのだ。

ハラリの論じるように、二一世紀のテクノロジーの発達が現代人の人間観に影響し、分割可能な個々人の聖性の否定がリアリティをもって受け入れられるとすれば、ネオ・アドヴァイタ的な現代スピリチュアリティ文化は今後ますます発展していくことになるだろう。なぜならば、いかにテクノロジーが発達しようとも、科学ではけっして対象化できない「意識」は、今後も知られることのないまま留まることになるからである。ネオ・アドヴァイタは、科学的知見によって侵されない領域を強調することにより、自由意思をもった個人に付随する聖性に代わる新たな聖性の位相を提示しているのである。しかしながら、自己の聖性を強調するこれまでのスピリチュアリティ文化もすぐになくなることはないだろう。二〇世紀においては、有神論の宗教と人間崇拝の宗教とがともに存在していた。二一世紀において、自己の聖性を強調する従来型のスピリチュアリティは、単一の自己を否定しつつも、意識の聖性を強調するネオ・アドヴァイタとともに、どのように共存していくことになるのだろうか。自己をめぐる言説に着目しつつ、今後のスピリチュアリティ文化の動向を注視することにしたい。

おわりに

本書は二〇〇三年刊行の拙著『現代社会とスピリチュアリティ――現代人の宗教意識の社会学的探究』（渓水社）の続編にあたる。前書では、おもに一九六〇年代後半から九〇年代までに展開した宗教現象を念頭に置きながら、「精神世界」とニューエイジ、世俗化論、入信のメカニズムなど、いくつかのテーマに関する理論的研究をまとめた。また、博士論文で扱った和尚ラジニーシ・ムーブメント（インドで生まれ、おもに先進資本主義諸国に広がった新宗教運動）の事例研究の成果の一部を報告した。これらは、当時の筆者が現代宗教とスピリチュアリティを理解するうえで重要だと考え究明した内容である。

本書では、前書での理論的枠組みを踏襲しつつ、九〇年代後半以後に発展した現代スピリチュアリティ文化に着目した研究成果をまとめている。一九六〇年代後半から九〇年代までと二一世紀以後の状況を比較すると、スピリチュアリティ文化における持続と変容の様子が浮かび上がる。本書において繰り返し述べていることだが、これまでと変わらず持続している点として、「自己の聖性」を重視する価値観、ゆるやかなネットワーク型の実践形態、そして担い手たちが教養や儀礼よりも体験を重んじる傾向が挙げられる。しかし、以前とは明らかに異なる特徴が二一世紀になってから見られるようになってきた。それは現代スピリチュアリティ文化の主流文化化、なかでも非宗教領域への浸透である。本書で取り上げたマインドフルネスとヨーガは、いずれも科学的な裏づけをもつ持続的幸福に寄与する実践として、医療・看護や健康、介護福祉、心理療法などの非宗教領域にも広がり、多くの人たちに受容されている。こうした社会・文化的潮流は、宗教・スピリチュアリティの現代性を考えるうえでも、現代社会とそこで生きる人びとの意識を理解するうえでも注目すべきことであるように思われる。

もちろん今日でも、当該文化のなかには、疑似科学的な特徴をもつ現象も少なくない。とくに日本においては、この傾向が顕著であるように思われる。二〇〇〇年代に起きた江原啓之に端を発するスピリチュアル・ブーム、二〇一〇年代以降、現在まで続く日本各地のパワー・スポットめぐりなどは、テレビや一般雑誌などでしばしば取り上げられる。その意味では主流文化に含まれてはいるが、その活動内容は一九八〇年代のニューエイジや「精神世界」と大きな違いはない。他方、本書が念頭に置くのはアメリカや西ヨーロッパ諸国、日本や韓国などの東アジアに共通して広がっているグローバルなスピリチュアリティ文化である。そのなかでも科学との親和性が高く、非宗教領域へと広がり、ウェルビーイング（持続的幸福）との結びつきが強い諸現象に着目したことが本書の特徴となる。

本書にかかわる研究は、二〇〇〇年代前半に起こった日本でのヨーガ・ブームへの関心からはじまった。ニューヨーク・スタイルのヨーガが日本に入り、ヨーガ専用スタジオが都市部を中心にオープンしはじめていた頃である。アシュタンガ・ヴィンヤサ・ヨーガやパワーヨーガなど、当時流行しつつあったヨーガのワークショップも各地で開催されるようになっていた。こうした新たに発展したヨーガのクラスやイベントでは、ヒーリング・ミュージックが流れ、アーサナ（ヨーガ体操）の実践の合間や終了後には、ヨーガの大切なメッセージとして「他人と比較しないこと」「自分の内なる声に耳を傾けること」「本当の自分になること」などが語られる。またヨーガは個人的なスピリチュアリティの探求であって、宗教とは関係ないことが繰り返し強調される。これまでニューエイジのなかで語られていたメッセージが、ヨーガの文脈で伝えられているのである。この動向の社会的背景やその後の展開を探ろうとしたのが、本書に収めた一連の研究のきっかけとなっている。

現代スピリチュアリティ文化の一翼を担うタイプのヨーガは、きわめて社会的影響力が大きい現象である。とはいえ、さまざまなタイプのヨーガのなかの一部であることは確認しておきたい。当時も現在も、佐保田鶴治や沖正弘からの伝統を受け継ぐ数多くのヨーガ教室、インド人講師やインドでの修行経験のある日本人による伝統的なヨーガ道場、さらにはホットヨーガをはじめとするダイエット目的のヨーガなどが重層的に共存している。これらのなかで、本書が試みたのは、現代スピリチュアリティ文化との関連が顕著なヨーガの潮流に焦点を当てることであった。

マインドフルネス（瞑想）に関しても、ヨーガと同様に重層構造となっている。禅寺でおこなわれる座禅会、タイやミャンマーやスリランカのテーラワーダ（上座部）仏教に基づく数多くの瞑想会、さらにはゴエンカ式のヴィパッサナー瞑想など多様な形態が存在する。これらと並行しておこなわれ、医療・介護、心理療法、ビジネスなどとの結びつきが強いのが、本書でおもに取り上げたジョン・カバットジンに端を発する西洋式マインドフルネスである。

筆者はマインドフルネスの非宗教領域への広がりをおもなフィールドワークの対象として研究してきた。たとえば、二〇一四年には在外研究でロンドン近郊に一年間滞在し、いくつものマインドフルネス関連のワークショップに参加した。「マインドフルネスと教育」と題するイベントには、多くの教師たちが学校の業務として参加し、瞑想や呼吸法の実践を習得して、所属する学校の生徒たちの心のケアになんとか生かそうとしていた。ある参加者との会話によると、マインドフルネスを学校カリキュラムに導入することは、在校生の保護者や学校選びをしている入学希望者からの高評価につながるということだった。おもに二〇代から四〇代の教師たちは、ストレスを軽減し、幸福度を高める技法としてのマインドフルネスの有効性を信頼して参加していたのである。

以上で紹介したエピソードに見られるヨーガやマインドフルネスの現代的なあり方に対して、伝統を重んじる実践者たちからは本来のヨーガの歪曲とか、伝統仏教の形骸化として批判されることが多い。しかしこの現象は、それだけで片づけられるものではないように思われる。これとは反対に、世俗化論に異を唱える一部の宗教学者が主張するような、現代社会の再聖化として、あるいは、「スピリチュアリティ革命」などという急激で根本的な転換としてのみ理解できるものでもないと筆者は考えている。おそらく、正解はその中間あたりにあるのだろう。本書では、スピリチュアリティ文化への社会的評価と問題点の両面をふまえ、具体的な事象を慎重に吟味しつつ多角的にアプローチすることを心がけたつもりでいる。現在進行形のスピリチュアリティにかかわる社会・文化的潮流の内実にどこまで迫ることができたかについては、読者諸氏の判断をあおぐことにしたい。

この本を執筆していた二〇二〇年秋から二〇二一年初夏にかけては、ちょうどコロナ禍での緊急事態宣言が断続的に発令されていた時期である。自粛生活や失業、不安を煽るコロナ報道などにより、この長引くコロナ禍の状況が人びとの精神状態に与えた影響は計り知れない。現代のヨーガやマインドフルネス、ポジティブ心理学が心のケアに果たす役割は大きい。これらの活動のコロナ禍での取り組み（休止や閉鎖も含む）や今後の展開についてはいずれまとめてみたいと思う。

もともと「精神世界」への個人的関心の強かった筆者だが、現代スピリチュアリティ文化を研究する大きなきっかけは、島薗進氏の『現代救済宗教論』（青弓社、一九九二年）と出会ったことである。早いものでそれから三〇年近くになる。この本に所収されている「新宗教と新霊性運動――日本の新宗教とは何か」では、新宗教、呪術的大衆文化とともに、日本やアメリカにおいて展開する「精神世界」やニューエイジを現代宗教における第三の道として論じていた。その後に刊行された同氏による『精神世界のゆくえ』（東京堂出版、一九九六年）では、この社会・文化的潮流を宗教文化史のなかに位置づけ、本格的な議論が展開される。これらの考察により示された研究成果は、宗教社会学を専門とする筆者にとってとても大きな知的刺激となり、また転機となったことはまちがいない。島薗氏による先駆的研究以外にも、二〇〇〇年代以降になると国内外において数多くの重要な研究がおこなわれてきている。こうしたスピリチュアリティ文化の研究領域に対して、本書が何らかの学術的貢献ができることを願うばかりである。

本書の作成には、直接的、間接的に多くの人たちとの交流が関係している。島薗氏による一連の著作が大きなきっかけとなり、当時の若手・中堅研究者たちによる「新しい宗教意識と霊性（通称、

NRCS, New Religious Consciousness and Spirituality）」研究会が一九九八年に発足した。この研究会での活発な議論の成果をまとめたのが『スピリチュアリティの社会学』（伊藤雅之・樫尾直樹・弓山達也編、世界思想社、二〇〇四年）である。この本の刊行をもって研究会は六年間の活動に幕を閉じた。筆者の今回の単著は、島薗氏の著作との出会いとその後の直接的な研究指導、NRCS研究会メンバーとの濃密な議論が土台となっている。島薗進先生、および芳賀学、弓山達也、葛西賢太、大谷栄一、小池靖、前川理子、菊池裕生の各氏をはじめとする研究会メンバーの方たちに深く感謝いたします。

二〇一〇年代には、宗教学とそれ以外の医学、看護学、生命倫理、公共政策、教育学、哲学、心理学など多様な分野の研究者が参加しての「霊性研究フォーラム」が設立された。ここでの研究交流は、スピリチュアリティをめぐる多様な研究にふれる貴重な機会となった。NRCS研究会でご一緒し、霊性研究フォーラムを主催された樫尾直樹氏をはじめ参加されたメンバーのみなさまにも心から感謝したい。

本書のなかにある着想の多くは、筆者の個人的な瞑想やヨーガの実践、また筆者がおこなうヨーガ哲学やマインドフルネスの講座に参加する人たちとの交流から生まれている。日本各地やインド、イギリスで知り合ったヨーガと瞑想にかかわる人たちとの対話がなければ、本書の刊行はなかっただろう。とくに、二〇一五年に設立したマインドフルネス普及協会において、立ち上げから多くの活動を共にした奥田弘美先生、高山恵子先生、平田信也氏には感謝いたします。さらに、マインドフルネスとポジティブ心理学、セルフ・コンパッションに関する研究でご一緒した山川修、黒田祐二、小谷野康子、山下真裕子の各氏は、教育工学、臨床心理学、精神看護学という筆者とはまったく異なる専門をもつ方たちである。多様な視点をもつ研究者との交流は本書の着想にも、実際の論述においても大いに役立っている。四人の先生に心からの御礼を申し上げたい。

個人的なことになるが、二〇二一年四月、これまで二〇年間お世話になった愛知学院大学文学部英語英米文化学科（旧国際文化学科）を離れ、同じ文学部内の宗教文化学科に移籍した。これにより、自分の専門とする宗教社会学、宗教心理学などの内容を学生たちに直接伝えやすい環境に身を置くことになった。このことも、本書を執筆する大きな原動力となっている。両学科の先生たちにも深く感謝いたします。

本書の草稿は多くの方々にお目通しいただいた。四月から宗教文化学科の同僚として一緒に仕事をさせていただいている林淳先生、小林奈央子先生には草稿の一部を読んでいただき、貴重なコメントをいただいた。また一部の大学生、大学院生にも完成前の原稿を読んでいただき、わかりづらい語句や知らない固有名詞などのご指摘をいただいた。さらに博士後期課程在籍の玉置文弥氏、秋田尚文氏、フリーライターの峯田亜季氏には文章表現のみでなく、論理的整合性や具体的内容に関するコメントをいただき、草稿の改訂の参考にさせていただいた。以上のみなさまにも記して感謝の意を伝えたい。

そして学術書の出版事情の厳しいなかで本書の企画をご理解いただき、快く出版を承諾いただいた明石書店社長の大江道雅氏、編集担当としてきめ細かなチェックをねばり強くしていただいた長尾勇仁氏に御礼申し上げます。

最後になるが、家族にも感謝の意を伝えたい。妻の恵理子には本書に収めたすべての原稿に目を通してもらい、文章の読みやすさについて、ときにきびしく、ときにあたたかい励ましのことばをもらった。妻と一人息子の知希の存在があり、安定した家庭環境が整ってはじめて成り立つ研究活動だと常日頃から自覚している。本当にありがとうございました。

多くの人たちとの研究交流をベースとしつつ、フィールドワークと文献研究の成果をまとめた本書であるが、まだまだ至らないところがあるかもしれない。読者諸氏からのご批判、ご助言をいただければ幸いである。

本書が現代スピリチュアリティ文化に関心をもつ多くの人たちに読まれ、新しい対話の機会が生まれることを切に願っている。

二〇二一年七月一四日

初出一覧

本書に収めた論文は、筆者が二〇〇四年以降に発表した論考がその基礎となっている。ただし、本書全体の統一をはかるため、各論考に手直しが必要な箇所が少なからずあった。既出論文に最新のデータを入れ、新たな分析・解釈をつけ加えるなどの大幅な加筆・修正をしたために、原型と大きく異なる章もあるが、初出を示せばつぎのとおりである。

第一章　大半は書き下ろし。以下の文献を一部使用。「新しいスピリチュアリティ文化の生成と発展」伊藤雅之・樫尾直樹・弓山達也編『スピリチュアリティの社会学』世界思想社、二一一‐二三三頁、二〇〇四年。

第二章　「スピリチュアリティ研究の射程と応用可能性――生老病死におけるスピリチュアル体験に着目して」『年報　社会科学基礎論研究』四号、ハーベスト社、四〇‐五六頁、二〇〇五年。

第三章　「二一世紀西ヨーロッパでの世俗化と再聖化――イギリスのスピリチュアリティ論争の現在」『現代宗教　二〇一五』国際宗教研究所、二四九‐二六九頁、二〇一五年。

第三章　「オウム真理教とそれ以後――現代宗教研究の諸問題」池上良正・小田淑子・末木文美士・島薗進・関一敏・鶴岡賀雄編『岩波講座　宗教　第二巻　宗教への視座』岩波書店、

二五三‐二七九頁、二〇〇四年。

第四章　以下の文献を使用しつつ、ほかの章との重複を削除。イギリスでのマインドフルネス教育に関する事例の加筆。「イギリス社会と幸福論の現在――新しいスピリチュアリティとマインドフルネス瞑想に着目して」『愛知学院大学文学部紀要』四三号、一九‐三三頁、二〇一三年。

第五章　「ポスト世俗化時代のスピリチュアリティ――マインドフルネス・ムーブメントを手がかりとして」鎌田東二編『講座スピリチュアル学 第七巻 スピリチュアリティと宗教』ビイング・ネット・プレス、一七六‐一九六頁、二〇一六年。

第六章　大半は書き下ろし。以下の文献を一部使用。「現代ヨーガとスピリチュアリティ」樫尾直樹編『アジア遊学八四　特集：アジアのスピリチュアリティ――精神的基層を求めて』勉誠出版、一五四‐一六五頁、二〇〇六年。

「社会に拡がるスピリチュアリティ文化――対抗文化から主流文化へ」張江洋直・大谷栄一編『ソシオロジカル・スタディーズ――現代日本社会を分析する』世界思想社、二一九‐二三九頁、二〇〇七年。

第七章　ほかの章との重複を削除、事例の追加。「『スピリチュアルな探求』としての現代体操ヨーガ」樫尾直樹編『文化と霊性』慶應義塾大学出版会、一一七‐一四五頁、二〇一二年。

第八章　書き下ろし。

第九章　「人間崇拝の宗教としてのヒューマニズム――ヒューマニストUKの活動を手がかりとして」『世界の児童と母性』資生堂社会福祉事業財団、八五号、二一‐八頁、二〇一九年。

第一〇章 "Trends in Modern Spirituality Culture: Eckhart Tolle and the Neo-Advaita Movement." Naoki Kashio and Karl Becker (eds.), Spirituality as a Way. Kyoto University Press and Trans Pacific Press. 一七九–一九二頁、二〇一一年。

弓山達也 . 2002.「現代宗教研究の明暗」南山大学宗教文化研究所編『宗教と社会問題の〈あいだ〉――カルト問題を考える』青弓社

[Z]

Zinnbauer, Brian, Kenneth Pargament, Brenda Cole, Mark Rye, Eric Butter, Timothy Belavich, Kathleen Hipp, Allie Scott, and Jill Kadar. 1997. "Religion and Spirituality: Unfuzzying the Fuzzy." *Journal for the Scientific Study of Religion* 36(4):549-64.

Zinnbauer, Brian and Kenneth Pargament. 2005. *Religiousness and Spirituality*. In R. F. Paloutzian and C. L. Park (eds.), *Handbook of the Psychology of Religion and Spirituality*. New York: The Guilford Press.

Wilson, Jeff. 2014. *Mindful America: The Mutual Transformation of Buddhist Meditation and American Culture*. New York: Oxford University Press.

Wuthnow, Robert. 1998. *After Heaven: Spirituality in America Since the 1950s.* Berkeley, CA: University of California Press.

Wuthnow, Robert. 2008. *After the Baby Boomers: How Twenty- and Thirty-Somethings are Shaping the Future of American Religion.* Princeton, NJ: Princeton University Press.

Wylie, Mary Sykes. 2015. "How the Mindfulness Movement Went Mainstream and the Backlash that Came with it." *Psychotherapy Networker.*

[Y]

山中弘 . 2020.「序論：現代宗教とスピリチュアル・マーケット」山中弘編『現代宗教とスピリチュアル・マーケット』弘文堂

山中弘編 . 2020.『現代宗教とスピリチュアル・マーケット』弘文堂

山中弘・林淳 . 1996.「日本における宗教社会学の展開」『愛知学院大学文学部紀要』25: 301-316.

山下博司 . 2009.『ヨーガの思想』講談社

山下良道 . 2014.『青空としてのわたし』幻冬舎

Yoga Alliance. 2016, Jan 13. "2016 Yoga in America Study Conducted by Yoga Journal and Yoga Alliance Reveals Growth and Benefits of the Practice." (https://www.yogaalliance.org/Portals/0/YIAS%20Press%20Release%20with%20YA%20contact%20info.pdf) 2021.6.30 確認

Yoga Journal. 1994. "Guess Who's Coming to Yoga?" *Yoga Journal* 118:47-8.

Yoga Journal. 2017.「たった 200 時間のトレーニングでヨガ指導者になれるのか？ YTT の実態と問題に迫る」（https://yogajournal.jp/7/2）2021.6.30 確認

Yogini 編集部 . 2006.『ヨガのすべてがわかる本』枻出版社

代々木アンダーライト ヨガスクール . 2020.2.27「日本のヨガの歴史（2000 年代 -2010 年代）〈パワーヨガからホットヨガへ、そして○○ヨガへ〉」(https://note.com/utlyoga/n/n023d11311a16) 2021.6.30 確認

湯浅泰雄監修 . 2003.『スピリチュアリティの現在——宗教・倫理・心理の観点』人文書院

[U]

UNIC プレス・リリース . 2014. "United Nations declares 21 June as International Day of Yoga."(https://unic.org.in/international-day-of-yoga) 2021.6.30 確認

University of Leicester. 2006, Nov.14. "Psychologist Produces the First-ever World Map of Happiness." *Science Daily*.

[V]

Versluis, Arthur. 2014. *American Gurus: From Transcendentalism to New Age Religion*. Oxford, UK: Oxford University Press.

Voas, David and Steve Bruce. 2007. "The Spiritual Revolution: Another False Dawn for the Sacred." In F. Kieran, and P. Jupp (eds.), *A Sociology of Spirituality*. Hampshire, UK: Ashgate.

[W]

Walker, Ether. 2008, June 21. "Eckhart Tolle: This Man Could Change Your Life" *The Independent*.

Wallace, Alan. 2000. *The Taboo of Subjectivity*. New York: Oxford University Press.

渡辺学 . 1999.「〈カルト〉論への一視点――アメリカのマインド・コントロール論争」『南山大学宗教文化研究所報』9:82-91.

渡辺学 . 2003.「脱会者の研究をめぐって」『宗教哲学研究』20:1-14.

Weare, Katherine. 2013. "Developing Mindfulness with Children and Young People: A Review of the Evidence and Policy Context." *Journal of Children's Services* 8 (2):141-153.

Weber, Max. 1904-05. *Die protestantische Ethik und der Geist des Kapitalismus.*（=1989. 大塚久雄訳『プロテスタンティズムの倫理と資本主義の精神』岩波書店）

Weber, Max. 1920. *Wirtschaft und Gesellschaft*（=1976. 武藤一雄ほか訳『宗教社会学』創文社）

White, G. Adrian. 2007. "A Global Projection of Subjective Well-being: A Challenge to Positive Psychology?" *Psychtalk* 56: 17-20.

Wilson, Bryan. 1966. *Religion in a Secular Society*. London, UK: Watts.

[T]

立川武蔵 . 1988.『ヨーガの哲学』講談社

竹村嘉晃 . 2008.「グローバル時代における現代インドのヨーガ受容」『スポーツ人類学研究』9:29-52.

Taylor, Charles. 1992. *Sources of the Self: The Making of Modern Identity.* Cambridge, UK: Cambridge University Press.（=2010. 下川潔・桜井徹・田中智彦訳『自我の源泉――近代的アイデンティティの形成』名古屋大学出版会）

Taylor, Charles. 2002. *Varieties of Religion Today: William James Revisited.* Cambridge, MA: Harvard University Press.（=2009. 伊藤邦武・佐々木崇・三宅岳史訳『今日の宗教の諸相』岩波書店）

The Art of Living. 2015.「国際ヨガデーとは」「2015 年 ヨガデー・レポート」「国連事務総長メッセージ」(https://www.artofliving.org/jp-ja/international-yoga-day/2015) 2021.6.30 確認

The Secret 公式ホームページ (https://www.thesecret.tv) 2021.6.30 確認

Thich Nhat Hanh. 1991. *The Miracle of Mindfulness.* London, UK: Rider Books.（=1995. ウェッブ・オブ・ライフ訳『マインドフルの奇跡――今ここにほほえむ』壮神社）

Tolle, Eckhart. 1999. *The Power of Now: A Guide to Spiritual Enlightenment.* Novato, CA: New World Library (original 1997)（= 2002. 飯田史彦監修・あさりみちこ訳『さとりをひらくと人生はシンプルで楽になる』徳間書店）

Tolle, Eckhart. 2005. *A New Earth: Awakening to Your Life's Purpose.* London, UK: Penguin Books（=2008. 吉田利子訳『ニュー・アース――意識が変わる 世界が変わる』サンマーク出版）

Tomlinson, John. 1999. *Globalization and Culture.* Cambridge, UK: Polity Press.（= 2000. 片岡信訳『グローバリゼーション――文化帝国主義を超えて』青土社）

Turlington, Christy. 2002. *Living Yoga: Creating a Life Practice.* Westport, CT: Hyperion Press.

鶴岡賀雄 . 2016.「〈スピリチュアリティ〉と〈神秘主義〉――カリトリック圏での用法を中心に」鎌田東二編『講座スピリチュアル学 第 7 巻 スピリチュアリティと宗教』ビイング・ネット・プレス

島薗進 . 2001.『ポストモダンの新宗教――現代日本の精神状況の底流』東京堂出版
島薗進 . 2007.『スピリチュアリティの興隆――新霊性文化とその周辺』岩波書店
島薗進 . 2012.『現代宗教とスピリチュアリティ』弘文堂
Shimer, David. 2018, Jan 28. "Yale's Most Popular Class Ever: Happiness." *The New York Times.*
下田真由美・平井正三郎 . 2017.「ほめ日記が主観的幸福感などのウェルビーイングに与える影響」『東海学院大学紀要』11:73-81.
塩谷政憲 . 1986.「宗教運動への献身をめぐる家族からの離反」森岡清美編『近現代における家の変質と宗教』新地書房
Singleton, Mark and Jean Byrne. 2006. *Yoga in the Modern World: Contemporary Perspectives.* London, UK: Routledge.
Singleton, Mark. 2010. *Yoga Body: The Origins of Modern Posture Practice.* Oxford, UK Oxford University Press.（=2014. 喜多千草訳『ヨガ・ボディ――ポーズ練習の起源』大隈書店）
Sjoman, Norman. 1996. *The Yoga Tradition of the Mysore Palace.* New Delhi, India: Abhinav.
Smith, Joseph. 2018. "How Selfish is Your Search for Happiness?" *The Psychologist* 31:28-32.
Stichter, Matt and Leland Saunders. 2019. "Positive Psychology and Virtue: Values in Action." *The Journal of Positive Psychology*.14(1):1-5.
Storm, Rachel. 2002. "Community, Culture, and Spirituality."（=2002. 葛西賢太・伊藤雅之訳「共同性・文化・スピリチュアリティ」樫尾直樹編『スピリチュアリティを生きる――新しい絆を求めて』せりか書房
Strauss, Sarah. 2005. *Positioning Yoga: Balancing Acts Across Cultures.* Oxford, UK: Berg.
菅村玄二 . 2013.「マインドフルネスとは？ 意味と効果とそのメカニズム」ジョン・カバットジン著／春木豊・菅村玄二編訳『～４枚組の CD で実践する～マインドフルネス瞑想ガイド』北大路書房
Swenson, David. 1999. *Ashtanga Yoga: The Practice Manual.* Austin, Texas: Ashtanga Yoga Productions.

Japan." RIETI Discussion Paper Series 15-E-001. (https://www.rieti.go.jp/jp/publications/dp/15e001.pdf) 2021.6.30 確認

Seligman, Martin. 1999. "The President's Address." *American Psychologist.* 54: 559-562.

Seligman, Martin. 2002. *Authentic Happiness: Using the New Positive Psychology to Realize Your Potential for Lasting Fulfillment.* Free Press.（= 2004. 小林裕子訳『世界でひとつだけの幸せ――ポジティブ心理学が教えてくれる満ち足りた人生』アスペクト）

Seligman, Martin. 2011. *Flourish: A Visionary New Understanding of Happiness and Well-being.*（=2014. 宇野カオリ監訳『ポジティブ心理学の挑戦――〈幸福〉から〈持続的幸福〉へ』ディスカヴァー・トゥエンティワン）

Seligman, Martin. 2019. "Positive Psychology: A Personal History." *Annual Review of Clinical Psychology* 15:1-23.

Seligman, Martin and Mihaly Csikszentmihalyi. 2000. "Positive Psychology: An Introduction." *American Psychologist* 55(1): 5-14.（=2012. 宇野カオリ監訳「ポジティブ心理学 序文」日本ポジティブ心理学協会 , http://www.jppanetwork.org）2021.6.30 確認

Seligman, Martin, Tracy Steen, Nansook Park, and Christpher Peterson. 2005. "Positive Psychology Progress: Empirical Validation of Interventions." *American Psychologist* 60(5): 410-21.

セブン＆アイ出版編 . 2017.「日本のヨガマーケット調査 2017」『ヨガジャーナル日本版』

Sharf, Robert. 2015. "Is Mindfulness Buddhist? (and Why it Matters)". *Transcultural Psychiatry* 52(4): 470-484.

島田裕巳 . 1990.「オウム真理教はディズニーランドである！」『別冊宝島 114 いまどきの神サマ』JICC 出版局

島田裕巳 . 2001.『オウム――なぜ宗教はテロリズムを生んだのか』トランスビュー

島薗進 . 1992.『新新宗教と宗教ブーム』岩波書店

島薗進 . 1995.『オウム真理教の軌跡』岩波書店

島薗進 . 1996.『精神世界のゆくえ――現代世界と新霊性運動』東京堂出版（2007 年秋山書店より再刊、2022 年法蔵館より再々刊予定）

島薗進 . 1997.『現代宗教の可能性――オウム真理教と暴力』岩波書店

and What Constitutes Its Spirituality." *Journal of Contemporary Religion.* 13(1):5-22.

Rose, Stuart. 2001. "Is the Term 'Spirituality'a Word that Everyone Uses, But Nobody Knows What Anyone Means by it?" *Journal of Contemporary Religion.* 16(2):193-207.

[S]

佐保田鶴治 . 1966.『解説 ヨーガ・スートラ』恒文社（改訂版 平河出版社 1980）

佐保田鶴治 . 1972.『ヨーガのすすめ――現代人のための完全健康法』ベースボール・マガジン社

佐保田鶴治 . 1973.『ヨーガ根本教典』平河出版社

佐保田鶴治 . 1975.『ヨーガ入門――ココロとカラダをよみがえらせる』池田書店

櫻井義秀 . 1991.「消費者被害――霊感商法の現状を中心に」『北星学園女子短期大学紀要』27:53-91.

櫻井義秀 . 1996.「オウム真理教現象の記述をめぐる一考察――マインド・コントロール言説の批判的検討」『現代社会学研究』9:74-101.

櫻井義秀 . 2004.「教団発展の戦略と〈カルト〉問題――日本の統一教会を事例に」伊藤雅之・樫尾直樹・弓山達也編『スピリチュアリティの社会学』世界思想社

櫻井義秀編 . 2009.『カルトとスピリチュアリティ――現代日本における「救い」と「癒し」のゆくえ』ミネルヴァ書房

Schnitker, Sarah and Robert Emmons (eds.). 2017. "The Psychology of Virtue: Integrating Positive Psychology and the Psychology of Religion." *Psychology of Religion and Spirituality.* 9(3): 239-241.

Scott, John. 2000. *Ashtanga Yoga: The Definitive Step-by-Step Guide to Dynamic Yoga.* New York: Three Rivers Press.

Segal, Zindel, Mark Williams and John Teasdale. 2002. *Mindfulness-Based Cognitive Therapy for Depression: A New Approach to Preventing Relapse.* New York: Guilford Press.（=2007. 越川房子監訳『マインドフルネス認知療法――うつを予防する新しいアプローチ』北大路書房）

Sekizawa, Yoichi and Naomi Yoshitake. 2015. "Does the Three Good Things Exercise Really Make People More Positive and Less Depressed? A Study in

大谷栄一 . 2004.「スピリチュアリティの最前線――20 世紀の宗教研究から 21 世紀の新しい宗教研究へ」伊藤雅之･樫尾直樹･弓山達也編『スピリチュアリティの社会学――現代世界の宗教性の探求』世界思想社

[P]

Parker, John W. 2009. *Dialogues with Emerging Spiritual Teachers.* Bloomington, IN: iUniverse.

Parsons, Tommy. 1995. *The Open Secret.* Dorset, UK: Open Secret Publishing.

Parsons, William (ed.) 2018. *Being Spiritual but Not Religious: Past, Present, Future(s).* New York: Routledge.

Peterson, Christopher. 2006. *A Primer in Positive Psychology.* Oxford, UK: Oxford University Press.（=2010. 宇野カオリ訳『実践入門 ポジティブ・サイコロジー――「よい生き方」を科学的に考える方法』春秋社）

Peterson, Christopher and Martin Seligman. 2004. *Character Strengths and Virtues: A Handbook and Classification.* New York: Oxford University Press.

Pew Research Center. 2018. May 29. "Attitudes Toward Spirituality and Religion." In *Being Christian in Western Europe.* (https://www.pewforum.org/2018/05/29/being-christian-in-western-europe) 2021.6.30 確認

Pickert, Kate. 2014, Feb 3. "The Mindfulness Revolution: the Science of Finding Focus in a Stressed-Out, Multitasking Culture." *TIME Magazine.*

Purser, Ron and David Loy. 2013, August 31."Beyond McMindfulness."(http://www.huffingtonpost.com/ron-purser/beyond-macmindfulness._b._3519289.html) 2021.6.30 確認

[R]

Robertson, Roland. 1992. *Globalization: Social Theory and Global Culture.* London, UK: Sage.（=1997. 阿部美哉訳『グローバリゼーション――社会理論と地球文化』東京大学出版会）

Roof, Wade Clark. 1999. *Spiritual Marketplace: Baby Boomers and the Remaking of American Religion.* Princeton: Princeton University Press.

Rose, Stuart. 1998. "An Examination of the New Age Movement: Who is Involved

livingmindfully.co.uk/downloads/Mindfulness_Report.pdf#search='Mindfulness+Report') 2021.6.30 確認
溝口あゆか 「オープン・アウェアネス・ダイアローグ」(https://ayukablog.wordpress.com) 2021.6.30 確認
Mohan, A.G. 2010. *Krishnamacharya: His Life and Teachings.* Boulder, CO: Shambhala.
Moore, Suzanne. 2014. August 6. "Mindfulness is All About Self-help. It Does Nothing to Change an Unjust World." *The Guardian.*
本山博 . 1978.『密教ヨーガ——タントラヨーガの本質と秘法』宗教心理出版

[N]

中沢新一 . 1995.「オウム真理教信者への手紙」『週刊プレイボーイ』5 月 30 日号
Nervin, Klas. 2008. "Empowerment and Using the Body in Modern Postural Yoga." In M. Singleton and J. Byrne (eds.), *Yoga in the Modern World: Contemporary Perspectives.* London, UK: Routledge.
Newcombe, Suzanne. 2017. "The Revival of Yoga in Contemporary India." In J. Barton (ed.) *Oxford Research Encyclopedias: Religion*. Oxford, UK: Oxford University Press.
日本ポジティブ心理学協会 (https://www.jppanetwork.org) 2021.6.30 確認

[O]

織田信男・堀毛一也・松岡和生 . 2009.「日記筆記が感情に及ぼす効果について——個人差要因の検討」『アルテス リベラレス』85: 31-47.
Office for National Statistics. 2012. "National Well-being." (http://www.ons.gov.uk/ons/guide-method/user-guidance/well-being/index.html) 2021.6.30 確認
岡本亮輔 . 2015.『聖地巡礼——世界遺産からアニメの舞台まで』中央公論新社
岡本亮輔 . 2021.『宗教と日本人——葬式仏教からスピリチュアル文化まで』中央公論新社
沖正弘 . 1979.『ヨガの喜び——心も体も、健康になる、美しくなる』光文社
おおいみつる . 2015.『ヨーガに生きる——中村天風とカリアッパ師の歩み』春秋社

New Global Terrorism. New York: Henry Holt and Company.（=2000. 渡辺学訳『終末と救済の幻想——オウム真理教とは何か』岩波書店）

Lipka, Michael and Claire Gecewics. 2017. "More Americans Now say They're Spiritual But Not Religious." *Factank*, Pew Research Center. (https://www.pewresearch.org/fact-tank/2017/09/06/more-americans-now-say-theyre-spiritual-but-not-religious) 2021.6.30 確認

Lopez, Shane and C.R. Snyder. 2006. *The Oxford Handbook of Positive Psychology*. Oxford, UK: Oxford University Press.

Lucas, Phillip Charles. 2011. "When a Movement is Not a Movement: Ramana Maharshi and Neo-Advaita in North America." *Nova Religio* 15(2):93-114.

Lucas, Phillip Charles. 2014. "Non-Traditional Modern Advaita Gurus in the West and Their Traditional Modern Advaita Critics." *Nova Religio* 17(3):6-37.

[M]

Maehle, Gregor. 2006. *Ashtanga Yoga: Practice and Philosophy*. Australia: Kaivalya Publication.（= 2009. 伊藤雅之監訳『現代人のためのヨーガ・スートラ』産調出版）

前川理子 . 2000.「イデオロギーと主体化の宗教研究——〈事件〉後オウム真理教を事例として」『文明 21』 4:129-145.

Marks, Nic and Hetan Shah. 2007. "A Well-being Manifesto for a Flourishing Society." In F. Huppert, N. Baylis, and B. Keverne (eds.) *The Science of Well-Being*. Oxford, UK: Oxford University Press.

Martin, David. 1978. *A General Theory of Secularization*, Oxford, UK: Blackwell.

McGuire, Meredith. 2002. *Religion: The Social Context (5th ed.)* Belmont, CA: Wadsworth.（= 2008. 山中弘・伊藤雅之・岡本亮輔訳『宗教社会学——宗教と社会のダイナミックス』明石書店）

McKinley, Jesse. 2008. March 23. "The Wisdom of the Ages, for Now Anyway." *New York Times*.

Mindfulness All-Party Parliamentary Group Report. Jan 21, 2020. (https://www.themindfulnessinitiative.org/mindfulness-all-party-parliamentary-group) 2021.6.30 確認

Mindfulness Report. 2010. Mental Health Foundation, UK. (http://www.

and the Trouble with Maps." *Contemporary Buddhism.* 12(1): 281-306.
鎌田東二編． 2014-2016.『講座スピリチュアル学』（全７巻）ビイング・ネット・プレス
金井新二 . 1997.『現代宗教への問い——宗教ブームからオウム真理教へ』教文館
葛西賢太 . 2010.『現代瞑想論——変性意識がひらく世界』春秋社
樫尾直樹編 . 2002.『スピリチュアリティを生きる——新しい絆を求めて』せりか書房
樫尾直樹 . 2010.『スピリチュアリティ革命——現代霊性文化と開かれた宗教の可能性』春秋社
Kashio, Naoki and Carl Becker (eds.). 2021. *Spirituality as a Way: The Wisdom of Japan.* Kyoto University Press and Trans Pacific Press.
河原和枝 . 2017.「ハイブリッド文化としてのヨーガ」『甲南女子大学研究紀要　人間科学編』54：155-165.
桐山靖雄 . 1972.『密教・超能力の秘密』平河出版社
小林利行 . 2019.「日本人の宗教的意識や行動はどう変わったのか——ISSP 国際比較調査〈宗教〉・日本の結果から」『放送研究と調査』4: 52-72.
小池靖 . 2004.「精神世界におけるカルト化——ライフスペースを事例に」伊藤雅之・樫尾直樹・弓山達也編『スピリチュアリティの社会学——現代世界の宗教性の探求』世界思想社
小池靖 . 2007.『セラピー文化の社会学——ネットワークビジネス・自己啓発・トラウマ』勁草書房
国際連合広報センター . 2015.「ヨガの国際デー（6 月 21 日）事務総長メッセージ」(https://www.unic.or.jp/news_press/messages_speeches/sg/14683) 2021.6.30 確認

[L]

Lau, Eisa. 2014. "Can Mindfulness Be Practiced Independently of Buddhism?" *Buddhistdoor International.* (http://newlotus.buddhistdoor.com/en/news/d/42531) 2021.6.30 確認
Lifton, Robert. 1999. *Destroying the World to Save It: Aum Shinrikyo, Apocalyptic Violence, and the*

伊藤雅之 . 2016.「ポスト世俗化時代のスピリチュアリティ――マインドフルネス・ムーブメントを手がかりとして」鎌田東二編『講座スピリチュアル学 第7巻 スピリチュアリティと宗教』ビイング・ネット・プレス

伊藤雅之 . 2019.「人間崇拝の宗教としてのヒューマニズム――ヒューマニスト UK の活動を手がかりとして」『世界の児童と母性』資生堂社会福祉事業財団編 , 85: 2-8.

Ito, Masayuki. 2021. "Trends in Modern Spirituality Culture: Eckhart Tolle and the Neo-Advaita Movement." In N. Kashio and K. Becker (eds.), *Spirituality as a Way*. Kyoto University Press and Trans Pacific Press.

伊藤雅之・樫尾直樹・弓山達也 . 2004.『スピリチュアリティの社会学――現代世界の宗教性の探求』世界思想社

Iyengar, B.K.S. 1966. *Light on Yoga*. New York: Schocken.（＝2004 沖正弘監訳、後藤南海雄・玉木瑞枝訳『ハタヨガの真髄』白揚社）

[J]

Jain, Andrea. 2014. *Selling Yoga: From Counterculture to Pop Culture*. Oxford, UK: Oxford University Press.

Juergensmeyer, Mark. 2003. *Terror in the Mind of God: The Global Rise of Religious Violence*. Berkeley, CA: University of California Press.（= 2003. 立山良司監修、古賀林幸・櫻井元雄訳『グローバル時代の宗教とテロリズム――いま、なぜ神の名で人の命が奪われるのか』明石書店）

[K]

Kabat-Zinn, Jon. 1991. *Full Catastrophe Living: Using the Wisdom of Your Body and Mind to Face Stress, Pain, and Illness*. Illinois: Delta.（ =2007. 春木豊訳『マインドフルネスストレス低減法』北大路書房）

Kabat-Zinn, Jon. 1994. *Wherever You Go, There You Are: Mindfulness Meditation in Everyday Life*. Westport, Connecticut: Hyperion.（=2012. 田中麻里監訳、松丸さとみ訳『マインドフルネスを始めたいあなたへ 毎日の生活でできる瞑想』星和書店）

Kabat-Zinn, Jon. 2011. "Some Reflections on the Origins of MBSR, Skillful Means,

[I]

猪瀬優理 . 2002.「脱会プロセスとその後――ものみの塔聖書冊子協会の脱会者を事例に」『宗教と社会』8:19-35.

井上順孝・宗教情報リサーチセンター編 . 2011.『情報時代のオウム真理教』春秋社

井上順孝・宗教情報リサーチセンター編 . 2015.『〈オウム真理教〉を検証する――そのウチとソトの境界線』春秋社

入江恵子 . 2015.「女性化される現代ヨガ――日本におけるブームとその変遷」『スポーツとジェンダー研究』13:148-158.

伊藤雅之 . 2003.『現代社会とスピリチュアリティ――現代人の宗教意識の社会学的探究』渓水社

伊藤雅之 . 2004a.「新しいスピリチュアリティ文化の生成と発展」伊藤雅之・樫尾直樹・弓山達也編『スピリチュアリティの社会学――現代世界の宗教性の探求』世界思想社

伊藤雅之 . 2004b.「オウム真理教とそれ以後――現代宗教研究の諸問題」池上良正・小田淑子・末木文美士・島薗進・関一敏・鶴岡賀雄編『岩波講座 宗教 第 2 巻 宗教への視座』岩波書店

伊藤雅之 . 2005.「スピリチュアリティ研究の射程と応用可能性――生老病死におけるスピリチュアル体験に着目して」『年報 社会科学基礎論研究』4 号 , ハーベスト社

伊藤雅之 . 2006.「現代ヨーガとスピリチュアリティ」樫尾直樹編『アジア遊学 84 特集：アジアのスピリチュアリティ――精神的基層を求めて』勉誠出版

伊藤雅之 . 2007.「社会に拡がるスピリチュアリティ文化――対抗文化から主流文化へ」張江洋直・大谷栄一編『ソシオロジカル・スタディーズ――現代日本社会を分析する』世界思想社

伊藤雅之 . 2012.「〈スピリチュアルな探求〉としての現代体操ヨーガ」樫尾直樹編『文化と霊性』慶應義塾大学出版会

伊藤雅之 . 2013.「イギリス社会と幸福論の現在――新しいスピリチュアリティとマインドフルネス瞑想に着目して」『愛知学院大学文学部紀要』43:19-33.

伊藤雅之 . 2015.「21 世紀西ヨーロッパでの世俗化と再聖化――イギリスのスピリチュアリティ論争の現在」『現代宗教 2015』国際宗教研究所

[H]

芳賀学・弓山達也 . 1994.『祈る ふれあう 感じる――自分探しのオデッセー』アルファベータブックス

Harari, Yuval Noah. 2014. *Sapiens: A Brief History of Humankind*. London, UK: Vintage.（=2016. 柴田裕之訳『サピエンス全史』［上下巻］河出書房新社）

Harari, Yuval Noah. 2016. *Homo Deus: A Brief History of Tomorrow*. London, UK: Vintage.（=2018. 柴田裕之訳『ホモ・デウス』［上下巻］河出書房新社）

長谷川貴彦 . 2017.『イギリス現代史』岩波書店

Hedstrom, Matthew. 2018. "Buddhist Fulfillment of a Protestant Dream: Mindfulness as Scientific Spirituality." In W. Parsons (ed.), *Being Spiritual but Not Religious: Past, Present, Future*(s). New York: Routledge.

Heelas, Paul. 1996. *The New Age Movement: The Celebration of the Self and the Sacralization of Modernity*. Oxford, UK: Blackwell.

Heelas, Paul. 2000. "Sources of Significance Beyond Church and Chapel." S. Sutcliffe and M. Bowman (eds.), *Beyond New Age: Exploring Contemporary Spirituality*. Edinburgh, UK: Edinburgh University Press.

Heelas, Paul. 2008. *Spiritualities of Life: New Age Romanticism and Consumptive Capitalism*. Oxford, UK: Blackwell.

Heelas, Paul and Linda Woodhead. 2005. *The Spiritual Revolution: Why Religion is Giving Way to Spirituality*. Oxford, UK: Blackwell.

堀江宗正 . 2019.『ポップ・スピリチュアリティ――メディア化された宗教性』岩波書店

Huppert, Felicia A. and Daniel Johnson. 2010. "A Controlled Trial of Mindfulness Training in Schools: The Importance of Practice for an Impact on Well-being." *The Journal of Positive Psychology* 5(4): 264-274.

Huppert, Felicia and Alex Linley. 2011. *Happiness and Well-being: Critical Concepts in Psychology*. Routledge.

Humanists UK. (https://humanism.org.uk) 2021.6.30 確認

Psychology: Strengthening Well-Being." In J. Pedrotti and L. Edwards (eds.), *Perspectives on the Intersection of Multiculturalism and Positive Psychology*. New York: Springer.

Fisk, Liselotte. 2002. "The Satsang Network: A Growing Post-Osho Phenomenon." *Nova Religio* 6(1):64-85.

Flanagan, Kieran and Peter Jupp. 2007. *A Sociology of Spirituality*. Hampshire, UK: Ashgate.

Fredrickson, Barbara. 2009. *Positivity: Top-Notch Research Reveals the 3 to 1 Ratio That Will Change Your Life*. New York: Three Rivers Press.（=2010 植木理恵監修、高橋由紀子訳『ポジティブな人だけがうまくいく 3：1 の法則』日本実業出版社）

藤田一照・山下良道 . 2013.『アップデートする仏教』幻冬舎

藤田庄市 . 2002.「霊性の信心決定――スピリチュアル・アビューズ批判」樫尾直樹編『スピリチュアリティを生きる』せりか書房

藤田庄市 . 2017.『カルト宗教事件の深層――「スピリチュアル・アビュース」の論理』春秋社

[G]

Gacewicz, Claire. 2018. "'New Age' Beliefs Common Among Both Religious and Nonreligious Americans." *Factank*, Pew Research Center. (https://www.pewresearch.org/fact-tank/2018/10/01/new-age-beliefs-common-among-both-religious-and-nonreligious-americans/) 2021.6.30 確認

Gethin, Rupert. 2011. "On Some Definitions of Mindfulness." *Contemporary Buddhism* 12(1): 263-279.

Greeley, Andrew. 1972. *Unsecular Man: The Persistence of Religion*, New York: Shocken Books.

Guardian. 2010. Nov.14. "David Cameron Aims to Make Happiness the New GDP."

Guardian. 2012. Dec.12. "Census Reveals Decline of Christianity."

Guardian. 2019. Jan.6 "Atheist Bus Campaign Spreads the Word of No God Nationwide."

[D]

Davie, Grace. 1994. *Religion in Britain since 1945: Believing Without Belonging.* Oxford, UK: Blackwell.

Davie, Grace. 2002. *Europe: The Exceptional Case: Parameters of Faith in the Modern World.* London, UK: Darton, Longman & Todd.

Davie, Grace. 2013. *The Sociology of Religion: A Critical Agenda.* London, UK: Sage.

De Michelis, Elizabeth. 2004. *A History of Modern Yoga: Patanjali and Western Esotericism.* London, UK: Continuum.

Desikachar, Kausthub. 2005. *The Yoga of the Yoga: the Legacy of T Krishnamacharya.* India: Krishnamacharya Yoga Mandinam.

Donahaye, Guy and Eddie Stern. 2010. *Guruji: A Portrait of Sri K. Pattabhi Jois.* New York: North Point Press.

Durkheim, Emile. 1893. *De la division du travail social.*（=2005. 田原音和訳『社会分業論』青木書店）

Durkheim, Emile. 1912. *Les Formes élémentaires de la Vie religieuse.*（=1975. 古野清人訳『宗教生活の原初形態』岩波書店）

[E]

Easton, Mark. 2006. "Britain's Happiness in Decline." (www.news.bbc.co.ul/1/hi/programmes/happiness_formula) 2021.6.30 確認

Engelke, Matthew. 2015. "Humanist Ceremonies: The Case of Non-Religious Funerals in England." In A. Copson and A.C. Grayling (eds), *The Wiley Blackwell Handbook of Humanism.* West Sussex, UK: John Wiley & Sons.

Churchill, Kate. 2008. *Enlighten Up!.* New York: New Video Group.

Emmons, Robert, Peter Hill, Justin Barrett and Kelly Kapic. 2017. "Psychological and Theological Reflections on Grace and its Relevance for Science and Practice." *Psychology of Religion and Spirituality* 9(3):276-284.

[F]

Falb, Melissa and Kenneth Pargament. 2014. "Religion, Spirituality, and Positive

Berger, Peter. 1999. "The Desecularization of the World: A Global Overview." In Peter Berger (ed.), *The Desecularization of the World: Resurgent Religion and World Politics*. MI: Eerdmans.

別冊宝島 . 1980.『精神世界マップ――精神世界を旅するひとのためのガイド・ブック』JICC 出版局

Bodhi, Bhikkhu. 2011. "What Does Mindfulness Really Mean? A Canonical Perspective." *Contemporary Buddhism*. 12(1): 19-39.

Brierley, Peter. 2006. *Pulling Out of the Nose Dive: A Contemporary Picture of Churchgoing*. London, UK: Christian Research.

Bruce, Steve. 1996. *Religion in the Modern World: From Cathedrals to Cult*, Oxford, UK: Oxford University Press.

Bruce, Steve. 1999. "The Curious Case of the Unnecessary Recantation: Berger and Secularization." In L. Woodhead, P. Heelas, and D. Martin (eds.), *P. Berger and the Study of Religion*. London, UK: Routledge.

Bruce, Steve. 2002. *God is Dead: Secularization in the West*. Oxford, UK: Blackwell.

Bruce, Steve. 2011. *Secularization: In Defence of an Unfashionable Theory*. Oxford, UK: Oxford University Press.

[C]

Cabanas, Edgar and Eva Illouz. 2019. *Manufacturing Happy Citizens: How the Science and Industry of Happiness Control Our Lives*. Cambridge, UK: Polity Press.

Campbell, Colin. 2007. *The Easternization of the West: A Thematic Account of Cultural Change in the Modern Era*. Boulder: Routledge.

Casanova, Jose. 1994. *Public Religions in the Modern World*, Chicago: University of Chicago Press.（＝1997. 津城寛文訳『近代世界の公共宗教』玉川大学出版部）

Collicutt, Joannna. 2011."Psychology, Religion and Spirituality." *The Psychologist* 24(4):250-251.

Copson, Andrew. 2015. "What is Humanism?" A. Copson and A.C. Grayling (eds), *The Wiley Blackwell Handbook of Humanism*. West Sussex, UK: John Wiley & Sons.

参考・引用文献

[A]

All Party Parliamentary Group Report on Wellbeing Economics. 2014. (https://wellbeingeconomics.co.uk) 2021.6.30 確認

All-Party Parliamentary Group on Wellbeing Economics. 2014. "Wellbeing in Four Policy Areas." (https://b.3cdn.net/nefoundation/ccdf9782b6d8700f7c_lcm6i2ed7.pdf) 2021.6.30 確認

Alter, Joseph. 2004. *Yoga in Modern India: The Body Between Science and Philosophy*. Princeton: Princeton University Press.

有元裕美子 . 2011.『スピリチュアル市場の研究――データで読む急拡大マーケットの真実』東洋経済新報社

アリストテレス . 1971. 高田三郎訳『ニコマコス倫理学』（上下巻）岩波書店

[B]

BBC. 2006. "Make People Happier Says Cameron." (http:news.bbc.co.uk/1.hi/uk_politics) 2021.6.30 確認

Beckford, James. 1992. "Religion, Modernity and Post-Modernity." In Bryan Wilson (ed.) *Religion: Contemporary Issues.* London, UK: Bellew.

ベッカー、カール・弓山達也編 . 2009.『いのち 教育 スピリチュアリティ』大正大学出版会

Ben-Shahar, Tal. 2007. *Happier: Learn the Secrets to Daily Joy and Lasting Fulfillment.* New York: McGraw Hill.（＝ 2010. 成瀬まゆみ訳『ハーバードの人生を変える授業』大和書房）

Berger, Peter. 1967. *The Sacred Canopy: Element of a Sociological Theory of Religion*, New York: Doubleday.（＝ 1979. 薗田稔訳『聖なる天蓋――神聖世界の社会学』新曜社）

【マ行】

【ヤ行】

【タ行】

【ナ行】

【ハ行】

人名索引

【ア行】

【カ行】

【サ行】

【ワ行】

【マ行】

【ヤ行】

【ラ行】

【ハ行】

【タ行】

【ナ行】

【サ行】

【カ行】

索　引

事項索引

【ア行】

伊藤雅之（いとう・まさゆき）

愛知学院大学文学部宗教文化学科教授。

1964年名古屋市生まれ。1998年、米国ペンシルバニア大学大学院社会学部博士課程修了（Ph.D.）。専門は宗教社会学。おもな著書に『現代社会とスピリチュアリティ』（単著、渓水社、2003年）、『スピリチュアリティの社会学』（共編著、世界思想社、2004年）、訳書に『宗教社会学』（メレディス・B・マクガイア著、共訳、明石書店、2008年）がある。

現代スピリチュアリティ文化論

ヨーガ、マインドフルネスからポジティブ心理学まで

二〇二一年一〇月一〇日　初版第一刷発行
二〇二三年四月三〇日　初版第二刷発行

著者——伊藤雅之
発行者——大江道雅
発行所——株式会社　明石書店

〒一〇一-〇〇二一　東京都千代田区外神田六-九-五
電話　〇三-五八一八-一一七一
ＦＡＸ　〇三-五八一八-一一七四
振替　〇〇一〇〇-七-二四五〇五
http://www.akashi.co.jp

装幀　安達玲奈
印刷・製本　モリモト印刷　株式会社

（定価はカバーに表示してあります）

ISBN 978-4-7503-5264-0

シュッツと宗教現象学
宗教と日常生活世界とのかかわりの探究

ミハエル・シュタウディグル、ケイジ・ホシカワ ほか 著
星川啓慈 訳

■四六判／上製／352頁 ◎3200円

宗教的な現象の「意味」の解明はいかにして可能か？――各国の学者たちがアルフレッド・シュッツの諸理論を宗教現象の現象学的理解に応用し、シュッツ流の「宗教現象学」の可能性を問う。『Human Studies』vol.40, 2017の特集「A・シュッツと宗教」の全訳。

内容構成

宗教哲学論考
ウィトゲンシュタイン・脳科学・シュッツ

星川啓慈 著

■四六判／上製／386頁 ◎3200円

宗教哲学者である著者が生涯ずっと関心を抱いてきた2人の哲学者、L・ウィトゲンシュタインとA・シュッツ。この2人の哲学を中心に生、神、神経科学（脳科学）、心、祈り、宗教といった問題に独自の視点から挑んだ星川宗教哲学の集大成。

内容構成

〈価格は本体価格です〉